LITERATUR KOMPAKT

Herausgegeben von Gunter E. Grimm

Tectum

Torsten Hoffmann

RAINER MARIA RILKE

Torsten Hoffmann, geb. 1973, ist Professor für Neuere deutsche Literatur an der Universität Stuttgart und Vize-Präsident der Internationalen Rilke-Gesellschaft. In seiner Forschung und Lehre beschäftigt er sich u. a. mit Körperpoetiken und dem Erhabenen, mit Intermedialität und Interviews, mit Holocaust-Literatur und dem Literaturbegriff der Neuen Rechten. Neben Rilke schreibt er u. a. über Friedrich Schiller, Heinrich von Kleist, Ernst Toller, Heiner Müller, W.G. Sebald, Peter Handke, Felicitas Hoppe und Navid Kermani.

Der Autor dankt Johanna Gauß, Hans Graubner, Eva Konermann, Alina Palesch und Erich Unglaub herzlich für ihre Unterstützung.

Torsten Hoffmann
Rainer Maria Rilke

Literatur Kompakt – Bd. 17
ISBN 978-3-8288-4449-0
eISBN 978-3-8288-7493-0

© Tectum Verlag Baden-Baden, 2021

Reihenkonzept und Herausgeberschaft: Gunter E. Grimm

Bildnachweis Umschlag: Clara Rilke-Westhoff: Portraitbüste Rainer Maria Rilke, 1905; Paula-Modersohn-Becker-Stiftung, Bremen

Besuchen Sie uns im Internet
www.tectum-verlag.de
www.literatur-kompakt.de

Bibliografische Informationen der Deutschen Nationalbibliothek
Die Deutsche Nationalbibliothek verzeichnet diese Publikation in der Deutschen Nationalbibliografie; detaillierte bibliografische Angaben sind im Internet über http://dnb.d-nb.de abrufbar.

Inhalt

I. Rilke. Besitzlos dichten – 9
II. Zeittafel – 19
III. Leben und Werk – 31
   Grafik: Wichtige Punkte – 54
IV. Werkaspekte – 55
   1. Alles leben, alles schreiben. Anthropologische Ästhetik – 56
   2. Vom Ding zum Kunstding. Bildende Kunst – 62
   3. Einander lassen. Liebe – 68
   4. Dem Offenen entgegen. Transzendenz – 74
   5. Die andere Seite des Lebens. Tod – 82
V. Dramen – 89
VI. Prosa – 99
   1. *Die Weise von Liebe und Tod des Cornets Christoph Rilke* – 99
   2. *Geschichten vom lieben Gott* – 105
   3. *Die Aufzeichnungen des Malte Laurids Brigge* – 114
VII. Lyrik – 131
   1. *Das Buch der Bilder* – 131
   2. *Das Stunden-Buch* – 143
   3. *Neue Gedichte / Der Neuen Gedichte anderer Teil* – 159
   4. *Duineser Elegien* – 179
   5. *Die Sonette an Orpheus* – 195
VIII. Briefe – 215
IX. Wirkung – 239
X. Literatur – 257
Abbildungsverzeichnis – 285

Register – 295
 Werkregister – 295
 Personenregister – 298
 Sachregister – 301

I. Rilke. Besitzlos dichten

Rainer Maria Rilke wollte besitzlos dichten. Zeitlebens besaß er kein Haus und keine Wohnung. Abgesehen von den ersten elf und den letzten fünf Jahren seines Lebens hat er kaum einmal länger als ein oder zwei Jahre am selben Ort gewohnt. Allein in Paris, der Hauptstadt der Moderne, die ihn anzog wie keine andere Stadt und in der er zwischen 1902 und 1925 immer wieder für mehrere Monate lebte, wohnte er in einem Dutzend unterschiedlichen Unterkünften. Nur wenige Dinge begleiteten ihn auf seiner nomadischen Existenz. Schon früh verschenkte er selbst seine Lieblingsbücher gerne an Freunde. Fünf Jahre vor seinem Tod nach einem Detail seiner *Neuen Gedichte* gefragt, konnte Rilke sich nur grob erinnern, da er seine Bücher „nie zur Hand habe" (B 2, 155).

Als er nach dem Ausbruch des Ersten Weltkriegs Paris nicht besuchen konnte, wurden im April 1915 seine dort zurückgelassenen Habseligkeiten versteigert, um die Mietschulden zu begleichen (einiges hat er 1925 zurückerhalten, anderes tauchte erst nach seinem Tod bei einer Berliner Auktion wieder auf). Rilke reagierte gelassen. Da er nun „ungefähr alles, was ich besaß, wirklich verloren habe", sei seine unbehauste Lebenssituation „gewissermaßen noch wahrer geworden" (Rilke/Thurn und Taxis 1986, Bd. 1, S. 438). Weiter heißt es in dem Brief an seine wohlhabende Freundin und Gönnerin Marie von Thurn und Taxis: „Sie wissen, daß ich das nicht schwer nehme, längst war ich

Verschenkter Besitz: Jens Peter Jacobsens *Gedichte* (1897) mit Rilkes Exlibris, 1900 an Paula Becker verschenkt

geneigt, alles, was sich in den zwölf Jahren in Paris um mich angesetzt hatte, als Nachlaß des *M. L. Brigge* anzusehen" (ebd.).

Rilkes einziger Roman *Die Aufzeichnungen des Malte Laurids Brigge* war 1910 erschienen und gilt als erster moderner Roman der deutschsprachigen Literatur. Wenn der Autor den versteigerten Pariser Hausrat als Eigentum seiner Romanfigur Malte Laurids Brigge bezeichnet, ist das symptomatisch für die in Rilkes Fall äußerst enge Verbindung zwischen Dichtung und Leben, zwischen Poetik und Existenzentwurf. Was der nach Paris gezogene Malte über sein Leben sagt, gilt im Wesentlichen auch für Rilke: „Und man hat niemand und nichts und fährt in der Welt herum mit einem Koffer und mit einer Bücherkiste und eigentlich ohne Neugierde. Was für ein Leben ist das eigentlich: ohne Haus, ohne ererbte Dinge, ohne Hunde." (KA 3, 464)

„Komposite Heimat"

Immer wieder schreibt der in Prag geborene (und Hunde liebende) Autor von seiner „haltlosen Heimatlosigkeit" (B, 143). Allenfalls für Russland, das er auf zwei längeren Reisen 1899 und 1900 besucht hatte, empfand er so etwas wie Heimatgefühle – allerdings für ein von Rilke (wie von vielen seiner Zeitgenossen) stark idealisiertes Russland, das wenig mit den damaligen Lebensrealitäten zu tun hatte. Bis zu seinem Tod 1926 hat er es nicht wiedergesehen, und auch seine Geburtsstadt besuchte er nach 1897 nur selten und kurz, ab 1911 gar nicht mehr. In optimistischeren Momenten spricht er von seiner „kompositen Heimat", seinen „Wahlheimaten", die er sich „gewissermaßen *über* den Ländern" (Rilke 1937a, S. 399) erworben habe.

Ein Haus für ein Jahr: Rilke in Westerwede (bei Worpswede), 1901

Besitzlos dichten

Obwohl er längere Zeit in München, Berlin und Worpswede (in der Nähe von Bremen) gelebt hatte, empfand er sich (so schreibt er 1915 und öfter) „in keiner Weise" als Deutscher – und „im Österreichischen ein Zuhause zu haben, ist mir rein undenkbar und unausfühlbar!" (B, 504) Als er 1921 im Schweizerischen Wallis einen kargen mittelalterlichen Wohnturm bezog, den ein Freund ihm zur Verfügung stellte, lobte er die Landschaft, weil sie ihn zugleich an das spanische Bergland und an die französische Provence erinnerte, also mehrere Regionen und Nationen in sich vereinigte. Rilke lebte von nun an bis zu seinem Tod am Übergang von der französisch- zur deutschsprachigen Schweiz. Hatte er zuvor einzelne Gedichte auf Russisch und Italienisch geschrieben, verfasste er in seinen letzten Lebensjahren vor allem französischsprachige Lyrik. Selbst an deutschsprachige Freunde schrieb er seine Briefe nun bisweilen auf Französisch. Er übersetzte – zum Teil umfangreiche – literarische Texte aus acht Sprachen (Französisch, Italienisch, Russisch, Englisch, Dänisch, Schwedisch, Lateinisch, Flämisch und Mittelhochdeutsch), zudem sprach er seit seiner Schulzeit etwas Tschechisch.

Das kosmopolitische Leben hat Rilkes Schreiben tief geprägt. Sein zu Lebzeiten erfolgreichster Gedichtband, *Das Stunden-Buch* von 1905, ist aus der Perspektive eines russischen Mönchs verfasst, zahlreiche der *Neuen Gedichte* – darunter das bekannte *Der Panther* – weisen im Untertitel auf Paris als Entstehungsort hin (wo ihn der Bildhauer Auguste Rodin tief beeindruckte), Malte Laurids Brigge stammt aus einer dänischen Familie, und noch in den späten *Duineser Elegien* haben Rilkes Aufenthalte in Ägypten, Italien und Spanien markante Spuren hinterlassen; entstanden sind die zehn Elegien in fünf Ländern (Italien,

Verehrter Künstler, schwieriger Freund: Rilke bei Auguste Rodin (und Rose Beuret) in Meudon bei Paris, 1905/06

Spanien, Frankreich, Deutschland, Schweiz). Wer Rilke liest, ist immer unterwegs.

Heimat- und Besitzlosigkeit als grundlegender Zug in Rilkes Werk

Dass sein Schreiben keinen festen Ort hat, gilt aber auch im übertragenen Sinn. Eine soziale, emotionale und intellektuelle Heimat- und Besitzlosigkeit ist die weltanschauliche Konstante seines Werks. „Geistig sowohl wie vielfach körperlich ist mir vorderhand alle Stütze weggenommen, ich halte mich, sozusagen, im Unmöglichen" (B, 504), konstatiert er kurz vor seinem 40. Geburtstag. Rilke hing fast immer in der Luft. Mit traditionellen und kollektiven Identitätsangeboten konnte und wollte er nichts anfangen.

Distanzierte Nähe: Das Ehepaar Rilke, um 1903

Aus der katholischen Kirche trat er früh aus, und politischen Heilsversprechungen gegenüber blieb er skeptisch (was ihn allerdings nicht davon abhielt, sowohl mit der sozialistischen Münchner Räterepublik als auch kurzfristig mit dem italienischen Faschisten Benito Mussolini zu sympathisieren). Den 1901 begonnenen Versuch, zusammen mit der überstürzt geheirateten Bildhauerin Clara Westhoff (und der sieben Monate später geborenen Tochter) eine bürgerliche Familienexistenz zu begründen, gab er nach gut einem Jahr wieder auf. Sein Kind sah er danach nur noch selten, so wie auch Rilkes Eltern sich früh voneinander und von ihrem Sohn gelöst hatten. Die Familie fiel damit als psychisch-sozialer Stabilisator aus. Zwar stürzte sich Rilke in Dutzende Liebesaffären, ertrug aber auch diese – bisweilen verzweifelt gesuchte – Nähe kaum einmal länger als ein paar Wochen. Stattdessen sympathisierte er mit einer ‚intransitiven' Liebe: einem intensiven Liebesgefühl, das ohne ein konkretes Liebesobjekt auskommt. Noch der autornahe Ich-Erzähler des späten Prosatextes *Das Testament* entwirft das Ideal einer Liebe, „die nie in Besitz" nimmt, und rechnet sich nicht „zu denen, die durch Liebe tröstbar sind" (KA 4, 717, 731). Freundschaften mit Männern fielen Rilke noch schwerer, zumal ihm Männlichkeit ein überholtes Identifikationsangebot zu sein

Geliebte und Lebensfreundin: Lou Andreas-Salomé, 1897

schien. „O Lou", schreibt er 1903 an die Schriftstellerin Lou Andreas-Salomé, die wichtigste Person seines Lebens, „in einem Gedicht, das mir gelingt, ist viel mehr Wirklichkeit als in jeder Beziehung oder Zuneigung, die ich fühle; wo ich schaffe bin ich wahr" (R/AS, 97). 1912 konstatiert er: „ich habe kein Fenster auf die Menschen, endgültigerweise." (B, 318) Das Schreiben war für Rilke deshalb von existenzieller Bedeutung.

Der mit Rilke in lockerem Kontakt stehende Hugo von Hofmannsthal bemerkte einmal, dass in Rilkes Persönlichkeit irgendetwas fehle. Es hat in der Tat den Anschein, dass sich Rilkes Werk einem vielseitigen Mangel an Bindungsfähigkeiten verdankt – und der Entscheidung, die damit einhergehende Autonomie literarisch so produktiv wie möglich zu machen. Anstatt sein Schreiben als fiktionale Gegenwelt, als Lebensflucht anzulegen, lotet es das Erkenntnispotenzial der existenziellen Verlassenheit und des Scheiterns aus. Als rhetorische wie psychologische Grundfigur dient dabei die Umdeutung. Gemeinhin negativ konnotierte Erfahrungen von Einsamkeit, Schwere, Angst oder Überforderung werden bei Rilke als Gewinn verbucht, weil sie „unsere tiefe schmerzhafte Neugierde" (B, 804) wecken können und sich künstlerisch produktiv machen lassen. Sein Credo lautet, die „Traurigkeiten mit größerem Vertrauen [zu] ertragen als unsere Freuden. Denn sie sind die Augenblicke, da etwas Neues in uns eingetreten ist, etwas Unbekanntes" (KA 4, 539). Die Krise und das Leiden weder zu verdrängen noch zu verklären – darin besteht der Balanceakt von Rilkes Schreiben. Das eindrückliche Pathos vieler Rilke-Texte (seiner griechischen Herkunft nach bezeichnet der Begriff ‚Pathos'

Das Prinzip Umdeutung

wertneutral das Leiden), das auch im 21. Jahrhundert viele Lesende mitzureißen vermag, hat hier ebenso seinen Ursprung wie das insbesondere im Frühwerk anzutreffende Abgleiten ins Kitschige.

Leitidee Armut

Das Konzept der materiellen wie immateriellen Armut entwickelt sich in diesem Zusammenhang zu einer Leitidee. Die Verszeile, nach der Armut „ein großer Glanz aus Innen" (KA 1, 244) sei, hat Rilke viel Spott eingebracht – nicht zu Unrecht, wenn man sie als Verherrlichung prekärer Lebensverhältnisse deutet. Als Anregung zu einer humanen Sozialpolitik eignet sich Rilkes frühe Lyrik sicher nicht. (Anders verhält es sich mit seinen heute weitgehend vergessenen und anfangs naturalistischen Theaterstücken, deren Protagonisten fast ausnahmslos der Unterschicht entstammen.) Im Rückblick kam sich Rilke bisweilen selbst „wie ein Hochstapler des Elends" vor, da er „nie ganz jenes äußerste Elend durchgemacht" (Rilke 1977, Bd. 1, S. 92) habe, mit dem er das Personal seiner Texte konfrontiere. Es gehört zu den Widersprüchen von Rilkes Leben, dass der „herrliche Dichter" auch „ein herrischer Schnorrer" (Raddatz 2017, S. 129) war, der bei seinen wohlhabenden Gönnerinnen eine gute Kaffeemaschine, ausgewählte Seifensorten und bestickte Taschentücher bestellte. Immer wieder fiel Rilkes Lebenspraxis hinter sein Lebensideal zurück.

Und doch blieb er davon überzeugt, dass das „maßlose Armsein" die „entscheidende Aufgabe" (R/AS, 238) seines Lebens darstelle. Materieller wie geistiger Besitz lasse den Menschen angepasst und unfrei werden. Insbesondere als Künstler habe man sich deshalb fernzuhalten von jeder Form des Besitzdenkens. So preist das *Requiem für eine Freundin*, ein für Rilkes Weltanschauung und Poetik besonders aufschlussreiches Langgedicht von 1908, die Selbstporträts der kurz zuvor gestorbenen Malerin Paula Modersohn-Becker. Das Schauen der Künstlerin auf sich selbst sei „so besitzlos, von so wahrer Armut, / daß es dich selbst nicht mehr begehrte: heilig." (KA 1, 416) Rilkes

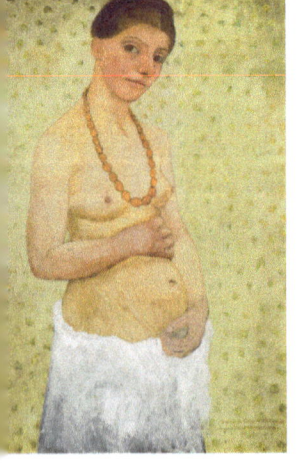

Besitzlos schauen: Paula Modersohn-Beckers *Selbstbildnis am 6. Hochzeitstag*, 1906

so positiver wie umfassender Begriff von ‚Armut' steht für eine maximale Ungebundenheit und Bedürfnislosigkeit, die zu einer radikalen Offenheit gegenüber der Innen- und Außenwelt führt. Wer arm ist, ist ausgesetzt – nur so lassen sich in Rilkes Augen die Intensitäten der Empfindung und der Wahrnehmung bis zum Äußersten steigern. Auch dass Rilke über die bildende Kunst so viel schrieb wie kaum ein zweiter deutschsprachiger Künstler, passt ins Bild: Gerade das sprachlose, für den Schriftsteller fremde Medium begriff er als Herausforderung zum Sagen des eigentlich Unsagbaren.

Besitz dagegen lenkt ab und verstellt den Blick. Davon war Rilke so überzeugt, dass er die *Duineser Elegien* – in den Augen des Autors sein Hauptwerk – mit der bemerkenswerten Widmung versah: „Aus dem Besitz der Fürstin / Marie von Thurn und Taxis-Hohenlohe" (KA 2, 200). Wörtlich gelesen (was bei Rilkes Texten immer anzuraten ist) entledigt sich der Dichter damit auch seines poetischen Besitzes. Ohnehin vertrat er – wie auch der acht Jahre nach ihm ebenfalls in Prag geborene Franz Kafka, dem Rilke 1917 in München begegnete – eine radikale Inspirationspoetik, nach der sich die Entstehung von Kunstwerken der rationalen Kontrolle des Künstlers entzieht. Auch wenn ihm der Versbau leicht (und phasenweise allzu leicht) von der Hand ging, konnte Rilke über sein Schreiben nicht verfügen. Mehrfach gelang ihm über Jahre nichts, mit dem er zufrieden war. Das Warten auf günstige Schreibphasen war ein wesentlicher Bestandteil seines Schriftstellerdaseins. So blieb er von 1912 bis 1923 für das Publikum ein Autor ohne Werk: Abgesehen von wenigen in Zeitschriften veröffentlichten Gedichten und einigen Übersetzungen gab es nichts Neues von ihm zu lesen.

Schreiben als ‚neues Sehen'

Nicht von ungefähr ist es der besitzlose Malte Laurids Brigge, dem sich in der fremden Großstadt Paris ein ‚neues Sehen' eröffnet. Malte ist ein ‚Armer' vor allem deshalb, weil ihm alles Weltwissen in den entscheidenden Menschheitsfragen unzureichend erscheint.

> Ist es möglich, […] daß man noch nichts Wirkliches und Wichtiges gesehen, erkannt und gesagt hat? […]
> Ja, es ist möglich.
> Ist es möglich, daß man trotz Erfindungen und Fortschritten, trotz Kultur, Religion und Weltweisheit an der Oberfläche des Lebens geblieben ist? […]
> Ja, es ist möglich. (KA 3, 468 f.)

Für Malte folgt aus dieser Einsicht die Verpflichtung zu schreiben und sich dabei auf die Elementarkräfte des menschlichen Lebens zu konzentrieren. Seine Aufzeichnungen (und weite Teile von Rilkes Lyrik) kreisen um die Überwältigung und die Unzulänglichkeit in der Liebe, um metaphysische Ungewissheiten und um die Angst vor dem Tod. Sie zielen auf eine grundsätzliche Neuausrichtung des Verstehens. Dabei geht es nicht darum, allgemeingültige Antworten auf die großen Fragen zu finden, sondern das enorme intellektuelle und emotionale Potenzial des Fragens auszuschöpfen. Malte gelangt zu der Überzeugung, dass die Furcht vor dem Übermächtigen (in Gestalt einer geliebten Person, Gottes oder des Todes) nicht von etwas Fremdem ausgelöst wird, sondern

> *unsere* Kraft ist, alle unsere Kraft, die noch zu stark ist für uns. Es ist wahr, wir kennen sie nicht, aber ist es nicht gerade unser Eigenstes, wovon wir am wenigsten wissen? Manchmal denke ich mir, wie der Himmel entstanden ist und der Tod: dadurch, daß wir unser Kostbarstes von uns fortgerückt

haben, weil noch so viel anderes zu tun war vorher und weil es bei uns Beschäftigten nicht in Sicherheit war. Nun sind Zeiten darüber vergangen, und wir haben uns an Geringeres gewöhnt. Wir erkennen unser Eigentum nicht mehr und entsetzen uns vor seiner äußersten Großheit. Kann das nicht sein? (KA 3, 571)

Malte teilt mit seinem Autor ein Misstrauen gegenüber den Welterklärungsmodellen der Wissenschaft, der Religion und der Politik, insofern sie gezwungen sind, die Unabsehbarkeit und die Komplexität der menschlichen Existenz zu reduzieren. Das emphatische Kunstverständnis Rilkes speist sich aus der Überzeugung, dass die poetische Sprache mit ihrer Kombination von Reflexion und Narration, Rhythmus und Bildlichkeit in der Lage ist, die Fülle des menschlichen Lebens nicht nur am besten auszudrücken, sondern den Schreibenden wie den Lesenden überhaupt erst bewusst zu machen.

Anders als viele Zeitgenossen stand Rilke deshalb der selbstgenügsamen Kunst, dem Konzept einer *l'art pour l'art*, ablehnend gegenüber. Der Kerngedanke seiner anthropologischen, also am Menschen orientierten Ästhetik lautet, dass sich Kunst immer am Leben auszurichten habe oder wertlos sei. Gemeint ist damit allerdings ein Leben, das weit über die Grenzen des Offensichtlichen und Sichtbaren hinausreicht und auch den Tod umfasst – denn „wie der Mond, so hat gewiß das Leben eine uns dauernd abgewendete Seite, die *nicht* sein Gegenteil ist, sondern seine Ergänzung zur Vollkommenheit, zur Vollzähligkeit, zu der wirklichen heilen und vollen Sphäre und Kugel des *Seins*" (B, 806 f.). Kunst ist in Rilkes Augen die leistungsstärkste Lichtquelle, mit der sich diese unvertraute Gegend der menschlichen Existenz ausleuchten lässt. Insbesondere in der gedrängten Form eines Gedichtes sei es möglich, über „unser gebräuchliches Bewußtsein" hinauszukommen in die „*Tiefendimension unseres Inneren*" und vorzudringen bis in die „von Zeit und Raum unabhän-

Kunst und Leben

gigen Gegebenheiten des irdischen, des, im weitesten Begriffe, *weltischen* Daseins." (B, 871) Ob sich seine Texte auf Tiere oder Engel, auf Alltagsgegenstände, kulturell Überliefertes oder psychische Vorgänge beziehen, immer kommt es in ihnen darauf an, die Weltwahrnehmung zu erweitern und zu intensivieren. Rilkes Dichtung entwirft einen individuellen „Weltinnenraum" (KA 2, 113), in dem sich Außen und Innen, Subjekt und Objekt, Sichtbares und Unsichtbares zu jener Einheit verbinden, die sie nach seiner Überzeugung in Wahrheit immer schon bilden – und aus der seine Texte entstehen.

Bezug statt Besitz

Da der Weltinnenraum sich pausenlos verwandelt, bedarf auch dessen Landkarte einer ständigen Überarbeitung. Zeugnis davon sind die Veränderungen in Rilkes Texten, deren Sprecher, Sprechgegenstände und Sprechweisen erheblich variieren. Was sie festhalten, gilt im nächsten Gedicht, spätestens im nächsten Gedichtband nicht mehr. Weil sich nur das leicht Fassliche vollständig begreifen lässt, betreibt Rilkes Dichtung einen unabschließbaren Prozess der Weltaneignung – „statt des Besitzes erlernt man den Bezug" (B, 820). Anders als im Konzept des Besitzens ist beim labileren und zeitlich begrenzten Bezug der nahende Entzug bereits mitgedacht. Dass der Autor im Leben wie im Schreiben seine Besitzstände immer wieder zurücklassen musste oder wollte, ermöglichte und erzwang ein unentwegtes Neubeginnen. Wie Malte Laurids Brigge war auch Rilke zeitlebens „ein Anfänger in [s]einen eigenen Verhältnissen" (KA 3, 505), der sich zumutete, „jeden Tag beinah wieder ganz von vorne anzufangen" (Rilke/Thurn und Taxis 1986, Bd. 1, S. 91). Aus dieser Unbeständigkeit ist ein Werk entstanden, das heute zu den meistgelesenen, kurz: beständigsten Texten der klassischen Moderne gehört.

II. Zeittafel

1875	4. Dezember: René Karl Wilhelm Johann Josef Maria Rilke wird in Prag geboren; sein Vater Josef Rilke (1838–1906) arbeitet u. a. als Eisenbahninspektor, seine Mutter Sophie (genannt: Phia) Rilke (1851–1931), geb. Entz, ist nicht berufstätig
1882	Eintritt in die Deutsche Volksschule der Piaristen in Prag
1884	24. Mai: *Für Euren Trauungs-Tag* gilt als erstes Gedicht Rilkes; die Eltern trennen sich kurze Zeit später, Rilke bleibt bei der Mutter
1886	1. September: Eintritt in die Militär-Unterrealschule St. Pölten
1890	1. September: Übergang in die Militär-Oberrealschule in Mährisch-Weißkirchen, ab 6. Dezember wegen Krankheit beurlaubt
1891	3. Juni: Entlassung aus der Militärakademie (ohne Abschluss), Rückkehr nach Prag
	10. September: erste Veröffentlichung eines Rilke-Gedichtes (*Die Schleppe*) in der Zeitschrift *Das interessante Blatt*, Wien
	Mitte September: Aufnahme eines auf drei Jahre angelegten Kurses in der Handelsakademie Linz
1892	Mai: Abbruch des Kurses in Linz
	Ab Herbst private Vorbereitung auf die Reifeprüfung in Prag, finanziert durch seinen Onkel, den Notar Jaroslav von Rilke
1893	Mitarbeit an Zeitschriften wie z. B. *Deutsches Abendblatt*, Prag
	Rilke führt eine Liebesbeziehung mit Valerie von David-Rhonfeld (bis Herbst 1895)
1894	Publikation der ersten Gedichtsammlung *Leben und Lieder*

René Maria Rilke, 1880

1896/97

1895	9. Juli: Reifeprüfung als externer Schüler am Graben-Gymnasium, Prag
	Ab Herbst: Studium der Kunst- und Literaturgeschichte sowie der Philosophie an der Deutschen Carl-Ferdinands-Universität, Prag
	Publikation: *Larenopfer* (Gedichte)
1896	Wechsel des Studiengangs: Jura
	Ende September: Umzug nach München; Besuch von kunstgeschichtlichen Vorlesungen; zahlreiche Kontakte in der Münchner Literatur- und Kulturszene
	Mehrere Zeitschriftenveröffentlichungen; die ersten (postum gedruckten) *Christus-Visionen* entstehen
	Publikationen: *Wegwarten* (Zeitschrift, drei Ausgaben), *Traumgekrönt* (Gedichte)
1897	28.–31. März: erster Venedig-Besuch
	12. Mai: erste Begegnung mit Lou Andreas-Salomé, Beginn einer knapp vierjährigen Liebesbeziehung und einer lebenslangen Freundschaft; angeregt von ihr ändert er seinen Vornamen René in Rainer; Rilke zieht im Juni in ihre Nähe nach Wolfratshausen bei München; gemeinsame Studien der italienischen Renaissance-Kunst; ab Oktober leben beide in Berlin
	Entstehung verschiedener dramatischer Arbeiten, *Im Frühfrost* wird in Prag aufgeführt
	Publikation: *Advent* (Gedichte)
1898	5. März: Vortrag über *Moderne Lyrik* im *Deutschen Dilettantenverein* in Prag
	April/Mai: Aufenthalte in Florenz und Viareggio, wo das *Florenzer Tagebuch* entsteht; in Florenz erste Begegnung mit dem Worpsweder Künstler Heinrich Vogeler
	Anfang Juni: mit Lou Andreas-Salomé in Zoppot bei Danzig
	Ende Juli: gemeinsamer Umzug nach Berlin-Schmargendorf

Zeittafel

Abschluss der handschriftlichen Gedichtsammlung *Dir zur Feier*; die Fragment gebliebene autobiografische Erzählung *Ewald Tragy* entsteht, ebenso die Erstfassung des Dramas *Die weiße Fürstin*

Weihnachten bei Heinrich Vogeler in Bremen, erster Besuch von Worpswede

Publikation: *Am Leben hin* (Prosa)

1899　Immatrikulation für ein Studium der Kunstgeschichte an der Berliner Universität; Rilke hört Vorlesungen u. a. von Georg Simmel

Aufenthalte in Arco, Wien und Prag

25. April – 18. Juni: erste Russlandreise mit Lou Andreas-Salomé und deren Mann Friedrich Carl Andreas; Rilke lernt den Dichter Lew Tolstoi und den Maler Leonid Pasternak kennen

Ende Juni bis Mitte September: russische Studien mit Lou Andreas-Salomé auf dem Bibrasberg bei Meiningen

Im Herbst entstehen in Berlin der erste Teil des *Stunden-Buches*, die erste Fassung des *Cornets* und die *Geschichten vom lieben Gott*

Publikationen: *Mir zur Feier* (Gedichte), *Zwei Prager Geschichten* (Prosa)

1900　Februar: Übersetzung von Tschechows Drama *Die Möwe* (nicht erhalten)

7. Mai – 22. August: zweite Russlandreise mit Lou Andreas-Salomé, Krise der Beziehung

27. August – 5. Oktober: Aufenthalt in der Künstlerkolonie Worpswede; Rilke lernt die Malerin Paula Becker und seine spätere Ehefrau, die Bildhauerin Clara Westhoff kennen; überstürzte Rückkehr nach Berlin

Publikationen: *Die weiße Fürstin* (Drama), *Vom lieben Gott und anderes* (ab 1904 unter dem Titel *Geschichten vom lieben Gott*)

1901　26. Februar: Beginn der bis zum Sommer 1903 anhaltenden Kontaktsperre zu Lou Andreas-Salomé

11. März: Austritt aus der katholischen Kirche

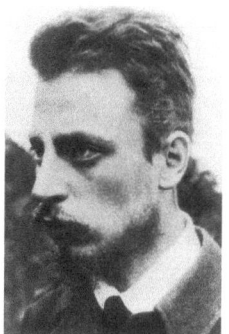

In Worpswede, 1900

27./29. April: standesamtliche und kirchliche Heirat mit Clara Westhoff in Bremen

Mai: Hochzeitsreise in das Sanatorium *Der weiße Hirsch*, Dresden

Ende Mai: Einzug in ein Bauernhaus in Westerwede bei Worpswede

Anfang Oktober: Besuch von Rilkes Mutter, ihre einzige Begegnung mit den Eltern seiner Frau

Entstehung des zweiten Teils des *Stunden-Buches,* die erste Fassung des *Buches der Bilder* wird abgeschlossen; am 20. Dezember wird das 1900 verfasste Drama *Das tägliche Leben* in Berlin uraufgeführt (und von der Kritik verrissen)

12. Dezember: Geburt der Tochter Ruth

Publikation: *Die Letzten* (Prosa)

1902   Finanzielle Krise; zahlreiche Bittbriefe zur Unterstützung und Arbeitssuche

15. Februar: Zur Wiedereröffnung der Kunsthalle Bremen wird Maurice Maeterlincks *Schwester Beatrix* unter Rilkes Regie aufgeführt, ebenso eine von Rilke verfasste Festspielszene

Mai: Auftragsbuch über die Worpsweder Maler; Auftrag zu einer Rodin-Monografie, dafür Französisch-Unterricht in Bremen

28. August: Übersiedlung nach Paris, Rilkes Frau folgt im Oktober; die Tochter wächst bis 1911 bei Rilkes Schwiegereltern in Bremen auf

1. September: erster Besuch bei Auguste Rodin; Niederschrift des Rodin-Buches im November und Dezember

Publikationen: *Das tägliche Leben* (Drama), *Das Buch der Bilder* (Erstfassung)

1903   22. März – 28. April: Viareggio, wo der dritte Teil des *Stunden-Buches* entsteht, danach Paris

Juli/August: Worpswede, Bremen

10. September – Juni 1904: mit Clara Rilke in Rom

Mit Clara Rilke in Rom, 1903

	Publikationen: *Worpswede* (Kunstmonografie), *Auguste Rodin* (Kunstmonografie)
1904	Februar: Beginn der Arbeit am Roman *Die Aufzeichnungen des Malte Laurids Brigge*
	24. Juni – 9. Dezember: auf Vermittlung von Ellen Key Reise nach Kopenhagen und Schweden; Engagement für die schwedische Reformschule
	Mitte Dezember bis Ende Februar in Bremen bei der Familie
	Publikation: *Cornet* (in einer Zeitschrift)
1905	1. März – 19. April: Sanatoriumsaufenthalt mit Clara Rilke in Dresden, danach Berlin und Worpswede
	13.–24. Juni: in Göttingen erstes Treffen mit Lou Andreas-Salomé nach der Trennung 1901
	28. Juli – 9. September: auf Einladung der Gräfin Luise von Schwerin in Schloss Friedelhausen an der Lahn, wo Clara Rilke die zweite Porträtbüste ihres Mannes anfertigt (die erste entsteht 1901, die letzte postum 1936)
	12. September – Mai 1906: Rilke arbeitet und wohnt in Meudon bei Paris als Sekretär von Rodin; der Rodin-Vortrag entsteht
	23. Oktober: in Dresden Rodin-Vortrag vor 650 Menschen; bis 1907 folgen acht weitere Vortragsstationen (u. a. Berlin, Prag und Wien)
	Publikation: *Das Stunden-Buch*
1906	2. März: in Berlin erste öffentliche Lesung aus eigenen Werken
	14. März: Tod von Rilkes Vater, Reise nach Prag
	10. Mai: Rodin kündigt Rilke
	Frühjahr: zahlreiche Treffen mit Paula Modersohn-Becker in Paris, wo ihr Rilke-Porträt entsteht
	Sommer: Aufenthalt in Belgien mit Frau und Tochter
	4. Dezember – 20. Mai 1907: Capri (auf Einladung von Alice Faehndrich)

In Friedelhausen, 1905

An seinem Schreibtisch in Paris, 1908

	Publikation: *Das Buch der Bilder* (Zweitfassung), *Cornet* (erste Buchausgabe)
1907	31. Mai – 30. Oktober: Paris
	6.–22. Oktober: Gedächtnisausstellung in Paris für Paul Cézanne, die Rilke fast täglich besucht
	Aussöhnung mit Rodin
	Oktober/November: Vortragsreise mit eigenen Lesungen und Rodin-Vortrag u. a. in Prag und Wien
	19.–30. November: Venedig, Beginn der Beziehung zu Mimi Romanelli
	Anfang Dezember bis 18. Februar 1908: bei der Familie in Bremen
	Publikation: *Neue Gedichte*
1908	Februar: Berlin, München, Rom, Neapel
	29. Februar – 18. April: Capri (auf Einladung)
	1. Mai: Nach Stationen in Neapel und Rom lebt Rilke für ein Jahr ohne Unterbrechung in Paris
	Publikation: *Der Neuen Gedichte anderer Teil*
1909	22.–30. Mai / 22. September – 8. Oktober: Reisen in die Provence (u. a. Arles, Aix, Orange, Avignon)
	1.–17. September: Kuraufenthalt in Bad Rippoldsau im Schwarzwald, finanziert aus dem Preisgeld des österreichischen Bauernfeld-Preises
	13. Dezember: erste Begegnung mit der Fürstin Marie von Thurn und Taxis
	Publikationen: *Die frühen Gedichte, Requiem für eine Freundin / Requiem für Wolf Graf von Kalkreuth*
1910	12.–31. Januar: Leipzig; Schlussredaktion der *Aufzeichnungen des Malte Laurids Brigge*; Rilke diktiert den Roman einer Sekretärin des Insel Verlages

Zeittafel

Februar bis Mai: Jena, Berlin, Weimar, Rom, Aufenthalte auf den Schlössern Lautschin in Böhmen und Duino bei Triest (auf Einladung der Fürstin von Thurn und Taxis), Venedig

ab 12. Mai: Paris

9. Juli – 11. August: letzter Aufenthalt bei der Familie in Bremen

23. August – 12. September: auf Einladung der Geschwister Nádherný von Borutin auf Schloss Janowitz in Böhmen

30. Oktober – 18. November: Paris

19. November – 29. März 1911: Reise nach Nordafrika auf Einladung von Jenny Oltersdorf (u. a. Algier, Biskra, El Kantara, Tunis, Kairo, Luxor, Assuan; Zwischenstopp in Neapel)

1911 6. April – 19. Juli: Paris (mit kleinen Unterbrechungen)

Ende Juni: erste Begegnung mit der jungen Arbeiterin Marthe Hennebert, die lange von Rilke gefördert wird

23. Juli – 4. August: Schloss Lautschin, danach München und Paris

30. September: auf Wunsch seiner Frau, mit der er freundschaftlich verbunden bleibt, bemüht sich das Ehepaar um die Scheidung, die 1912 (und dann noch einmal 1914) an formalen Hürden scheitert

12.–21. Oktober: mit dem Chauffeur der Fürstin Thurn und Taxis (aber ohne diese) Autofahrt durch Südfrankreich und Oberitalien bis nach Duino

22. Oktober – 9. Mai 1912: Aufenthalt auf Schloss Duino; Entstehung der ersten *Duineser Elegien*, des Gedichtzyklus *Das Marien-Leben* und von Übersetzungen

1912 9. Mai – 11. September: Venedig

11. September – 9. Oktober: Schloss Duino, danach München

1. November – 24. Februar 1913: Spanienreise (u. a. nach Ronda); Entstehung der *Spanischen Trilogie*

Publikation: *Cornet* als Nr. 1 der Insel-Bücherei wiederveröffentlicht, Rilkes größter Verkaufserfolg

1913	25. Februar – 6. Juni: Paris
	6. Juni – 17. Oktober: an wechselnden deutschen Orten zwischen Ostsee und München
	7./8. September: mit Lou Andreas-Salomé auf der Tagung der *Psychoanalytischen Vereinigung* in München, Begegnung mit Sigmund Freud
	18. Oktober – 25. Februar 1914: Paris
	Publikation: *Das Marien-Leben*
1914	26. Januar: Beginn des Liebesbriefwechsels mit der Pianistin Magda von Hattingberg
	26. Februar – 10. März: erstes Treffen mit Magda von Hattingberg in Berlin, danach gemeinsame Reise nach München, Paris und Duino; Trennung Anfang Mai in Venedig
	9.–23. Mai: Assisi
	26. Mai – 19. Juli: Paris
	28. Juli: Rilke ist bei Ausbruch des Ersten Weltkriegs auf Reise in Leipzig; sein Pariser Besitz wird 1915 versteigert; Rilke lebt mit kleinen Unterbrechungen vom 1. August 1914 bis zum 11. Juni 1919 in wechselnden Hotels, Pensionen und Wohnungen in München
	17. September: Rilke lernt die Malerin Lou Albert-Lasard kennen, mit der er bis 1916 liiert ist
	20. September: Rilke erhält eine anonyme Schenkung über 20.000 Kronen (aus dem Besitz von Ludwig Wittgenstein)
1915	Rilke besucht in den Münchner Kriegsjahren zahlreiche Lesungen und Vorträge, u. a. von Norbert von Hellingrath über Hölderlin und von Alfred Schuler
	14. Juni – 11. Oktober: Rilke lebt allein in Hertha Königs Wohnung, umgeben von mehreren Gemälden Picassos; im Sommer überlässt der Maler Paul Klee ca. 60 seiner Arbeiten Rilke zur Ansicht

	24. November: nach einer produktiven Arbeitsphase wird Rilke für wehrtauglich erklärt; bis Kriegsende entstehen nur wenige Texte, allerdings einige Übersetzungen, u. a. der Sonette von Michelangelo

12. Dezember: Wien, um die drohende Einberufung zu verhindern

1916   4. Januar: Einrücken zur Grundwehrübung; ab 27. Januar Arbeit im Kriegsarchiv in Wien

9. Juni: Entlassung aus dem Kriegsdienst, Rückkehr nach München

18. Juli – 9. Dezember: letzte Reise durch Deutschland auf Hertha Königs Gut Böckel in Westfalen und nach Berlin

1918   Tätigkeit als literarischer Berater des Insel Verlages; Übersetzungen

Nach der Einberufung in Wien, 1916

Ab November: Rilke interessiert sich für die revolutionäre Bewegung in München und besucht mehrere politische Veranstaltungen; Beginn einer Liebesbeziehung zu Claire Studer, der späteren Claire Goll

1919   Rilke sympathisiert mit der Münchner Räterepublik: Er stellt seine Wohnung für Treffen zur Verfügung, engagiert sich für eine sozialistische Lehrerzeitung und besucht nach der Niederschlagung Ernst Toller in seinem Versteck

11. Juni: Aufbruch zu einer Vortragsreise in die Schweiz, in der Rilke bis zu seinem Lebensende wohnt; längere Aufenthalte in Soglio und Locarno

Juni: Beginn der mehrjährigen Liebesbeziehung mit der Malerin Baladine Klossowska (von Rilke ‚Merline' genannt)

November: Beginn der Freundschaft mit Nanny Wunderly-Volkart

1920   3. März – 17. Mai: auf Einladung Dory Von der Mühlls auf dem Gut Schönenberg bei Basel

Passbild, 1918

11. Juni – 13. Juli: Venedig

23.–29. Oktober: Paris (in euphorischer Stimmung)

12. November – 10. Mai 1921: Schloss Berg am Irchel im Kanton Zürich; dort entstehen Übersetzungen, der Gedichtzyklus *Aus dem Nachlaß des Grafen C. W.* sowie der bilanzierende Prosatext *Das Testament*

In Muzot, um 1922

1921	26. Juli: Einzug in den kurz zuvor entdeckten leerstehenden Wohnturm Muzot bei Sierre im Wallis; die Miete und 1922 der Kauf werden von dem Winterthurer Industriellen Werner Reinhart übernommen, einem Verwandten von Nanny Wunderly-Volkart; Rilke bleibt fast durchgängig bis zum 1. Juni 1923 in Muzot
	Dezember: ein Vorwort zu Katzenzeichnungen von Klossowskas Sohn Baltusz ist der erste von Rilke auf Französisch verfasste und veröffentlichte Text
1922	Februar: Entstehung der *Sonette an Orpheus*, Vollendung der *Duineser Elegien*, Entstehung des *Briefs des jungen Arbeiters*
	Winter: Übersetzung zahlreicher Gedichte Paul Válerys (mit dem Rilke seit 1921 in Kontakt steht)
1923	1. Juni – 21. August: diverse Reisen in der Schweiz
	22. August – 22. September: Sanatorium Schöneck am Vierwaldstätter See, danach Reise durch die Schweiz
	26. Oktober – 20. November: mit Baladine Klossowska in Muzot
	28. Dezember – 20. Januar 1924: erster Aufenthalt im Sanatorium Val-Mont am Genfer See
	Publikationen: *Duineser Elegien*, *Die Sonette an Orpheus*
1924	Zahlreiche Gedichte in französischer Sprache entstehen, darunter die Gedichtzyklen *Vergers* und *Les Quatrains Valaisans*
	2. Februar: Geburt der Enkelin Christine, die Rilke nie sehen wird
	2. Juni: Rilke schreibt das erste Gedicht für den lyrischen Liebesbriefwechsel mit Erika Mitterer (der letzte Brief Rilkes stammt vom 24. August 1926)

Am Greifensee, 1924

Zeittafel

	28. Juni – 23. Juli: Kuraufenthalt in Bad Ragaz, danach in Meilen bei Nanny Wunderly-Volkart und in Muzot
	24. November – 7. Januar 1925: Sanatoriumsaufenthalt in Val-Mont
1925	7. Januar bis 18. August: letzter Aufenthalt in Paris, bei dem Rilke als Dichter gefeiert wird; danach u. a. Muzot und Bern

Arbeit an französischen Gedichten, gemeinsam mit Maurice Betz an einer französischen Fassung des *Malte*; Vorbereitung der sechsbändigen Werkausgabe im Insel Verlag

16.–30. September: Kuraufenthalt in Bad Ragaz

27. Oktober: Rilke schreibt sein Testament und schickt es an Nanny Wunderly-Volkart

20. Dezember – 31. Mai 1926: mit kleinen Unterbrechungen Aufenthalt im Sanatorium in Val-Mont

In einer u. a. von Paul Valéry herausgegebenen Zeitschrift erscheinen zum ersten Mal französische Gedichte von Rilke

1926 — 3. Mai: der poetische Briefwechsel mit Marina Zwetajewa beginnt

20. Juli – 30. August: Kuraufenthalt in Bad Ragaz, anfangs gemeinsam mit Marie von Thurn und Taxis

30. August – 20. September: Hotelaufenthalt als Gast Richard Weiningers in Ouchy-Lausanne; Unternehmungen mit der ägyptischen Rilke-Leserin Nimet Eloui Bey; am 13. September Treffen mit Paul Valéry in Anthy; die letzten französischen Gedichte entstehen

Ablehnung der Einladung Max Liebermanns, Mitglied der Berliner Akademie der Künste zu werden

Ab 30. November: Aufenthalt des Schwerkranken im Sanatorium in Val-Mont; die Diagnose akute Leukämie wird Rilke auf seinen Wunsch nicht mitgeteilt

29. Dezember: Tod Rilkes

Publikationen: *Vergers / Les Quatrains Valaisans* (Gedichte)

1927	2. Januar: Beisetzung an der Mauer der Bergkirche von Raron (Wallis)
	Publikationen (von Rilke noch vorbereitet): *Les Roses* (Gedichte), *Paul Valéry, Eupalinos oder Über die Architektur* (Übersetzung), *Les Fenêtres* (Gedichte), *Gesammelte Werke* in sechs Bänden

III. Leben und Werk

Rainer Maria Rilke ist nicht lange geblieben. Das gilt für die Orte und die familiären Bindungen, für die Freundschafts- und die Liebesbeziehungen seines Lebens, beginnt in seiner Kindheit und bestätigt sich mit seinem recht frühen Tod kurz nach dem 51. Geburtstag.

Geboren wird Rilke am 4. Dezember 1875 in Prag, das damals zur kaiserlich-königlichen Doppelmonarchie Österreich-Ungarn gehört. Seine Eltern sind Teil der privilegierten Deutsch sprechenden Minderheit, zählen aber nicht zur Oberschicht. Josef Rilke (1838–1906) arbeitet als Eisenbahninspektor, was der Familie nicht mehr als eine kleinbürgerliche Mietwohnung ermöglicht. Als sich die Eltern 1884 trennen, bleibt Rilke bei seiner Phia genannten Mutter Sophie, geb. Entz (1851–1931). Sie trauert bei Rilkes Geburt noch um ihre Tochter, die 1874 im Alter von einer Woche gestorben ist. Ansonsten ist Phia vor allem mit sich selbst beschäftigt, fährt oft nach Wien und überlässt Rilke einer Dienstmagd. Lebenslang leidet sie unter Krankheiten und Krankheitsfurcht, ist nervös und überlebt ihren einzigen Sohn gleichwohl um fünf Jahre. Ihr schwärmerischer Katholizismus deutet sich in den letzten beiden Vornamen Rilkes an: René Karl Wilhelm Johann Josef Maria. Rilke schreibt seiner Mutter weit über 1.000 Briefe, Karten und Telegramme – und sagt darin wenig. Krisen und jahre-

Herkunft

Rilkes Eltern, 1873

lange Liebesbeziehungen hält er ebenso vor ihr geheim wie seinen Austritt aus der katholischen Kirche (1901). Rilkes Klagen über seine Mutter sind Legende; noch 1915 verfasst er nach einem der seltenen Treffen das verzweifelte Gedicht *Ach wehe, meine Mutter reißt mich ein*.

Schul- als Leidenszeit

Die Mutter gibt den Zehnjährigen in die Militär-Unterrealschule St. Pölten bei Wien, wo er – so schreibt er rückblickend in einem Brief – „nach ungesunder Verzärtelung [durch die Mutter] unvernünftige Brutalität erfährt" (Rilke 1939a, S. 37). Rilke ist hier – wie auch später – oft krank. Es folgt ab 1889 die Militär-Oberrealschule Mährisch-Weißkirchen (Hranice) bei Olmütz (Olomouc). Robert Musil, der die Schule kurz nach Rilke besucht, hat seine Erfahrungen mit dem sadistisch-autoritären Milieu im Roman *Die Verwirrungen des Zöglings Törleß* (1906) verarbeitet. Rilke wird seine Schulzeit später in *einem* Satz zusammenfassen: „länger ist nie einer unter Wasser geblieben" (Rilke 2000, S. 94).

Rilke als Kadett in St. Pölten, 1888

Auf eigene Veranlassung darf Rilke 1891 die Schule abbrechen und nach Linz in eine Handelsakademie wechseln. Auch sie verlässt er wiederum vorzeitig – diesmal aufgrund einer als Skandal empfundenen Affäre mit einem älteren Kindermädchen. 1892 kehrt er nach Prag zurück, wo er bei einer Tante lebt und von seinem wohlhabenden Onkel Jaroslav, seinem „Ersatzvater" (Freedman 2001, S. 41), finanziell unterstützt wird. So kann er sich mit Privatkursen auf die gymnasiale Reifeprüfung vorbereiten, die er am 9. Juli 1895 „mit Auszeichnung" besteht.

Rilke beginnt ein Studium an der deutschen Universität in Prag mit den Fächern Literatur, Kunst und Geschichte. Im zweiten Semester wechselt er zu Jura, da ihn der mittlerweile verstorbene Onkel Jaroslav als Nachfolger in seiner florierenden Anwaltspraxis vorgesehen hat. Doch Rilke, der später noch einzelne kunstgeschichtliche und soziologische Vorlesungen in München und Berlin besuchen wird, vermeldet seiner Mutter schon als 15-Jähriger, dass er jetzt „ganz Literat" (zit. n. RCh, 28) sei. Seine Aufmerksamkeit gilt dem Schreiben. Seine Verlobte Valerie von David-Rhonfeld berät ihn zu dieser Zeit und unterstützt ihn bei den ersten Publikationen finanziell. Immer dann, wenn sie sich zu distanzieren scheint, reagiert er mit flehentlichen Brieffluten und Selbstmordgedanken; nach drei Jahren beendet er 1895 die Beziehung.

Studium und schriftstellerische Anfänge

1891 wird nach einem Preisausschreiben einer Wiener Zeitschrift zum ersten Mal ein Gedicht Rilkes veröffentlicht. Sein erster Gedichtband *Leben und Lieder* erscheint 1894, sein zweiter *Larenopfer* 1895; daneben entstehen zahlreiche Erzählungen und Dramen. Gleich sein erstes Theaterstück *Jetzt und in der Stunde unseres Absterbens* wird 1896 vom Prager Deutschen Volkstheater aufgeführt. Rilkes Texte dieser Zeit betreiben offensiv Sozialkritik, weisen auf die prekären Lebensverhältnisse der Unterschicht hin und sympathisieren mit den jungtschechischen Reformbestrebungen, die sich gegen die von den Deutschen beherrschte Bürokratie wenden (so in dem Prosaband *Zwei Prager Geschichten*).

Als der befreundete Maler Emil Orlik 1896 von Prag nach München zieht, folgt Rilke ihm. Die wichtigste Begegnung dieser Jahre (und vermutlich seines ganzen Lebens) ist die mit der renommierten Schriftstellerin Lou Andreas-Salomé (1861–1937). Rilke ist begeistert von ihrem Aufsatz *Jesus der Jude* und nimmt Kontakt zu der knapp 14 Jahre älteren und verheirateten Frau auf. Lou Andreas-Salomé, die Heiratsanträge der Philosophen Paul Rée und Friedrich

München, Berlin und Russland mit Lou Andreas-Salomé

Emil Orlik: Rilke, 1896

Nietzsche abgelehnt und den Orientalisten Friedrich Carl Andreas nur unter dem Versprechen einer körperlosen Beziehung geheiratet hat, lässt sich im Sommer 1897 auf eine intensive Liebesbeziehung zu Rilke ein. Er zieht ihr hinterher, zunächst nach Wolfratshausen bei München, 1898 nach Schmargendorf, damals ein naturnaher Vorort Berlins. Unter ihrem Einfluss wechselt er seinen Vornamen von René zu Rainer, verändert seine Handschrift, tauscht das dekadente Lebensgefühl gegen eine vitalistische Lebensbejahung ein und sympathisiert mit der Lebensreformbewegung. Rilke wird Vegetarier, kocht oft selbst, geht barfuß durch die Wälder und abends früh schlafen.

Lou Salomé mit Peitsche, Paul Rée und Friedrich Nietzsche, 1882

Für einen Vortrag in Prag arbeitet er sich Anfang 1898 in das Werk von rund zwanzig zeitgenössischen Lyrikern ein, ansonsten liest er in diesen Jahren mit Begeisterung die Romane des dänischen Autors Jens Peter Jacobsen (1847–1885) und die Dramen des Belgiers Maurice Maeterlinck (1862–1949). Lou Andreas-Salomé regt im Frühjahr 1898 eine Bildungsreise in die Toskana an (die Rilke im *Florenzer Tagebuch* für sie dokumentiert) und bereist mit ihm zweimal ihre russische Heimat: im Frühjahr 1899 für sieben Wochen zu dritt mit ihrem Ehemann, ab Mai 1900 für fast vier Monate zu zweit. Zur Vorbereitung lernt Rilke Russisch und beschäftigt sich ausgiebig mit russischer Literatur und Kunst; für die soziale Realität in dem verarmten Land interessiert er sich wenig. Rilke schildert die Begegnung mit Land und Leuten (darunter der greise Schriftsteller Lew Tolstoi, der Maler Leonid Pasternak und zahlreiche andere Künstler) noch zwanzig Jahre später als eine Art Erweckungserlebnis:

Rilke und Andreas-Salomé zu Gast bei dem russischen Autor Spiridon Droshin, 1900

Leonid Pasternak: Rilke, um 1900

„[W]as verdanke ich Rußland –, es hat mich zu *dem* gemacht, was ich bin, von dort ging ich innerlich aus, alle Heimat meines Instinkts, all mein innerer Ursprung ist *dort*!" (B, 617) Zwischen den beiden Reisen entsteht der erste Teil des *Stunden-Buches*, das aus der Perspektive eines russischen Mönchs geschrieben ist; es wird 1905 veröffentlicht und bleibt bis zu seinem Tod sein erfolgreichster Gedichtband. Nachdem er in dem atheistischen Gedicht *Glaubensbekenntnis* von 1893 jede Unsterblichkeitshoffnung forsch zurückgewiesen hat („Habt Dank, – ich bleibe liegen, / ich lasse mir's genügen / an dieser *einen* Welt"; SW 3, 491), gilt Rilke seinen Zeitgenossen von nun an als religiöser Dichter. Im besonders ertragreichen Herbst 1899 schreibt er neben Liebes- und Naturgedichten den Prosaband *Geschichten vom lieben Gott* sowie die lyriknahe Erzählung *Die Weise von Liebe und Tod des Cornets Christoph Rilke*. Der *Cornet* erscheint erst 1904 in einer Zeitschrift, 1906 als Buch und dann noch einmal 1912 als Nr. 1 der Insel-Bücherei – in dieser Ausgabe ist der Text bis heute das meistverkaufte Buch Rilkes, das zahlreiche Soldaten in den Ersten Weltkrieg begleitet hat (und von seinem Autor mit wachsender Ambivalenz betrachtet worden ist).

Auf der zweiten Russlandreise gerät die Beziehung zu Lou Andreas-Salomé in eine Krise. Rilke reagiert auf kurzzeitige Trennungen mit Angstzuständen und Depressionen, sie geht auf Distanz, warnt ihn vor einer drohenden ‚Geisteskrankheit' und ruft Anfang 1901 eine Kontaktsperre aus. Der im Sommer 1903 wieder einsetzende Briefwechsel ist der in seinen Selbstreflexionen offenste und schonungsloseste seines Lebens – Lou Andreas-Salomé bleibt zeitlebens Rilkes wichtigste Ansprechpartnerin (S. 223–227). In größeren Abständen kommt es immer wieder zu längeren Treffen. 1913 besuchen sie gemeinsam den Kongress der *Psychoanalytischen Vereinigung* in München, auf dem Lou Andreas-Salomé ihn mit Sigmund Freud bekannt macht, in dessen Umfeld sie sich seit 1911 zur Psychoanalytikerin ausbildet.

Worpswede und Hochzeit mit Clara Westhoff

Nach der zweiten Russlandreise fährt Rilke auf Einladung des Künstlers Heinrich Vogeler in die Künstlerkolonie Worpswede bei Bremen. Sofort begeistert er sich für die weite Moorlandschaft, die ihn an Russland erinnert, und für die hier arbeitende (und feiernde) Künstlerschar. Er trägt seine Gedichte vor, nimmt an Ausflügen teil und ist fasziniert von den beiden ‚weißen Mädchen', der Bildhauerin Clara Westhoff und der Malerin Paula Becker. Beiden schenkt er Rosen, will sich in Worpswede einrichten – und reist am 5. Oktober 1900 nach nur sechs Wochen überstürzt wieder ab. Vermutlich hat er erfahren, dass Paula Becker heimlich mit dem verwitweten Maler Otto Modersohn verlobt ist. Rilke hält zu beiden Freundinnen Briefkontakt, trifft Anfang 1901 in Berlin zuerst Paula Becker, dann Clara Westhoff (1878–1954). Zur Überraschung seines Umfeldes verlobt er sich im Februar 1901 mit Clara, die Hochzeit folgt im April bei den wohlhabenden Schwiegereltern in Bremen, sieben Monate später wird die Tochter Ruth (1901–1972) geboren, Rilkes einziges Kind. Gemeinsam wohnt die Kleinfamilie in einem Haus in Westerwede bei Worpswede. Der Schriftsteller und Kunstsammler Harry Graf Kessler notiert nach einem Treffen mit dem Ehepaar Rilke in seinem Tagebuch: „Sie hat Etwas Grosses und Einfaches, Willensstarkes, fast Männliches; er erscheint wie der femininere von Beiden." (Kessler 2005, S. 389) Rilkes Bekannte berichten immer wieder von seinem „Knabenkörper" und insbesondere von seinen Augen: den „leuchtendblauen Augen" (Claire Studer), den „große[n] lichtblaue[n] Augen" (Else Hotop), den „milden tiefblauen Augen, die das übrige Gesicht auslöschten" (Helene von Nostitz; zit. n. Freedman 2002, S. 87, 283, 286).

Rilke und Clara Rilke-Westhoff, kurz nach der Hochzeit im Mai 1901

Das Ehepaar Rilke mit Tochter Ruth, 1902

Rilke ist in Bremen gut vernetzt. Er schreibt zahlreiche Rezensionen für das *Bremer Tageblatt*. Ein Schwerpunkt ist die zeitgenössische skandinavische Literatur (oft von Frauen), darunter findet sich aber auch eine der ersten lobenden Besprechungen von Thomas Manns

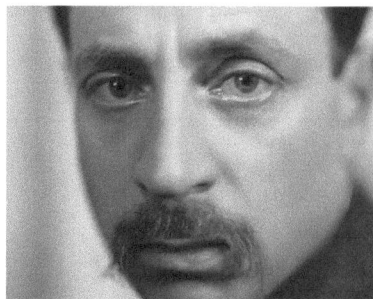

Rilkes Augen, 1925 fotografiert von Henri Martinie

> ## Zwei neue Romane.
> Von Rainer Maria Rilke.
>
> **Thomas Mann's „Buddenbrooks".***
>
> Man wird sich diesen Namen unbedingt notiren müssen. Mit einem Roman von elfhundert Seiten hat Thomas Mann einen Beweis von Arbeitskraft und Können gegeben, den man nicht übersehen kann. Es handelte sich ihm darum, die Geschichte einer Familie zu schreiben, welche zugrundegeht, den „Verfall einer Familie." Noch vor einigen Jahren hätte ein moderner Schriftsteller sich damit begnügt, das letzte Stadium dieses Verfalls zu zeigen, den Letzten, der an sich und seinen Vätern stirbt. Thomas Mann hat es als ungerecht empfunden in einem Schlußkapitel die Katastrophe zusammenzudrängen, an welcher eigentlich Generationen arbeiten, und er hat, gewissenhaft, dort begonnen, wo der höchste Glücksstand der Familie erreicht ist. Er weiß, daß
>
> *) Berlin 1901, S. Fischer, Verlag.

Anfang von Rilkes Buddenbrooks-Rezension, Bremer Tageblatt vom 16. April 1902

Buddenbrooks. In Bremen führt er zum einzigen Mal in seinem Leben Regie bei einem Theaterstück und übernimmt vom Kunsthallen-Direktor Gustav Pauli den Auftrag, eine Monografie über die Worpsweder Maler zu verfassen. Doch das norddeutsche Familienleben bleibt eine kurze Episode: Rilkes Prager Verwandte streichen ihm die monatliche Zahlung von 200 Gulden, sodass die junge Familie in Existenznot gerät und den Hausstand im Sommer 1902 aufgibt. Etwas halbherzig bemüht sich Rilke in zahlreichen Briefen um einen ‚Brotberuf' mit geregeltem Einkommen und kann sich dafür auch eine Übersiedlung nach Russland vorstellen. Als ihm angeboten wird, für eine kunstwissenschaftliche Reihe eine Monografie über den schon damals international

Das Ehepaar Rilke, Rilkes Mutter (schwarz gekleidet) und die Familie Westhoff bei ihrer einzigen Begegnung, Bremen 1901

bekannten Bildhauer Auguste Rodin zu schreiben (bei dem Rilkes Frau bereits gearbeitet hat), zieht das Ehepaar Rilke im Herbst 1902 nach Paris. Die Tochter bleibt für die nächsten zehn Jahre bei den Schwiegereltern in Bremen-Oberneuland und wird auch danach ihren Vater selten sehen. In einem langen Bilanzbrief aus dem Sommer 1903 schreibt Rilke: „Was war mir mein Haus anderes, als eine Fremde, für die ich arbeiten sollte, und was sind mir die nahen Menschen mehr als ein Besuch, der nicht gehen will. Wie verliere ich mich jedesmal, wenn ich ihnen etwas sein will" (R/AS, 96). Aus der Ehe entwickelt sich eine distanzierte Freundschaft; die von Clara Rilke gewünschte Scheidung scheitert 1912 an formalen Hürden.

Paris und Auguste Rodin

Rilke und Rodin, 1905/06

Rilkes Rodin-Buch, zuerst 1903

Obwohl es Rilke anfangs schwerfällt, sich an das Leben in der ‚Hauptstadt der Moderne' (Walter Benjamin) zu gewöhnen, ist Paris von 1902 bis 1914 in wechselnden Pensionen und Mietwohnungen sein Lebensmittelpunkt. Die Begegnung mit Rodin wird für Rilkes literarische und persönliche Entwicklung ein Meilenstein; sie bewirkt seinen eigentlichen Durchbruch in die Moderne. Rilke ist beeindruckt von Rodins diszipliniertem Arbeitsethos, der Kombination von Inspiration und Handwerk, der Wirkungsmacht modellierter Oberflächen in den unzähligen von Rodin geschaffenen ‚Dingen'. Bei Rodin schult er das für sein mittleres Werk zentrale ‚genaue Sehen' – die ersten ‚Dinggedichte' entstehen, die 1907/08 nach zum Teil rauschhaften Arbeitsphasen am Pariser Stehpult in den beiden Bänden der *Neuen Gedichte* versammelt werden (der zweite ist Rodin gewidmet). Rilke geht intensive Freundschaften fast ausschließlich mit Frauen ein – wie er später einer Freundin anvertraut, stellt er sich auf den abendlichen Spaziergängen mit Rodin vor, „er rede zu einer Frau, um sich ganz rückhaltlos geben zu können" (Albert-Lasard 1952, S. 66). Es handelt sich um Rilkes „intimste, damit zerbrechlichste Beziehung zu einem Mann" (Raddatz 2017, S. 76), mehrfach zerstreiten und versöhnen sich die beiden. Rilke erweist sich hier immer wieder als maßloser Enthusiast, was er ansonsten vor allem gegenüber Frauen, Kunstwerken und Landschaften ist. Seine Rodin-Verehrung nimmt phasenweise religiöse Züge an, so etwa wenn er dem Meister in einem Brief versichert, „daß alle, die leben, Sie brauchen und daß die so frohe Botschaft von Ihrem Dasein das Evangelium ist, mit dem unsere Tage an die Ewigkeit heranreichen" (Rilke/Rodin 2001, S. 117). Nachdem sein Rodin-Buch 1903 erschienen ist, arbeitet Rilke ab Herbst 1905 für ein halbes Jahr als Rodins Privatsekretär, wohnt bei ihm in Meudon bei Paris und vermittelt mehrere seiner Skulpturen an Museen und private Käufer aus Deutschland. Zwischen 1905 und 1907 hält er in neun europäischen Städten seinen Vortrag *Vom Werke Auguste Rodins* (vgl. Luck 2008); eigene Gedichte trägt er erstmals am 2. März 1906 in Berlin öffentlich vor.

Paul Cézanne: Selbstporträt, um 1875

Wenig später wird ein weiterer Künstler für Rilke bedeutsam. In der großen Pariser Gedenkausstellung von 1907, die er über zwei Wochen fast täglich besucht, begeistert er sich für Paul Cézanne (1839–1906), dessen Gemälde Rodin als wichtigsten ästhetischen Bezugspunkt ablösen. Rilke bekennt sich zu einem „sachlichen Sagen" (KA 4, 624) selbst der intensivsten Emotionen. Das erweist sich insbesondere in den Paris-Passagen seines einzigen Romans *Die Aufzeichnungen des Malte Laurids Brigge* als produktiv; das Buch entsteht zwischen 1904 und 1910 vor allem in der französischen Hauptstadt. Rilke sympathisiert mit Rodin und Cézanne nicht zuletzt aufgrund ihres radikalen Künstlerseins, dem sie alles andere unterordnen. Dieser Existenzform nähert sich auch Rilke zunehmend an. Der mit ihm befreundete Schriftsteller Rudolf Kassner (1873–1959) übermittelt das Bonmot: „Rilke war Dichter, auch wenn er sich nur die Hände wusch." (Kassner 1976, S. 11) Rilke selbst war der Ansicht, keine Wahl zu haben – in seiner dichterischen Arbeit sei er „eine Macht und Herrlichkeit […] und außer ihr nicht einmal ein Kräftchen" (Rilke/Thurn und Taxis 1986, Bd. 1, S. 454).

Mäzenatentum und öffentliches Engagement

Nachdem er 1903 endgültig beschlossen hat, sein Leben ganz der Dichtung zu widmen, bleibt seine finanzielle Situation lange Zeit prekär. Sein wachsendes Netzwerk bringt ihn allerdings immer wieder in Kontakt mit wohlhabenden, oft adligen und zumeist weiblichen Gönnerinnen, die ihn finanziell unterstützen oder ihn kostenlos bei sich wohnen lassen. Auch deshalb ist Rilke selbst in seinen Pariser Jahren viel unterwegs. Seine ständige Geldnot mindert sich erst ab 1912, als der Insel Verlag seine Zahlungen erhöht, Rilke eine Erbschaft macht und er zudem eine anonyme Schenkung über 20.000 österreichische Kronen erhält, die, wie man seit 1954 weiß, der Philosoph Ludwig Wittgenstein veranlasst hat. Gespart hat Rilke nie: Sobald er Geld hatte, buchte er Nobelhotels, fuhr Bahn in der ersten Klasse, lud seine Gäste in teure Restaurants ein und verwandelte die Zimmer seiner Freundinnen mithilfe von Rosensträußen in einen „Blumengarten" (Hattingberg 1947, S. 133). Noch 1914 bittet er selbst den Ehemann seiner Geliebten, der Malerin Lou Albert-Lasard, um Geld für das frisch verliebte Paar.

Lou Albert-Lasard: Rilke, 1916

Anfang 1903 bricht Rilke von Paris nach Viareggio in Italien auf, kehrt kurz zurück, um dann von September 1903 bis Juni 1904 in bescheidenen Verhältnissen mit seiner Frau in Rom zu leben (zu Rilkes Kontakten mit Italien vgl. Ebneter 2009). Von dort reist er, der sich schon lange für die skandinavische Literatur begeistert, für einige Monate (und erstmals auf Einladung) nach Schweden und Dänemark. Hier kommt er in Kontakt mit der antiautoritären Reformschule Samskola, für die er sich in Zukunft auch in Deutschland

Zu Gast auf Schloss Friedelhausen in Hessen: Clara Rilke modelliert ihren Mann, 1905

Clara Rilke-Westhoff: Rilke, 1905

mehrfach einsetzen wird. Das spärliche öffentliche Engagement Rilkes umfasst ansonsten die Beteiligung an einer Petition für eine Liberalisierung des § 175 des Strafgesetzbuches, der Homosexualität unter Strafe stellt, sowie eine Stellungnahme, in der er die Abschaffung des schulischen Religionsunterrichts fordert. Relativ kontinuierlich bemüht er sich in seinem Einflussbereich um die materielle und ideelle Förderung von jungen, insbesondere weiblichen Kunstschaffenden (vgl. Simon 2007).

Rilke personifiziert die enorme Ungleichzeitigkeit der Vorkriegsjahre. Einerseits führt er ein ungebundenes, modernes Leben in den europäischen Metropolen, andererseits ist er eines der letzten Beispiele für eine vom Mäzenatentum getragene Künstlerexistenz. Häufig ist er auf Schlössern und Landsitzen von kunstaffinen Aristokraten zu Gast. In seinem enormen Briefwerk, mit

Ungleichzeitigkeiten

Marie von Thurn und Taxis   Nanny Wunderly-Volkart

dem er einen beträchtlichen Teil seiner Lebenszeit verbringt, kommt diese Spannung besonders markant zum Ausdruck. So entstehen zahllose seiner „unwiderstehlichen Briefe, die dem Adressaten praktisch keinen Ausweg lassen, als sich mit allem ihm zur Verfügung Stehenden, sei es Geld, seien es Beziehungen, für den Dichter einzusetzen" (Martens/Post-Martens 2015, S. 110). Zwei seiner umfangreichsten Briefwechsel führt er mit den beiden wichtigsten Unterstützerinnen seiner späten Jahre: ab 1909 mit der Fürstin Marie von Thurn und Taxis (1855–1934), einer der reichsten Frauen Österreichs, ab 1919 mit Nanny Wunderly-Volkart (1878–1962), deren wohlhabende Familie die größte Gerberei der Schweiz besaß – auch auf Fotos besteht eine auffallende Ähnlichkeit zwischen beiden.

Krisenjahre 1910–1920

Zwischen 1910 und 1920 ist Rilke fast durchgängig in psychischen Krisen gefangen, führt zahlreiche Liebesbeziehungen und veröffentlicht kaum neue Werke. Eine verheiratete Liebhaberin lädt ihn ab Ende 1910 zu einer dreimonatigen Reise durch Nordafrika bis nach Ägypten ein; als er in Tunesien von einem Hund gebissen wird, gibt Rilke ihm recht: „er drückte nur auf seine Art aus, daß ich völlig im Unrecht sei, mit Allem." (R/AS, 269) In Paris spricht er 1911 auf der Straße die siebzehnjährige französische Arbeiterin Marthe Hennebert an, um deren Ausbildung und Förderung er sich in den folgenden Monaten halb als Liebhaber, halb wie ein Vater kümmert, um dann auch davor in eine rastlose Reise durch Mitteleuropa zu flüchten. Seine mütterliche Freundin Marie von Thurn und Taxis schreibt ihm 1915, dass der klassische Frauenheld „Don Juan ein Waisenknabe neben Ihnen war" (Rilke/

Thurn und Taxis 1986, Bd. 1, S. 404). Der „Urkonflikt" (Storck 2004, S. 13) seines Lebens besteht darin, sich immer wieder leidenschaftlich zu verlieben und zugleich die Einsamkeit zu suchen. Seine Partnerinnen irritiert er mit einem ständigen „Wechsel von Flut und Ebbe seiner Gefühle" (Albert-Lasard 1952, S. 103). 1921 wird er resigniert feststellen: „Jeder erlebt schließlich nur *einen* Konflikt im Leben, der sich nur immer anders vermummt und anderswo heraustritt –, der meine ist, das Leben mit der Arbeit in einem reinsten Sinne zu vertragen" (B, 669).

Rilkes Hypersensibilität macht ihn zum Spielball von Menschen und Dingen, von Stimmungen und körperlichen Beschwerden: „Die Hand meines Friseurs, mit ihrer jeden Morgen anders zusammengesetzten Geruchmischung, kann mich so beeindrucken, daß ich ganz anders gestimmt von ihm fortgehe; aber sie genügt nun auch schon, mich körperlich zu verstimmen […], wirkt schon wieder Spannungen in der Stirn und in der Kehle hervor […] kurz es ist das

Marie von Thurn und Taxis: Rilke, 1910   Das Schloss Duino an der Adria

erbärmlichste und lächerlichste Ausgeliefertsein." (R/AS, 346 f.) Eine Therapie wird erwogen, dann aber aus Sorge um die künstlerische Kreativität verworfen: „Die *Psychoanalyse* ist eine zu gründliche Hülfe für mich, sie hilft ein für alle Mal, sie räumt auf, und mich aufgeräumt zu finden eines Tages, wäre vielleicht noch aussichtsloser als diese Unordnung." (R/AS, 240) Während eines mehrmonatigen Aufenthalts auf dem Felsenschloss Duino an der Adria entstehen 1912 der Gedichtzyklus *Das Marien-Leben*, mehrere Übersetzungen aus dem Italienischen und die ersten der *Duineser Elegien*. Im Kreis der kunstbegeisterten Fürstin von Thurn und Taxis nimmt Rilke an spiritistischen Sitzungen teil, von denen er noch Jahre später beeindruckt berichtet. Rilke hält sich danach in Venedig auf, verbringt einen Winter in Spanien und kehrt immer wieder nach Paris zurück. 1913/14 schreibt er über zwanzig Gedichte für den später wieder verworfenen (und erstmals 1976 gedruckten) Zyklus *Gedichte an die Nacht*. Im programmatischen Gedicht *Wendung* von 1914 wird die Zeit des „Anschauns", das „Werk des Gesichts", für beendet erklärt – „tue nun Herz-Werk" (KA 2, 101 f.), ruft der Dichter sich selbst zu.

Erster Weltkrieg als Lähmung

Doch dazu kommt es zunächst nicht. Der Erste Weltkrieg versetzt Rilke, der sich gerade in Deutschland aufhält und seine Pariser Habseligkeiten verliert, in eine lange Lähmung. Während ein Großteil seiner Künstlerkollegen begeistert in den Krieg zieht, äußert er sich von Beginn an skeptisch. Am Tag vor dem Kriegsausbruch heißt es im Brief an die Mutter: „Deutschland ist ein Barbarenland, die Rauflust kocht ihnen immer noch unter dem bischen Anstrich, es ist traurig zu sehen. [...] Gott verhüte den größeren Krieg, er wäre erschütternd und namenlos verhehrend, und ich sehe nicht, *was* er herbeiführen soll." (Rilke 2009, Bd. 2, S. 293 f.) Gleichwohl verfasst Rilke wenige Tage später *Fünf Gesänge*, in denen mit einigem Pathos (wenn auch nicht durchweg euphorisch) der „Kriegs-Gott" und das „Menschengewitter" (KA 2,

106) der Schlachten beschworen werden. Schnell distanziert er sich davon wieder und schreibt seinem Verleger: „‚Kriegslieder' sind keine bei mir zu holen, beim besten Willen" (B 1, 557). Rilke wird im Januar 1916 aus München (wo er die Kriegsjahre verbringt) zur österreichischen Landwehr berufen, körperlich erschöpft und auf Intervention von Freunden aber bald ins österreichische Kriegsarchiv in Wien versetzt. Da er sich weigert, propagandistisch tätig zu werden, ist er mit Verwaltungsdingen beschäftigt und wird nach einem halben Jahr entlassen. In einem Entwurf zu einer politischen Rede bemängelt er 1919 im Rückblick auf den Krieg eine kollektive Unfähigkeit zur Trauer und empfiehlt, „den übergangenen Schmerz nachzuholen, nachzulernen, nachzuweinen, Stunde für Stunde, Ursache für Ursache" (KA 4, 706).

Rilke nach der Einberufung in Wien, 1916

Auch wenn Rilke zeitlebens politisch nicht uninteressiert ist, legt er sich auf keine Richtung fest und geht zu jeder Parteipolitik auf Distanz. In eine politische Erregung gerät er nur ein einziges Mal: am Ende des Krieges und in den Monaten der sozialistischen Münchner Räterepublik (vgl. Unglaub 2004b). 1917 lernt er Sophie Liebknecht kennen, die Frau des inhaftierten Sozialisten Karl Liebknecht; sie empfiehlt ihm politische Aktivitäten als Ausweg aus seiner Lebenskrise. Rilke nimmt noch während des Krieges Kontakt zu liberalen und linken Politikern wie Walther Rathenau und Kurt Eisner auf, besucht nach Kriegsende Veranstaltungen der Revolutionäre, stellt ihnen seine Wohnung als Treffpunkt zur Verfügung und engagiert sich für die Gründung eines ‚sozialistischen Lehrer-Blatts'. Dass Rilke nach dem schnellen Scheitern der Räterepublik München verlässt, hat nicht zuletzt damit zu tun, dass Gerüchte einer bevorstehenden Verhaftung kursieren. Er wird das Projekt der Räterepublik gegenüber konservativen Freunden weiter verteidigen – was ihn nicht daran hindert, in einigen germanophoben Briefen von 1926 Sympathie für den italienischen Faschisten Benito Mussolini zu bekunden (zu den Gründen dafür vgl. Storck 1992, S. 718–721).

Faszination Räterepublik

Schweizer Jahre

Obwohl er die Alpen lange für ‚übertrieben' gehalten hat – „was für Ansprüche machen diese Seen und Berge, wie ist immer etwas zu viel an ihnen, die einfachen Augenblicke hat man ihnen abgewöhnt" (Rilke 1937a, S. 269) – verbringt er die letzten sieben Jahre seines Lebens fast durchgängig in der Schweiz. Auf einer Schweizer Lesereise im Herbst 1919 liest er bisweilen vor 600 Zuhörenden und macht die Bekanntschaft mehrerer Gönner, die ihn bis zu seinem Tod unterstützen und mit Wohnungen versorgen. Neben die räumliche Konzentration tritt eine emotionale. Nach einer zunächst in unzähligen Briefen, dann auch persönlich geführten Affäre mit der Pianistin Magda von Hattingberg, mit der er 1914 für einige Monate durch Europa zieht, einem eheähnlichen Zusammenleben mit der Malerin Lou Albert-Lasard von 1914 bis 1916 und einigen weiteren Liebschaften geht Rilke 1919 wieder eine längere Beziehung ein (zu den Frauen in Rilkes Leben vgl. Schwilk 2015). Mit der Malerin und zweifachen Mutter Baladine Klossowska lebt er bis 1925 immer wieder für längere Zeit zusammen.

Ankündigung einer Rilke-Lesung in Luzern, 1919 („der größte Lyriker der Gegenwart")

Rilke und Baladine Klossowska auf dem Balkon von Muzot, um 1923

Baladine Klossowska: Rilke, Paris 1925

Im Herbst 1920 fühlt Rilke während eines einwöchigen Paris-Aufenthalts eine geistige Öffnung und hält seine Krisenjahre für überwunden. Sein Pariser Notizbuch enthält nichts als den Eintrag „ici commence l'indicible" (dt. ‚hier beginnt das Unsagbare'; zit. n. RCh, 693), an Lou Andreas-Salomé schreibt er von einem „Glück der Heilung" (R/AS, 423), seinem Verleger kündigt er die bevorstehende Vollendung der *Duineser Elegien* an, die er für sein Hauptwerk hält. Damit wird es im Winter 1920/21 noch nichts, den er (zum Teil zusammen mit Klossowska) auf dem unbewohnten Schloss Berg am Irchel verbringt. Im folgenden Sommer entdecken sie im Wallis oberhalb von Sierre einen leerstehenden Wohnturm aus dem 13. Jahrhundert. Das kleine, von

Schreibekstase

Der Wohnturm Muzot

Rilke etwas großspurig *Château de Muzot* genannte Gebäude wird Rilke von Werner Reinhart, einem Industriellen und Kunstmäzen, lebenslang mietfrei zur Verfügung gestellt. Von einer zurückhaltenden Haushälterin versorgt, zieht Rilke sich in die Einsamkeit des kargen Turms zurück. Im Februar 1922 gerät er in eine ihm selbst unheimliche Schreibekstase. In nur vier Wochen entstehen der 55 Gedichte umfassende Zyklus *Die Sonette an Orpheus*, der Prosatext *Der Brief des jungen Arbeiters* und – für Rilke das Wichtigste – die restlichen der am Ende zehn *Duineser Elegien*. Er fühlt sich erlöst: „ich bin gerettet! Was so schwer auf mir gelastet und mich am meisten geängstigt hat, ist nun getan – […] niemals habe ich einen ähnlichen Sturm des Herzens und des Geistes durchlebt" (zit. n. Freedman 2002, S. 390).

Sprachwechsel und später Ruhm	In den folgenden knapp fünf Jahren bis zu seinem Tod wechselt Rilke die Sprache. Er schreibt (neben wenigen deutschen Texten) vier französischsprachige Gedichtsammlungen, von denen zwei noch zu Lebzeiten gedruckt werden. Auch viele seiner zahlreichen Briefe verfasst Rilke nun auf Französisch.

Seine französischen Texte will Rilke nicht als Übersetzungen, sondern als eigenständige Schöpfungen aus dem ‚Geist' des Französischen verstanden wissen. Es sei eine „beglückende Erfahrung, jünger zu sein, fast jung im Gebrauch einer zweiten Sprache" (B, 932). 1925 lebt er noch einmal sieben Monate in Paris und wird dort wie nie zuvor als Dichter gefeiert. Er besucht zahlreiche Salons, trifft russische Exilanten und vertieft seine Freundschaften u. a. mit André Gide (1869–1951) und Paul Valéry (1871–1945), von dem er in seinen letzten Lebensjahren zahlreiche Gedichte und poetologische Dialoge ins Deutsche überträgt. Der Schriftsteller und Literaturkritiker Charles du Bos (1882–1939) notiert in seinem Tagebuch, seit Jahren sei er keinem Menschen „von so seltener Art, keiner so reinen, so vollkommen bewahrten Seele begegnet" (zit. n. Freedman 2002, S. 438).

In Muzot erreicht Rilke so viel Post, dass der Briefträger sich weigert, die Paketsendungen zuzustellen. In zwei emphatischen Liebesbriefwechseln der späten Jahre verschwimmen die Grenzen zwischen Brief und Gedicht, zwischen authentischen und fiktionalen Liebesgefühlen: Mit der 18-jährigen österreichischen Lyrikerin Erika Mitterer führt Rilke ab 1924 einen (auch erotischen) Briefwechsel in Gedichtform, mit der russischen Lyrikerin Marina Zwetajewa tauscht er 1926 überschwängliche poetisch-intime Briefe aus. Mitterer trifft er kurz und spät, Zwetajewa gar nicht.

Ab 1923 leidet Rilke unter Schwellungen und starken Schmerzen, die sich über seinen ganzen Körper verteilen; er wiegt zwischenzeitlich nur noch 49 Kilogramm. Mehrfach begibt er sich für längere Zeit in Sanatorien, wo man seine Krankheiten psychosomatisch deutet. Vom „Folterbad des eignen Bluts" (Rilke/Mitterer 2018, S. 144) schreibt er schon 1925 – die Diagnose einer akuten Leukämie wird erst drei Wochen vor seinem Tod gestellt und Rilke auf eigenen Wunsch nicht mehr mitgeteilt. Nachdem er in den Briefen seiner

Krankheit und Tod

Rilke, lachend (am 13.9.1926 mit Paul Valéry am Genfer See)

späten Jahre zu einem selbstironischen Ton gefunden hat und im persönlichen Kontakt – entgegen hartnäckiger Klischees – schon immer viel gelacht haben soll (so schildern es z. B. Magda von Hattingberg, Lou Albert-Lasard und Erika Mitterer; vgl. Hattingberg 1947, S. 76; Albert-Lasard 1952, S. 63; Rilke/Mitterer 2018, S. 229, 231), ist Rilke zunehmend entsetzt von der Übermacht seiner Schmerzen. In einem Brief an Lou Andreas-Salomé berichtet er zwei Wochen vor seinem Tod von einem „grenzenlos schmerzhafte[n] Zustand": „Er deckt mich zu. Er löst mich ab." (R/AS, 484 f.) Sein letztes Gedicht setzt mit einer Anrufung des Schmerzes ein („Komm du, du letzter, den ich anerkenne, / heilloser Schmerz im leiblichen Geweb") und endet mit der lapidaren Einsicht in die desintegrierende Kraft der Schmerzen: „Niemand der mich kennt." (KA 2, 412) Rilke lehnt in den letzten Lebensmonaten fast alle Besuche ab (auch von seiner Mutter und seiner Ehefrau) und glaubt sein Krankenzimmer in der Klinik Val-Mont bei Montreux von Dämonen bewohnt. Jeden priesterlichen Beistand im Sterbeprozess hat er sich vorsorglich schon ein Jahr zuvor in einem ‚letzten Willen' verboten: „der Bewegung meiner Seele, aufs Offene zu, wäre jeder geistliche Zwischenhändler kränkend und zuwider" (Rilke 1977, S. 1192). Kurz vor seinem Tod äußert er den Wunsch, das Meer zu sehen. Er stirbt am 29. Dezember 1926 in Val-Mont und wird in einem kleinen Kreis von Freunden am 2. Januar 1927 an der Außenmauer der Kirche von Raron im Wallis beerdigt.

Kirche in Raron mit Rilkes Grab

Rilkes Grabstein an
der Kirchenmauer von Raron

Rilke liebte Rosen. Schon in der Worpsweder Zeit erfindet er „eine neue Zärtlichkeit: eine Rose leise auf das geschlossene Auge zu legen" (TF, 309) – das Motiv wandert später auch in seine Gedichte ein (*Die Gazelle*). Selbst in Zeiten der Geldnot kauft und verschenkt er üppige Rosensträuße, und in Muzot kümmert er sich intensiv um seinen Rosengarten. Nachdem 1924 der französischsprachige Gedichtband *Les Roses* entstanden ist, bilden die 1925 verfassten und testamentarisch festgelegten Grabsteinverse einen letzten Höhepunkt von Rilkes umfangreicher Rosenlyrik (KA 2, 394):

Rilkes Rosen

Rose, oh reiner Widerspruch, Lust,
Niemandes Schlaf zu sein unter soviel
Lidern.

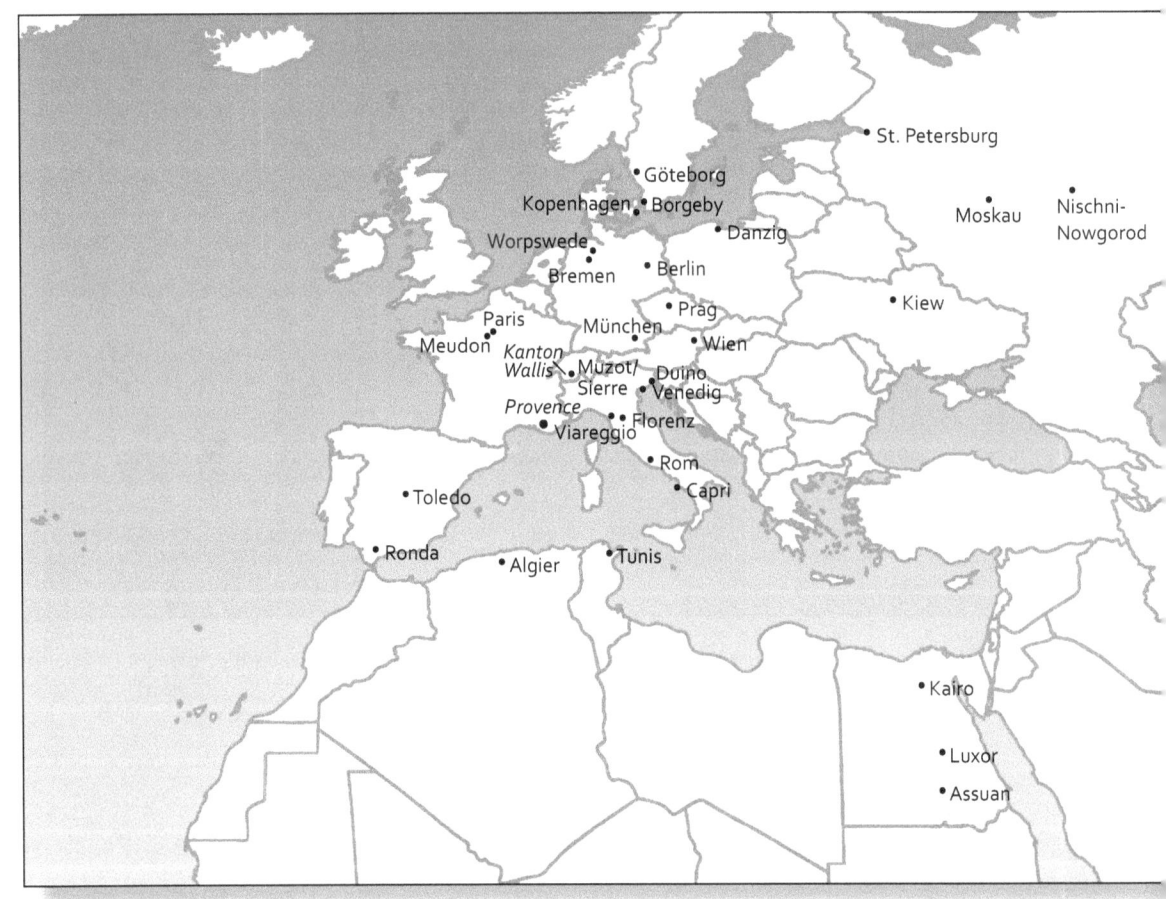

Wichtige Punkte

IV. Werkaspekte

Rilkes Werk lässt sich grob in vier Phasen einteilen. Das umfangreiche Frühwerk (mit dem *Stunden-Buch* als Höhepunkt und dem *Cornet* als größtem Verkaufserfolg) erstreckt sich bis zum ersten Paris-Aufenthalt 1902. Das mittlere Werk – in dem Rilke endgültig in der literarischen Moderne ankommt – reicht von 1902 bis 1910 und umfasst als wichtigste Texte die beiden Bände der *Neuen Gedichte* und den Roman *Die Aufzeichnungen des Malte Laurids Brigge*. Das Spätwerk, zu dem vor allem die Gedichtzyklen *Duineser Elegien* und *Die Sonette an Orpheus* gehören, entsteht zwischen 1910 und 1922, bevor Rilke in seinem spätesten Werk (1922–1926) neben deutschsprachigen Einzelgedichten vor allem französische Gedichtsammlungen verfasst (auf die in dieser Buchreihe zur deutschsprachigen Literatur nicht näher eingegangen wird; einen Überblick liefern Engel/Lauterbach 2004).

Jede Werkphase hat ihre eigene Poetik. So weicht die überschwängliche Ich-Bezogenheit des Frühwerks im mittleren Werk einem sachlichen Blick auf die Dinge, während das bisweilen hermetische Spätwerk beides reflektiert und kombiniert (vgl. Engel 2004c). Und selbst innerhalb *einer* Werkphase bestehen zum Teil markante Gegensätze (vgl. Fülleborn 1996a, S. 843). Dennoch ziehen sich Konstanten durch Rilkes Schreiben, die im Folgenden vorgestellt werden: eine anthropologische Ästhetik, die intensive Auseinandersetzung mit der bildenden Kunst sowie eine Beschäftigung mit den in Rilkes Augen wichtigsten Themen des menschlichen Daseins – der Liebe, der Transzendenz als dem Bereich, der über die sinnliche Erfahrungswelt hinausgeht, und dem Tod.

Vier Werkphasen

Auf dem Weg in die Moderne: Rilke 1902

1. Alles leben, alles schreiben. Anthropologische Ästhetik

Rilke hat sein Schreiben konsequent am Menschen ausgerichtet. Unabhängig davon, ob in den *Neuen Gedichten* Tiere dargestellt werden oder sich das Ich der *Duineser Elegien* an die Engel wendet – immer geht es in den Texten darum, durch das Hineindenken ins Menschenfremde die Möglichkeiten des Menschseins bis an die äußersten Grenzen auszudehnen. Schon in Rilkes frühen Schriften werden die Kunst und der Künstler nicht als Gegensätze zum Leben präsentiert, sondern als eine „bewegtere", eine „unbescheidenere Lebensform" (KA 4, 65). Damit unterscheidet er sich vom Ästhetizismus, der um 1900 in europäischen Dichterkreisen viele Anhänger fand, sich die Parole *l'art pour l'art* (Kunst für die Kunst) zu eigen machte und eine autonome Kunst einforderte, in die der Mensch vor seiner unbefriedigenden Wirklichkeit flüchten kann. Rilke setzt dagegen: „Wer denkt noch, daß die Kunst das Schöne darstelle, das ein Gegenteil habe [...]. Sie ist die Leidenschaft zum Ganzen." (KA 4, 720 f.) Gerade in Zeiten einer rasanten Modernisierung versteht er die Kunst als eine „Weltanschauung des letzten Zieles" (KA 4, 114). Dichten ohne Weltbezug ist für ihn keine Option. Stattdessen ist er davon überzeugt, dass Kunst die leistungsstärkste, weil dem Menschen am ehesten gemäße Kulturtechnik der Daseinsbewältigung ist. Sie erscheint ihm verlässlicher, umfassender und flexibler als Religion, Wissenschaft oder Politik.

Existenzielle Dichtung

Sowohl die Produktion als auch die Rezeption von Kunstwerken sind für Rilke deshalb von existenzieller Bedeutung. Wie sich der ersten Hälfte seines 1898 entstandenen *Florenzer Tagebuches* entnehmen lässt, hat er anfangs noch mit einem elitären Künstlerbild geliebäugelt, das den Künstler gottähnlich über dem Menschen platziert (und das Publikum verachtet). Schon innerhalb des Tagebuches setzt sich dann aber eine Haltung durch, die dem Dichter nur noch insofern eine Sonderrolle zuweist, als er in seiner Beschäftigung mit den wichtigsten Lebensfragen weniger abgelenkt als andere ist (vgl. Hoffmann

2016). Die Aufgabe des Künstlers besteht von nun an bis in Rilkes Spätwerk darin, auf besonders radikale Weise Formen eines „auch außerdichterisch lebbaren Weltverhaltens" (Engel 2004a, S. 409) in seinen Kunstwerken zu erkunden. Rilke konzipiert den Künstler als die Avantgarde des Menschseins. Für individual-psychologische oder gesellschaftliche Faktoren interessiert er sich dabei nur insofern, als sie eine Auseinandersetzung mit den menschlichen Grunderfahrungen blockieren können (vgl. Engel 1997a, S. 341). Dass der Mensch sich in ständiger Interaktion mit seiner Umwelt befindet, ist Rilke gleichwohl bewusst: „Um ein Weniges nur übertreibend, möcht ich sagen, daß wir nicht *sind*; wir bilden uns fortwährend neu und anders in dem Durchkreuzungspunkt aller der Einflüsse, die in unser Daseinsgebiet hineinreichen." (Rilke/Nádherný 2007, S. 76 f.)

Angeregt vom Vitalismus- und Lebenskult, der sich auf Friedrich Nietzsche beruft und ihm vor allem von Lou Andreas-Salomé vermittelt wird, vertritt Rilke ein radikales Akzeptanzmodell (dem er in seiner Lebenspraxis freilich nicht immer gerecht geworden ist): „Das Leben hat Recht, auf alle Fälle", schreibt er in den sogenannten *Briefen an einen jungen Dichter*, die sich an einen mit seinem Schicksal hadernden Adressaten richten, und leitet daraus das Postulat ab, „alles zu leben" (KA 4, 545, 524). Das ist nicht fatalistisch zu verstehen, sondern als Aufforderung gemeint, sich allen Aspekten des Lebens zu stellen und als Schriftsteller „das ganze Diktat des Daseins bis zum Schluß nachzuschreiben" (B, 417). Rilkes Lebensprojekt ist von Ulrich Baer auf die bündige Formel gebracht worden: „Nichts auslassen, immer aufpassen." (Baer 2006, S. 9)

Für die Kunst heißt das, dass sie sich nicht mehr auf die Darstellung des Schönen begrenzen darf. Einer Dichtung, die auf ‚alles' zielt, muss es gelingen, „auch im Schrecklichen und scheinbar nur Widerwärtigen das Seiende zu

Wahrheit statt Schönheit

sehen, das, mit allem anderen Seienden, *gilt*." (KA 4, 624) In einem Essay von 1902 über den belgischen Symbolisten Maurice Maeterlinck vollzieht Rilke explizit den Schritt von einer Poetik der Schönheit zu einer Poetik der Wahrheit. Das „einzige wirkliche Werk der Menschheit", so schreibt er, ziele auf die „Suche nach Wahrheit" (KA 4, 216). Dass hier nicht vom ‚Werk des Künstlers', sondern ‚der Menschheit' die Rede ist, bleibt auch in Zukunft charakteristisch für Rilkes poetologische Reflexionen, für seine anthropologische Ästhetik (vgl. Hoffmann 2012a).

Im Grunde verschreibt sich Rilke damit einem realistischen Programm. Die Literatur des Realismus und Naturalismus (der sich insbesondere Rilkes frühe Dramen und Erzählungen angenähert haben) lehnt er daher auch nicht aus Prinzip ab. Vielmehr wirft er ihr vor, sich auf die „kleinen und unwichtigen Wirklichkeiten des Tages" (KA 4, 217) konzentriert zu haben. Auch wenn sich Rilke privat und als Autor zeitlebens für gesellschaftliche Außenseiter engagiert und interessiert hat, fällt die ‚soziale Frage' seiner Ansicht nach nicht in den Zuständigkeitsbereich des Dichters. Für ‚groß' und ‚wichtig' hält er stattdessen die Auseinandersetzung mit jenen Aspekten des Menschseins, deren Deutung dem Menschen schwerfällt, weil sie sich seiner Kontrolle entziehen: Liebe, Transzendenz, Tod. In diesen Bereichen ist der Mensch, so die Überzeugung der Romanfigur Malte Laurids Brigge und ihres Autors, auch zu Beginn des 20. Jahrhunderts noch immer ein Anfänger. Deshalb ist der „Dichter der Wahrheit" für Rilke „vielleicht noch auf lange hinaus der Dichter des Unbekannten" (KA 4, 217). Er braucht einen Blick und eine Sprache, die offen und beweglich genug für das Ungewusste sind:

> Wir müssen unser Dasein so *weit*, als es irgend geht, annehmen; alles, auch das Unerhörte, muß darin möglich sein. Das ist im Grunde der einzige Mut, den man von uns verlangt: mutig zu sein zu dem Seltsamsten, Wun-

derlichsten und Unaufklärbarsten, das uns begegnen kann. Daß die Menschen in diesem Sinne feige waren, hat dem Leben unendlichen Schaden getan; die Erlebnisse, die man „Erscheinungen" nennt, die ganze sogenannte „Geisterwelt", der Tod, alle diese uns so anverwandten Dinge, sind durch die tägliche Abwehr aus dem Leben so sehr hinausgedrängt worden, daß die Sinne, mit denen wir sie fassen könnten, verkümmert sind. Von Gott gar nicht zu reden. (KA 4, 541 f.)

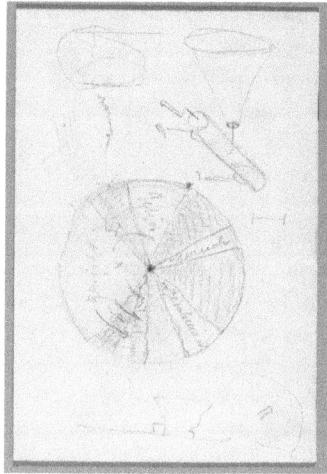

Rilkes Skizze der Sinnesbereiche zum Aufsatz *Ur-Geräusch*, 1919

Die Sensibilität der Sinne zu schärfen, ist ein zentrales Anliegen von Rilkes Poetik. Im mittleren Werk geschieht das – im Zuge seiner intensiven Beschäftigung mit der bildenden Kunst – vor allem in Bezug auf das Sehen. Wenn das ‚neue Sehen', das Malte sich in Rilkes einzigem Roman erschließt, „nicht an der Stelle stehen [bleibt], wo es sonst immer zu Ende war" (KA 3, 456), gilt das für die Außen- und die Innenwelt – der Blick in beide Richtungen intensiviert sich. In seinem Spätwerk hat Rilke diese starke Konzentration auf die optische Wahrnehmung (von der auch die *Neuen Gedichte* geprägt sind) dann aber (selbst-)kritisch beurteilt. In dem 1919 entstandenen Essay *Ur-Geräusch* fordert er vom Künstler, dass er – besser, als es einem spezialisierten Wissenschaftler möglich sei – die komplette „fünffingrige Hand seiner Sinne", die für die fünf Hauptsinne des Menschen steht, stetig verfeinert und damit „am entschiedensten an einer Erweiterung der

Das neue Sehen

einzelnen Sinn-Gebiete arbeitet" (KA 4, 704; vgl. dazu Pasewalck 2002). Ein skurriles Sinnbild für die anthropologische Ausrichtung von Rilkes Ästhetik ist das in diesem Text vorgeschlagene Experiment: die Kranznaht zwischen Stirn- und Scheitelbein des menschlichen Schädels durch einen Fonografen in „eine Ton-Folge, eine Musik" (KA 4, 702) zu übertragen.

Einheit von Körper und Geist

Jakob von Uexküll, um 1903

Neben die forcierte Sinneswahrnehmung – und eng mit ihr verknüpft – tritt in Rilkes Poetik das Ringen um eine radikale Öffnung des Bewusstseins. Von der direkten Verbindung zwischen Körper und Geist war er zeitlebens fest überzeugt. „Ich habe, zu verschiedenen Zeiten, die Erfahrung gemacht", schreibt er 1912, „daß sich Äpfel, mehr als sonst etwas, kaum verzehrt, oft noch während des Essens, in Geist umsetzen." (Rilke/Thurn und Taxis, Bd. 1, S. 96) Das entsprach durchaus einem Teil der zeitgenössischen Naturwissenschaft. So schnürte der mit Rilke befreundete Biologe Jakob von Uexküll (1864–1944) den Zusammenhang zwischen *Umwelt und Innenwelt der Tiere* (so der Titel seiner zuerst 1909 veröffentlichten Studie) so eng, dass er die Umwelt zu einem „Teil des Tieres selbst" und die Verbindung von Innen- und Außenwelt zu einem „unauflöslichen Ganzen" (Uexküll 1921, S. 169) erklärte. Zudem führten technische Innovationen wie das Mikroskop, der 1895 erstmals eingesetzte Röntgenapparat oder die sogenannte Moment- oder Augenblicksfotografie (mit ihren Vergrößerungsmöglichkeiten) zu einer wissenschaftlichen Vermittlung zwischen der sichtbaren und der für das Auge unsichtbaren Welt (vgl. Köhnen 2010; Kimmich/Wilke 2006, S. 26).

Das Offene

Rilke war zunehmend fasziniert von einer Ausrichtung des Lebens und Schreibens am ‚Offenen'. Im Spätwerk avanciert es zu einem „Schlüsselbegriff" (Engel 1996b, S. 676), vermutlich angeregt durch Friedrich Hölderlins Gedicht *Brod und Wein* sowie eine von Rilke ab 1915 in München besuchte Vortragsreihe des selbsterklärten Kosmikers Alfred Schuler (1865–1923). Bei Rilke steht das Offene für ein

Wirklichkeitskonzept, in dem keine starren Grenzen zwischen Körper und Geist, Innen- und Außenwelt, Vergangenheit, Gegenwart und Zukunft, zwischen Leben und Tod, Sein und Nichtsein, Eigenem und Fremdem, Imagination und Realität gezogen werden. Auch das Konzept des ‚Weltinnenraums', der vom Übersinnlichen buchstäblich bis in die Eingeweide des Autorkörpers reicht (vgl. Baer 2006, S. 81), gilt einer solchen ‚uneingeteilten' Welt. Vor allem in seiner späten Lyrik unternimmt Rilke den paradoxen Versuch, eine sprachliche Form für dieses Übermaß zu finden, das „Unfaßliche der Welt als solches zu fassen, ohne ihm seine Unfaßlichkeit abzusprechen" (Eckel 2009, S. 25).

Alfred Schuler, 1902

Engel und Tiere

Als Personifikationen des für den Menschen Unfassbaren dienen in Rilkes Texten Engel und Tiere. So ist der Engel in den *Duineser Elegien* nicht christlich und trotz Rilkes Interesses am Koran auch nicht muslimisch gedacht. Vielmehr steht er für ein unendliches Bewusstsein, das die menschlichen Einteilungen des Wahrnehmens und Denkens hinter sich gelassen hat. Tiere stellen hier gleichsam das andere Extrem des Nichtmenschlichen dar, nämlich ein ‚reines' Schauen, das sich nach Rilkes Auffassung durch eine völlige Abwesenheit von Bewusstsein auszeichnet. Soweit sich Rilkes Texte auch in Richtung des Engels und des Tieres vorwagen, reflektieren sie doch immer mit, dass selbst die vielschichtigste Lyrik eine menschliche Artikulationstechnik bleibt. „*Wir* machen mit Worten und Fingerzeigen / uns allmählich die Welt zu eigen" (KA 2, 248), heißt es in einem der *Sonette an Orpheus* über den Unterschied zwischen Mensch und Hund. Wie wichtig für den Dichter Rilke die Tiere waren, zeigt sich auch daran, dass er – so Karl Ove Knausgård – „Hunde schöner beschrieb als jeder andere" (Knausgård 2018, S. 303). Als psychophysisches Misch- und Zwischenwesen kann der Mensch sein Bewusstsein weder absolut setzen (wie Rilkes Engel) noch komplett ausschalten (um etwa das Schauen der Fische nachvollziehen zu können, dem das Prosagedicht *Die Auslage des Fischhändlers* von 1907 gewidmet ist). Sich beidem soweit anzunähern, wie es einem Menschen möglich ist, ist die wahrnehmungstechnische Dehnübung, zu der Rilkes Texte einladen.

2. Vom Ding zum Kunstding. Bildende Kunst

Die bildende Kunst hat Rilke stets als eine produktive Herausforderung für sein dichterisches Arbeiten verstanden. Deshalb hat er sich so intensiv mit ihr beschäftigt wie kein zweiter Dichter des 20. Jahrhunderts. Auch wenn allein für die Jahre von 1912 bis 1920 über 1.000 Texte ermittelt worden sind, die Rilke gelesen hat (vgl. Simon 2001): Die Auseinandersetzung mit Gemälden und Skulpturen sowie mit deren Produzentinnen und Produzenten erscheint ihm wichtiger als das Lesen von Büchern.

Auguste Rodin

Das gilt insbesondere für die Begegnung mit dem Bildhauer Auguste Rodin (1840–1917). Um ihn kennenzulernen, fährt Rilke 1902 erstmals nach Paris. 1903 veröffentlicht er eine Auftragsmonografie über das Werk Rodins, 1905/06 arbeitet er für einige Monate als Rodins Privatsekretär, und zwischen 1905 und 1907 präsentiert er in neun europäischen Städten seinen emphatischen Rodin-Vortrag. Bis ins Spätwerk finden sich Gedichte, die von Rodins Skulpturen angeregt sind (vgl. Hoffmann 2017). Obwohl er sich mehrfach und am Ende endgültig mit Rodin zerstreitet, betont er 1924 in einem Brief, dass der „unmittelbare und vielfältige Einfluß des großen Bildhauers jeglichen, aus der Literatur stammenden, überwog und gewissermaßen überflüssig machte" (Rilke/Rodin 2001, S. 387).

Auguste Rodin: Der Schreitende, Bronze, um 1900 (abgebildet in Rilkes Rodin-Buch)

Beeindruckt von Rodins Arbeitsethos (*„Il faut toujours travailler – toujours"*; R/AS, 103), beschließt Rilke 1903, sein eigenes Leben von nun an komplett der Kunst zu widmen. Dass Rodins „großes Werk aus dem Handwerk hervorging, aus dem fast absichtslosen und demütigen Willen, immer bessere Dinge zu machen" (R/AS, 95), lehrt Rilke neben der Inspiration auch die Arbeitsdisziplin schätzen. Rodin wird für Rilke – wie später noch einmal der Maler Paul Cézanne – zum Inbegriff eines Künstlers, der sich ganz seinem Material überlässt, der „nicht zum Bewußtsein seiner Einsichten" (KA 4, 628) gelangt und „ohne gedanklich-konzeptionelle Steuerung" (Büssgen 2017, S. 110) arbeitet.

Unter dem Eindruck Rodins wendet sich der Fokus von Rilkes Lyrik von der Innen- zur Außenwelt, von psychischen Vorgängen zu physischen Dingen. „Irgendwie muß auch ich dazu kommen", schreibt er in einer Krisenphase 1903 (und kurz vor der Entstehung seiner ersten sogenannten Dinggedichte), „Dinge zu machen; nicht plastische, geschriebene Dinge, – Wirklichkeiten, die aus dem Handwerk hervorgehen" (R/AS, 105). Als Rodins Schaffensprinzip identifiziert Rilke ein „Vergessen und Verwandeln der stofflichen Anregung" (KA 4, 431). Unabhängig davon, ob Rodins Zeichnungen und Skulpturen auf mythische, literarische oder historische Stoffe Bezug nehmen oder Zeitgenossen porträtieren – unter den Händen des Künstlers wandle sich alles in „Sachliches und Namenloses" (KA 4, 430) und diene allein der Schaffung autonomer Kunstwerke. Gleichzeitig stellen Rodins Werke für Rilke den Beweis dar, dass es einem Künstler möglich ist, etwas Gegenständliches mit einer „selbständigen und originellen Offenbarung seiner Persönlichkeit" (KA 4, 431) zu verbinden. Sie weisen damit den Weg zu Rilkes objektiv-subjektiver Darstellungstechnik, von der die Dinglyrik der *Neuen Gedichte* geprägt ist.

Bedeutung der Oberfläche

Während in Rilkes Frühwerk eine symbolistische Ästhetik dominiert, in der die Worte nur den ‚Vorwand' für dahinter verborgene ‚Geständnisse' darstellen (vgl. KA 4, 65), lernt Rilke bei Rodin die Oberfläche der Dinge zu schätzen. Als Grundelement in dessen Schaffen macht er den Verzicht auf „eine große Idee" (KA 4, 411) zugunsten einer völligen Konzentration auf die zu bearbeitende Fläche aus. Rodins Kunst ziele im Kern darauf ab – so führt Rilke in seinem Rodin-Vortrag aus –, eine „geschlossene, an keiner Stelle zufällige Oberfläche herzustellen":

> Denn alles Glück, von dem je Herzen gezittert haben; alle Größe, an die zu denken uns fast zerstört; jeder von den weiten umwandelnden Gedanken –: es gab einen Augenblick, da sie nichts waren als das Schürzen von Lippen, das Hochziehn von Augenbrauen, schattige Stellen auf Stirnen. (KA 4, 457 f.)

In den *Neuen Gedichten* und dem Malte-Roman stellt Rilke immer wieder epiphanische Momente ins Zentrum – also Momente, in denen etwas erscheint, das sonst, wie etwa Gott, nicht zu sehen ist. Aber auch sie entstehen oft durch nicht mehr als „eine leise Veränderung auf der kleinen Oberfläche eines nahen Gesichts" (KA 4, 458).

Die Worpsweder Künstlerkolonie

Rilke hat – wenn auch nicht besonders systematisch – Kunstgeschichte studiert, bis 1902 mit einer kunstwissenschaftlichen Promotion geliebäugelt und Zeitungsartikel über Kunstausstellungen verfasst. Vor allem interessierte ihn die Beschäftigung mit der bildenden Kunst aber als Anregung und Reflexion seiner literarischen Werke (allgemein dazu Büssgen 2004 und 2017). So nutzte er die Auftragsarbeit über die Worpsweder Künstlerkolonie, die er ein halbes Jahr vor dem Rodin-Buch fertigstellte, auch dazu, sich in einer langen

Einleitung mit der Geschichte der Landschaftsmalerei zu beschäftigen und dabei seine eigene Naturästhetik voranzubringen.

Otto Modersohn: Herbst im Moor, 1895

Hat in Rilkes Frühwerk eine neoromantische Verschmelzung von Mensch und Natur dominiert, vertritt er nun im Worpswede-Buch die Ansicht, das Naturverhältnis des modernen Menschen sei von einer radikalen Fremdheit geprägt: „Allein mit einem toten Menschen, ist man lange nicht so preisgegeben wie allein mit Bäumen. Denn so geheimnisvoll der Tod sein mag, geheimnisvoller noch ist ein Leben […], das nicht an uns teilnimmt" (KA 4, 308). Die zentrale Aufgabe der modernen Kunst bestehe deshalb darin, die Verbindung zur Natur im Schein der Kunst wiederherzustellen. Die Kunst ist für Rilke das „Medium", in „welchem Mensch und Landschaft, Gestalt und Welt sich begegnen und finden" (KA 4, 311).

Paula Modersohn-Becker: Rainer Maria Rilke, 1906

Auf die Einleitung folgen Kapitel zu fünf Worpsweder Malern, darunter auch Heinrich Vogeler, mit dem Rilke mehrfach eng kooperiert (so zeichnet der Jugendstilkünstler eine Titelvignette für die Erstausgabe des *Buches der Bilder* und entwirft 1901 die Innenausstattung des Hauses, das Rilke mit seiner Frau nach der Hochzeit in der Nähe von Worpswede bezieht). Unerwähnt bleibt in Rilkes Buch die wichtigste Malerin der Kolonie: Die Bedeutung der Gemälde von Paula Modersohn-Becker erschließt sich Rilke erst um 1905, als er ihr das Bild *Säugling an der Hand der Mutter* abkauft, einer von nur drei Bildverkäufen zu Lebzeiten der Malerin. Mit ihrem 1906 in Paris entstandenen Rilke-Porträt konnte oder wollte er sich nicht identifizieren.

Paul Cézanne

Zu einem Ereignis wird Rilke 1907 der Besuch der großen Cézanne-Gedenkausstellung in Paris (vgl. Meyer 1963; Köhnen 1995; Kurz 2003; Günther 2008; Wilke 2008). Über zwei Wochen besucht er die Ausstellung fast täglich für mehrere Stunden – weil ihm klar wird, dass Cézannes Bilder „mit uns selbst an hundert Stellen zusammen[hängen]" (KA 4, 612). Schon in Bezug auf Rodin spricht Rilke vom Prinzip der „Verwirklichung" (R/AS, 95). Gemeint ist keine Selbstverwirklichung des Künstlers, sondern die Übertragung der Realität in eine höhere Wirklichkeit des Kunstwerks. Als Rilke auf den von Cézanne verwendeten Begriff der ‚réalisation' stößt, greift er den Gedanken erneut auf. Bei Cézanne steht er für einen doppelten Transformationsprozess: erstens von den Naturgegenständen in die sinnfreien und emotionslosen Sehdaten des Betrachters, zweitens von den Sehdaten in die „malerischen Äquivalente" (KA 4, 631). Cézanne, so Rilke, habe genau genommen nicht das von ihm Gesehene gemalt (etwa den Bergzug der Sainte-Victoire oder die zu porträtierenden Personen), sondern das Sehen selbst. So sei es gelungen, mit wirklichkeitsnahen Kunstwerken die Wirklichkeit zu übertreffen: „Das Überzeugende, die Dingwerdung, die durch sein eigenes Erlebnis an dem Gegenstand bis ins Unzerstörbare hinein gesteigerte Wirklichkeit, das war es, was ihm die Absicht seiner innersten Arbeit schien" (KA 4, 608). Schon bevor Rilke es im Brief vom 13. Oktober 1907 explizit ausspricht („In den Gedichten sind instinktive Ansätze zu ähnlicher Sachlichkeit"; KA 4, 617), liegt auf der Hand, dass sich der Dichter in der Auseinandersetzung mit Cézanne auch der Poetik seiner parallel entstehenden *Neuen Gedichte* versichert. So wie die von Cézanne gemalten Gegenstände im Spiel der Farben „eine neue Existenz" (KA 4, 623) beginnen, versteht Rilke seine Gedichte nun als selbstständige Sprachdinge. Aber auch wenn Rilke noch kurz vor seinem Tod Cézanne als das – nach Rodin – „stärkste Vorbild" (B, 860) bezeichnet, hinterlässt die Begegnung mit Cézannes Bildern kaum Spuren in seinem Werk. Als hilfreich erweist sie sich vor allem für die poetologische Selbstreflexion des Autors.

Paul Cézanne: Montagne Sainte-Victoire, um 1904

Nachdem ihm beim Schreiben über Cézanne klargeworden ist, wie stark sein eigenes Schreiben seinen Blick auf Kunstwerke prägt, veröffentlicht Rilke keine erläuternden Texte über die bildende Kunst mehr. In seinen Briefen und Gedichten führt er die Beschäftigung dagegen in einer forcierten Poetizität weiter, nun unter anderem im Blick auf Werke von El Greco, Pablo Picasso (so etwa in der fünften *Duineser Elegie*) oder Oskar Kokoschka (vgl. Rilke 1988). Der Grundimpuls ist dabei immer der gleiche: Gerade weil sich Rilke der medialen Differenz zwischen der bildenden Kunst und der Literatur stets bewusst ist, erweisen sich Gemälde und Skulpturen als besonders anregend für seine Dichtung. So wie die Auseinandersetzung mit der Liebe, der Transzendenz und dem Tod den Menschen an die Grenzen seines Fühlens und

Bildende Kunst als produktive Überforderung

Denkens führt, schätzt Rilke die Beschäftigung mit der bildenden Kunst als eine produktive Überforderung seiner sprachlichen Möglichkeiten.

3. Einander lassen. Liebe

Rilke hat mit der Liebe gerungen – als Mensch wie als Autor. In seinen Texten wird die Liebe einerseits als eine der mächtigsten Intensivierungskräfte des Lebens hochgeschätzt. Sie vermag die Liebenden über sich hinauswachsen zu lassen, denn sie „nimmt nicht Rücksicht auf unsere Einteilungen, sondern reißt uns, zitternd wie wir sind, in ein endloses Bewußtsein des Ganzen hinein." (B, 514) Andererseits stellt die persönliche Liebe für Rilke eine Gefahr dar – und zwar die gelingende stärker als die scheiternde Liebe. Wer romantische Liebesgedichte sucht, ist deshalb bei diesem Autor an der falschen Adresse. Das deutet sich schon im bekanntesten Liebesgedicht seines Frühwerks an, in dem er sich vermutlich 1897 an Lou Andreas-Salomé richtet (auch wenn es im *Stunden-Buch* auf Gott bezogen werden kann):

> Lösch mir die Augen aus: ich kann dich sehn,
> wirf mir die Ohren zu: ich kann dich hören,
> und ohne Füße kann ich zu dir gehn,
> und ohne Mund noch kann ich dich beschwören.
> Brich mir die Arme ab, ich fasse dich
> mit meinem Herzen wie mit einer Hand,
> halt mir das Herz zu, und mein Hirn wird schlagen,
> und wirfst du in mein Hirn den Brand,
> so werd ich dich auf meinem Blute tragen. (KA 1, 207)

Das Kraftzentrum dieser Liebe ist der Konflikt. Das Ich imaginiert, dass sich ihm das geliebte Du auf mannigfache Weise widersetzen könnte. Von dieser Abwehr lässt sich der Sprecher zum Äußersten treiben – buchstäblich bis aufs Blut bindet er sich an seine Geliebte. In drastischen Verstümmelungsbildern inszeniert er sich als Opfer eines gewalttätigen Übergriffs, den er – gerade das ist der Beweis seiner grenzenlosen Liebe und die Pointe des Gedichtes – nicht etwa abwehrt, sondern selbst forciert.

Was dieser Text feiert, nämlich die emphatische Selbstaufgabe, wird Rilke kurz darauf zum grundlegenden Problem der Liebe. Die Denkfigur, die sich durch fast alle Texte über die Liebe zieht, die Rilke nach dem Ende seiner Liebesbeziehung zu Lou Andreas-Salomé geschrieben hat, besagt, dass die Liebe eine Bedrohung für die volle Entfaltung der Persönlichkeit darstellt (einen Überblick liefert Storck 2006). Noch der große, autobiografisch geprägte Bekenntnistext des Mittvierzigers, *Das Testament* von 1921, dreht sich um die „Angst vor dem Geliebtwerden" (KA 4, 718). Dass diese Angst doppelt motiviert ist, wird bereits 1907 in den *Neuen Gedichten* formuliert:

Liebe als Problem

> Wie soll ich meine Seele halten, daß
> sie nicht an deine rührt? Wie soll ich sie
> hinheben über dich zu andern Dingen? (KA 1, 450)

In diesen Eingangsversen des programmatisch *Liebes-Lied* betitelten Gedichtes wird das Verschmelzen von zwei Seelen nicht gefeiert, sondern gefürchtet. Unter keinen Umständen will das Ich die eigene Autonomie oder den Kontakt zu seiner Umwelt (den „andern Dingen") für die Liebe preisgeben. Rilke, der sich selbst einen „Einsamkeitsfanatismus" (Rilke 1937a, S. 285) attestiert, versteht die Einsamkeit als produktivste Grundlage der Persönlichkeitsentwicklung. Deshalb warnt er insbesondere seine jungen Briefadressaten immer wieder davor, „falsch, d. h. einfach hingebend und uneinsam [zu] lieben" (KA 4, 536). Kein anderer Bereich menschlichen Erlebens sei auf so fatale Weise mit Konventionen und schlechten Vorbildern blockiert wie die Liebe. Anstatt Hilfestellungen zu geben, verhinderten sie das Erlernen der Liebe. Liebe ist für Rilke, wie er 1904 in einer langen Briefpassage an Franz Xaver Kappus ausführt, immer auch „Last und Lehrzeit"; das „Liebhaben von Mensch zu Mensch: das ist vielleicht das Schwerste, was uns aufgegeben ist" (KA 4, 537, 534). Als zukünftiges Ideal schwebt ihm denn auch eine Liebe vor, die darin besteht, dass „zwei Einsamkeiten einander schützen, grenzen und grüßen." (KA 4, 538) Grundvoraussetzung dafür ist der Verzicht auf jedes Anspruchs- oder Besitzdenken. ‚Einander lassen' – darin besteht für Rilke die hohe Kunst der Liebe:

> Denn *das* ist Schuld, wenn irgendeines Schuld ist:
> die Freiheit eines Lieben nicht vermehren
> um alle Freiheit, die man in sich aufbringt.
> Wir haben, wo wir lieben, ja nur dies:
> einander lassen; denn daß wir uns halten,
> das fällt uns leicht und ist nicht erst zu lernen.
> (KA 1, 420)

Intransitive Liebe

In den *Aufzeichnungen des Malte Laurids Brigge* verdichten sich Rilkes Liebesreflexionen zum Konzept einer ‚intransitiven' Liebe. So wie intransitive Verben kein Akkusativobjekt benötigen, versucht Maltes Tante Abelone „ihrer Liebe alles Transitive zu nehmen" (KA 3, 628). Ihr schwebt eine Liebe vor, die sich auf kein Liebesobjekt richtet – und dennoch die volle emotionale Intensität des Liebens entfaltet. Als

Marianna Alcoforado

Vorbilder für eine solche Haltung versteht Malte die „gewaltigen" bzw. „großen Liebenden" (KA 3, 549, 653): allesamt Frauenfiguren aus Mythos und Geschichte, die ihren Geliebten verloren, ihr Lieben aber gesteigert haben. Unter ihnen befindet sich die portugiesische Nonne Marianna Alcoforado (1640–1723), deren (ihr fälschlich zugeschriebener) Liebesbriefe Rilke 1913 aus dem Französischen ins Deutsche übersetzte (zu weiteren biografischen Anregungen vgl. Unglaub 2016b). Rilke hat in der Weltliteratur intensiv nach Bestätigungen seines Liebeskonzeptes gesucht – „und, notfalls durch rigorose Umdeutungen, bekannte Fabeln, Mythen, Motive oder historische Figuren zu beweiskräftigen Argumenten umgebildet" (Stahl 1996, S. 1026).

Grundlage dieser Liebesvorstellung ist eine strikte Unterscheidung zwischen dem passiven Geliebtwerden, in dem Malte das Dilemma der Liebe verortet, und dem (positiv konnotierten) aktiven Lieben. Während das Geliebtwerden (auch im familiären Zusammenhang) immer mit einschränkenden Erwartungen einhergehe und eine „Deformation durch Inbesitznahme" (Schings 2017, S. 447) bewirke, ziele das ‚richtige' Lieben über jede personale Bindung hinaus ins Offene: „Schlecht leben die Geliebten und in Gefahr. Ach, daß sie sich überstünden und Liebende würden. Um die Liebenden ist lauter Sicherheit. [...] Sie stürzen sich dem Verlorenen nach, aber schon mit den ersten Schritten überholen sie ihn, und *vor* ihnen steht nur noch Gott." (KA 3, 618) ‚Gott' – der bei Rilke nicht auf eine bestimmte Religion bezogen wird – ist für Malte zuallererst ein Synonym für die Offenheit und unabsehbare Komplexität des Daseins. Seine im Liebeskontext entscheidende Qualität besteht darin, dass „Gott nur eine Richtung der Liebe ist, kein Liebesgegenstand" (KA 3, 628), sodass von ihm keine Gegenliebe zu befürchten ist. In den 1913 entstandenen Entwürfen zu einer (von Rilke nicht veröffentlichten) *Rede über die Gegenliebe Gottes* heißt es ganz in diesem Sinn, dass die „Gegenwart eines geliebten Gegenstandes zwar für den Beginn der Liebe hülfreich ist, ihrem späteren Großsein aber Kummer und Abbruch tut" (SW 6, 1044).

Spirituelle Liebe ‚Liebe' meint bei Rilke zunehmend eine spirituelle Haltung, die sich von konkreten Paarbeziehungen löst. So wird in den *Duineser Elegien* gefordert, „daß wir liebend / uns vom Geliebten befrein" (KA 2, 202). Richte man die Liebe auf einen Einzelmenschen mit dessen konkreten Eigenschaften, so argumentiert die *Vierte Elegie*, ziehe man „‚Ränder' in die unabsehbare Weite des Liebesgefühls ein" (Koch 1996, S. 175). Ein Gedicht von 1914 entwirft die Idee, die zwischenmenschliche Liebe gleich in Richtung einer allumfassenden Universalliebe zu überspringen:

> Siehe, ich wußte es sind
> solche, die nie den gemeinsamen Gang
> lernten zwischen den Menschen;
> sondern der Aufgang in plötzlich
> entatmete Himmel
> war ihr Erstes. Der Flug
> durch der Liebe Jahrtausende
> ihr Nächstes, Unendliches. (KA 2, 117)

Daneben experimentiert Rilke mit anderen Spielformen der besitzlosen Liebe. So wird die Imagination einer ‚künftigen Geliebten', angeregt von einem Gedicht Goethes, den er seit einem Weimarbesuch 1911 für sich entdeckt, zu einem heimlichen Leitmotiv der Krisenjahre 1910–1922 (vgl. Engel 1996b, S. 434 f.). In dem Prosatext *Das Testament* erprobt der Erzähler dann eine erweiternde Neudefinition der Liebe; sie umfasst nun auch seine dichterische Arbeit, die er sogleich als die ihm weit eher gemäße Form der Liebe begreift: „So erscheint das Liebeserlebnis als eine gleichsam verkümmerte, unfähige

Nebenform der schöpferischen Erfahrung, als ihre Herabsetzung, – und bleibt ungekonnt, unbeherrscht und, an der höheren Ordnung jenes Gelingens gemessen, unerlaubt." (KA 4, 729)

An den Liebeskonventionen des frühen 20. Jahrhunderts stört Rilke aber auch die Abwertung der Sexualität. Er ist der Überzeugung, dass „*hier*, nicht im Sozialen oder Ökonomischen, unser zeitgenössisches großes Verhängnis sei –, in dieser Verdrängung des Liebesakts ins Peripherische" (B, 779). Das erscheint ihm auch im Blick auf die Kunst problematisch, liege doch „künstlerisches Erleben so unglaublich nahe am geschlechtlichen, an seinem Weh und seiner Lust, daß die beiden Erscheinungen eigentlich nur verschiedene Formen einer und derselben Sehnsucht und Seligkeit sind" (KA 4, 521).

Aufwertung der Sexualität

1913 lernt Rilke den Psychoanalytiker Sigmund Freud (1856–1939) persönlich kennen und tauscht sich danach mit Lou Andreas-Salomé intensiv über Freuds *Abhandlungen zur Sexualtheorie* (1905) aus. Dort stößt er auf den Gedanken, dass die antike Welt im Liebesleben „den Akzent auf den Trieb selbst" gerichtet habe, während die modernen Menschen „die Triebbestätigung an sich geringschätzen und sie nur durch die Vorzüge des Objekts [= einer geliebten Person] entschuldigen lassen." (Freud 2000, S. 60) In Rilkes Lyrik wird die Sexualität erstmals in den 1915 entstandenen, erst postum veröffentlichten und von der Rilke-Forschung weitgehend ignorierten *Sieben Gedichten* gefeiert (vgl. Unseld 1978). In einer für diesen Autor bemerkenswerten Mischung aus Drastik und Beschwingtheit heißt es dort: „Nun stoß ich in dich Stufe ein um Stufe / und heiter steigt mein Samen wie ein Kind." (KA 2, 138)

Sigmund Freud, 1921

Artifizieller wird die Thematik in der dritten *Duineser Elegie* verhandelt. Sie lässt als Personifikation des Sexualtriebs einen „verborgenen schuldigen Fluß-Gott des Bluts" (KA 2, 208) auftreten. Diese mythische Figur versinnbildlicht den Gedanken, dass der Mensch in der Sexualität einer urzeitlichen und amoralischen Macht begegnet, die stärker ist als er selbst und als die von ihm geliebte Person: „Liebend / stieg er hinab in das ältere Blut, in die Schluchten, / wo das Furchtbare lag, noch satt von den Vätern." (KA 2, 209) Auch der Liebesakt zählt bei Rilke zu den Erscheinungsformen des so faszinierenden wie für das Individuationsprinzip bedrohlichen ‚Großen', das es im Leben zu bewältigen gilt. In dem späten *Brief des jungen Arbeiters* wird das Geschlecht zum wichtigsten „Geheimnis meines eigenen Lebens" erklärt; in einer Volte gegen die Körperfeindlichkeit des Christentums fungiert es buchstäblich als Bindeglied zu Gott: „warum gehören wir nicht zu Gott von *dieser* Stelle aus?" (KA 4, 745)

4. Dem Offenen entgegen. Transzendenz

Rilke ist – das gilt nicht nur im Kontext der intransitiven Liebe – ein Dichter der Transzendenz. In seinen bedeutendsten Gedichtsammlungen und seinem einzigen Roman stehen übermenschliche Instanzen am Anfang, im Zentrum oder am Ende: Gott im *Stunden-Buch* und in den *Aufzeichnungen des Malte Laurids Brigge*, Apollo (der griechische Gott des Lichts und der Dichtung) in beiden Bänden der *Neuen Gedichte*, die Engel im *Marien-Leben* und in den *Duineser Elegien* und der bei Rilke zum Gott erhöhte Sänger Orpheus in den *Sonetten an Orpheus*. Dass man bei Rilke „Verse eines Gottsuchers" findet – so der Titel von Stefan Zweigs 1906 veröffentlichter Rezension des *Stunden-Buches* (vgl. Rilke/Zweig 2017, S. 17–21) –, ist zu einem populären Gemeinplatz geworden, der es bis in den Untertitel des ersten Kinofilms über Rilkes Leben und Schreiben geschafft hat (*Engel über Europa. Rilke als Gottsucher* von Rüdiger Sünner, 2018). Und auch die neuere Forschung befasst sich wieder ausführlich mit Rilkes Verhältnis zu Religion und Spiritualität (Schiwy 2006; Magnússon 2009; Bishop 2010; Fischer 2014a). Rilke für einen religiösen Dichter zu halten (wie es insbesondere die frühe Rilke-Philologie getan hat) ist allerdings ebenso problematisch wie die in der Forschung des späten 20. Jahrhunderts verbreitete These einer ausschließlichen ‚Immanenz-Gläubigkeit' Rilkes, die mit dem Versuch einherging, ihn zum Atheisten zu erklären (dagegen argumentiert z. B. Fischer 2014b, S. 70).

Fest steht immerhin: Als Christ hat Rilke sich nicht verstanden. 1893 verfasste der 17-jährige Rilke ein pathetisch-polemisches *Glaubensbekenntnis*, in dem er sich vom Christentum lossagt und die Liebe als seine einzige „Religion" (SW 3, 491) bezeichnet; acht Jahre später, 1901, trat er aus der katholischen Kirche aus. Brieflich berichtet er 1912 von seiner „beinah rabiaten Antichristlichkeit" (Rilke/Thurn und Taxis 1986, S. 245), und noch im *Brief des jungen Arbeiters* von 1922 wird die Jenseitsorientierung des Christentums als „Wahnsinn" und „Betrug" (KA 4, 738) verworfen. Jesus als einem Mittler zwischen Mensch und Gott stand Rilke ablehnend, bisweilen sogar feindlich gegenüber (zur Christus-Figur in Rilkes Lyrik vgl. Unglaub 2016a). Der Koran wird dafür gelobt, dass er ohne „das Telephon ‚Christus'" auskomme, „in das fortwährend hineingerufen wird: *Holla, wer dort?*, und niemand antwortet" (Rilke/Thurn und Taxis 1986, S. 246). Wo sich Rilkes Texte doch einmal affirmativ auf Jesus beziehen (wie in den frühen *Christus-Visionen* oder in dem 1906 verfassten Gedicht *Der Ölbaum-Garten*, siehe S. 176 f.), entwerfen sie ihn als eine einsame, an der Existenz Gottes zweifelnde Gestalt. Zu bedenken ist freilich, dass Religionskritik (insbesondere am Christentum) in der Moderne oftmals gerade die Voraussetzung für ein zeitgemäßes religiöses oder spirituelles Interesse war. Auch hat seine Distanz zum Christentum ihn nicht daran gehindert, sich auf seinen Russlandreisen mit christlichen Ikonen und einem Reisealtar zu versorgen. Ohnehin findet Rilkes Auseinandersetzung

Kritik am Christentum

mit Transzendenz vor dem Hintergrund „einer um 1900 verbreiteten und gesellschaftlich akzeptierten Pluralisierung des Diskursuniversums religiöser Rede" (Pittrof 2014, S. 401) statt.

Rilkes russischer Reisealtar, später an Claire Goll verschenkt

Individueller Gottesbezug

So lehnte Rilke die etablierten Religionen und Christus vor allem deshalb ab, weil sie in seinen Augen die Entwicklung eines individuellen Gottesbezuges gerade verhinderten. Seine Sympathie galt theosophischen Strömungen, die davon ausgingen, dass nicht die „Verabreichungen der Kirche, sondern die unmittelbare Erfahrung des Verkehrs mit Gott, das uns zutiefst Belebende sei" (Rilke/Forrer 1982, S. 41). Rilke war als Mensch wie als Autor in der Tat ein leidenschaftlicher ‚Gottsucher' – freilich mit der Besonderheit, dass er ihn nie finden wollte. Die 1920 von einer 18-jährigen Leserin gestellte Frage, ob er an Gott glaube, scheint ihm „aus der falschen Voraussetzung hervorzugehen, als ob Gott auf dem Wege menschlicher Anstrengung und Überwindung überhaupt zu erreichen sei" (ebd., S. 42). Fasziniert ist Rilke von der Vorstellung eines Gottes, der für den Menschen unbegreiflich und unverfügbar bleibt. Deshalb zeichnen die zahlreichen Gotteserwähnungen in den *Neuen Gedichten* kein einheitliches Bild, sondern sind von einer „Instabilität des Blicks auf Gott" (Waters 2014, S. 220) geprägt. Malte Laurids Brigges Credo gilt auch für seinen Autor: „Wir aber, die wir uns Gott vorgenommen haben, wir können nicht fertig werden." (KA 3, 620) Infolge der immer wieder neu unternommenen Annäherungsversuche liest sich Rilkes Werk „fast wie eine Enzyklopädie der Formen religiöser Rede" (Pittrof 2014, S. 405). Auch in metaphysischen Angelegenheiten erweist sich Rilke als ein Verfechter des besitzlosen Bezuges.

In seinem Spätwerk bilden Gott und ‚das Offene' nahezu Synonyme. Beide stehen für eine deutungsresistente Dimension der Wirklichkeit, die sich mit den Kategorisierungen der Logik nicht erfassen lässt. Schon der geduzte Gott des *Stunden-Buches* ist ein „Wald der Widersprüche" (KA 1, 182). Ein solcher Gottesbegriff umfasst auch das Schreckliche – in gebetartigen Gedichten von 1909 wendet sich der Sprecher gegen die Vorstellung eines ausschließlich gerechten und helfenden Gottes: „Herr, sei nicht gut: sei herrlich"; weiter heißt es dort: „Erst wenn wir wieder unsern Untergang / in dich verlegen, nicht nur die Bewahrung, / wird alles dein sein […], / die Niederlage und der Überschwang." (KA 1, 437) Die Frage nach Gott wird dabei stets als eine „genuin moderne Frage formuliert", weil sie immer auch die Frage nach einem Subjekt enthält, „das sich selbst in seinem Selbst- und Weltverhältnis immer *sucht* und nie stabil *hat*." (Braungart 2014, S. 273) Wie Rilkes Ästhetik im Ganzen, so ist auch ihr Teilbereich der transzendenten Poesie am Menschen ausgerichtet.

Monika Schrader kommt in ihrem Rilke-Artikel für die *Theologische Realenzyklopädie* zu dem Ergebnis, dass „der Gottesbegriff für Rilke primär eine poetologische, psychologische und erkenntniskritische Kategorie" (Schrader 1998, S. 209) sei.

Metaphysisches Personal

Für fast sein gesamtes metaphysisches Personal, das Rilke zumindest dem Namen nach vornehmlich aus der griechischen Antike und dem Christentum entnimmt, gelten zwei Grundregeln: Es verfügt über keine feste Existenzform (und entspricht schon deshalb nie ganz den mythischen bzw. religiösen Quellen) und es ist im Diesseits erfahrbar (wenn auch meist nur als Ahnung). Selbst im *Stunden-Buch*, dessen Protagonist als russischer Mönch dem Christentum nahesteht, ist Gott keine stabile Größe. Vielmehr ist er auf den Menschen ebenso angewiesen wie der Mensch auf Gott: „denn wer bin ich und wer bist du, / wenn wir uns nicht verstehn?" (KA 1, 187) Im Anklang an christliche Mystiker seit Meister Eckhart besagt ein Leitgedanke, dass Gott vom Menschen immer neu ‚gebaut' werden müsse – und dass sich dabei auch der Mensch in seiner Subjektivität mitbaue.

Im Rückblick auf den Gedichtband schreibt Rilke, dass ihm „alle Frömmigkeit unbegreiflich oder gleichgültig ist, die nicht erfindet, die nachspricht […]. Das Verhältnis zu Gott setzt, so wie ich es einsehe, Produktivität, ja irgend ein, ich möchte sagen wenigstens privates […] Genie der Erfindung voraus." (B, 281) Nicht Gott, aber Gottesbilder sind für Rilke immer Erfindungen. Weil die unumgängliche Vorläufigkeit aller menschlichen Gottesentwürfe in der Kunst nicht kaschiert werden muss, hält er sie in metaphysischen Fragen für vertrauenswürdiger als die Religionen oder esoterische Heilslehren (mit beiden beschäftigt er sich gleichwohl ausgiebig). Als ‚gestaltetes Bild' – so der Leitgedanke in einem späten Sonett von 1922 – ist ausdrücklich *jeder* Gott, jede Erinnerung an vergangene Gottesvorstellungen auch in der Moderne noch wertvoll:

> Keiner der Götter vergeh. Wir brauchen sie alle und jeden,
> jedes gelte uns noch, jedes gestaltete Bild. (KA 2, 280)

Kunstreligiös ausgerichtet ist Rilkes eigenes Schreiben nicht insofern, als es sich in den Dienst einer Religion stellen würde. Vielmehr können Kunstwerke seiner Ansicht nach – darauf basiert auch seine zeitweilig religiöse Verehrung des Bildhauers Auguste Rodin – über einen *„höheren*, die Dinge des Gebrauchs oder die Ausdrücke des Umgangs […] übertreffenden Schwingungsgrad" (B, 780) verfügen. Ein gelungenes Kunstwerk verkündet nichts Transzendentes, sondern dringt selbst in die Sphäre der Transzendenz vor. Auf ihrem Höhepunkt ist die Kunst, wie es in den *Sonetten an Orpheus* heißt, ein „Wehn im Gott" (KA 2, 242). In der Logik von Rilkes Inspirationspoetik übertrifft der ideale Künstler – obwohl er sich als Mensch von den ‚Dingen des Gebrauchs' und der Alltagskommunikation nicht vollständig lösen kann – in der Kunst sich selbst. Im eigenen Werk galt Rilke das besonders für die *Duineser Elegien*: „Sie reichen unendlich über mich hinaus" (B, 896). In diesem Sinne ist das Kunstschaffen für Rilke „eine religiöse Handlung" (Koch 1998, S. 50).

Kunstreligion

Ähnliches gilt für die intensive Wahrnehmung von Kunstwerken. So ist die Erfahrung, die der Sprecher in dem Gedicht *Archaïscher Torso Apollos* vor einer antiken Statue macht (siehe S. 171–174), kaum noch von religiösem Erleben zu trennen. Anders als in Religionen (und anders auch als zeitgleich bei Stefan George und seinem Kreis) sind sämtliche Konfigurationen des Übersinnlichen bei Rilke aber strikt auf das jeweilige Kunstwerk bzw. die momenthafte ästhetische Erfahrung begrenzt. Beispielsweise sind die *Duineser Elegien* und die *Sonette an Orpheus* zwar parallel entstanden, aber die Engel treten nur im ersten, die zum Gott erhöhte Orpheus-Figur nur im zweiten Gedichtband in Erscheinung. Angesichts dieser radikalen Poetisierung des Übersinnlichen und des „Fehlen[s] ontologischer Wahrheitsgarantien" sprechen Teile der Forschung von Rilkes „mythopoetischen Entwürfen" (Engel 2004b, S. 515).

Immanente Transzendenz

Charakteristisch für Rilkes Umgang mit dem Transzendenten ist zudem, dass es nicht ausschließlich in einer jenseitigen Sphäre verortet wird. Wie schon die „Intellektuellenreligion" des Pantheismus um 1800 (mit Goethe als populärstem Anhänger) zielt auch der lebensphilosophische Monismus um 1900 „auf die Einverwandlung alles Transzendenten ins Immanente" (Pittrof 2014, S. 402). Auch wenn Rilke das Gebet „für eine der größten Zusammenfassungen des menschlichen Gemüthes" hält: Für die Kontaktaufnahme mit dem Übersinnlichen brauche es nicht mehr als einen alltäglichen, „oft unscheinbaren Augenblick" (Rilke/Forrer 1982, S. 42 f.). Entscheidend sei nicht die (ohnehin ständig gegebene) Offenbarung Gottes, sondern die menschliche Sensibilität dafür.

Einen der für ihn eindrücklichsten epiphanischen Momente gestaltet Rilke in dem kurzen Prosatext *Erlebnis* von 1913: Geschildert wird ein Zustand, in dem sich der Protagonist als „völlig eingelassen in die Natur" erlebt, bis es ihm scheint, als sei er „auf die andere Seite der Natur geraten" (KA 4, 666 f.). Wenn er „in dem Standpunkt des Gläubigen eine Gefahr [sieht] für die Genauigkeit des Empfindens" (B 2, 556), tangiert das auch die Sensibilität für unmittelbare Transzendenzerfahrungen. Der Schritt ins Offene ist nicht nur das Ergebnis, sondern zugleich die wahrnehmungstechnische Voraussetzung von Transzendenz. Von solchen dialektischen Denkfiguren ist Rilkes gesamtes Schreiben über Metaphysisches geprägt. Nicht der Glaube, sondern die individuelle Erfahrung stellt den Bezug zu Höherem her. Daher spricht Gísli Magnússon in der umfassendsten Studie zu Rilkes ‚esoterischer und okkultischer Modernität' von einer „Erfahrungsmetaphysik" (Magnússon 2009). Sie zielt auf eine Allverbundenheit, auf eine Teilhabe am Weltganzen, an den „letzten leisen Quellen alles Lebens" (KA 4, 65).

Insbesondere in den *Aufzeichnungen des Malte Laurids Brigge* und in zahlreichen Briefen findet sich ferner der Gedanke, Gott als ein verkümmertes psychisches Potenzial zu begreifen. ‚Gott' sei das Wort für alles Fremde und Nicht-Integrierbare, für „das Tote und Drohende und Vernichtende und Schreckliche", dem der Mensch in sich selbst begegnet sei, „*nur*, daß man vor der Hand mit dieser Seite des eigenen Erlebens nichts anzufangen wußte. […] Könnte man die Geschichte Gottes nicht behandeln als einen gleichsam nie angetretenen Teil des menschlichen Gemütes, einen immer aufgeschobenen, aufgesparten, schließlich versäumten"? (B, 512) Gott wird hier – und auch dafür finden sich Vorbilder in der Mystik – als eine unauslotbare Tiefenschicht der menschlichen Psyche verstanden, als eine Elementarkraft, für die sich mythische und religiöse Texte immer neue Namen und externe Gestalten ausgedacht haben. Sich ihr gegenüber zu öffnen, steht im Dienst jener „Erfahrung der möglichst vollzähligen inneren Intensität" (B, 780), der Rilkes gesamtes Schreiben gewidmet ist. Das Spezifische eines so verstandenen Gotteserlebnisses besteht darin, dass es dem Menschen erlaubt, *in sich* eine Instanz zu erfahren, die sein gewohntes Konzept des Menschseins übersteigt. So ist sich Rilke „sicher, daß der göttlichste Trost im Menschlichen selbst enthalten ist, mit dem Troste eines Gottes wüßten wir wenig anzufangen" (Rilke/Thurn und Taxis 1986, Bd. 1, S. 436).

Bei Rilke hängen die Kontaktaufnahmen mit Transzendentem, mit Kunst und mit der eigenen Psyche eng zusammen. Seine Rede von Gott verfügt deshalb über eine metaphysische, eine poetologische und eine psychologische Dimension, die es bei der Lektüre gleichermaßen im Blick zu behalten gilt.

_{Gott als psychische Instanz}

5. Die andere Seite des Lebens. Tod

Rilke versteht den Tod als einen zentralen Bestandteil des Lebens – und macht ihn deshalb zu einem Leitmotiv seiner Werke und Briefe. Der Tod meint dort nicht das „Gegentheil und die Widerlegung des Lebens", sondern wird in der „Mitte des Lebens" (Rilke/Forrer 1982, S. 44) verortet. Die moderne Auslagerung des Todes in die Krankenhäuser hält Rilke ebenso für eine Fehlentwicklung, wie er „allen modernen Religionen" vorwirft, dass sie „ihren Gläubigen Tröstungen und Beschönigungen des Todes geliefert haben, statt ihnen Mittel ins Gemüt zu geben, sich mit ihm zu vertragen und zu verständigen. Mit ihm, mit seiner völligen, unmaskierten Grausamkeit" (B, 806). Rilke ist es ernst mit dem Tod, und zwar zugunsten des Lebens.

Die besondere Herausforderung des Todes besteht für Rilke darin, die menschliche Ungewissheit gegenüber der Fremdheit des Todes sowie eine (z. B. bei Malte Laurids Brigge) sich bis zum blanken Entsetzen steigernde Todesangst auszuhalten. Notwendig ist dies, um den Tod als festen Bestandteil des Daseins anerkennen zu können (allgemein dazu Stahl 1990; Lönker 2016). Die für dieses Spannungsverhältnis passendste Kulturtechnik ist in Rilkes Augen die Kunst und insbesondere die Lyrik. Immer wieder kommen seine Texte auf den Tod zu sprechen, auf besonders prägnante Weise etwa im programmatischen Abschlussgedicht des *Buches der Bilder*, dem von Rilke als Mittzwanziger verfassten *Schluszstück*:

> Der Tod ist groß.
> Wir sind die Seinen
> lachenden Munds.
> Wenn wir uns mitten im Leben meinen,
> wagt er zu weinen
> mitten in uns. (KA 1, 347)

Die hier mithilfe einer Wortdoppelung hervorgehobene Zentralstellung des Todes („mitten im Leben", „mitten in uns") wird im mittleren und späten Werk noch deutlicher akzentuiert. Dabei dominieren zwei Leitfiguren: die Idee des ‚eigenen Todes' sowie ein Daseinskonzept, das Leben und Tod zusammendenkt.

Das Konzept eines ‚eigenen Todes' findet sich bei Rilke zuerst im 1903 entstandenen dritten Teil des *Stunden-Buches* („O Herr, gieb jedem seinen eignen Tod"; KA 1, 236) und wird im Malte-Roman weiter ausgeführt. Dazu angeregt wurde er unter anderem vom eindrücklichen Sterben der Hauptfigur in Lew Tolstois Erzählung *Der Tod des Iwan Iljitsch* sowie von Jens Peter Jacobsens Roman *Frau Marie Grubbe*, der bereits den Begriff des ‚eigenen Todes' enthält. Bei Rilke bezeichnet er ein Sterben, in dem sich die Charakterzüge des Menschen bündeln.

Das Konzept des ‚eigenen Todes'

Dass damit kein sanfter, ‚schöner' Tod gemeint ist, zeigt sich an der Darstellung des zweimonatigen Sterbeprozesses von Maltes Großvater, dem stöhnenden, schreienden und brüllenden alten Kammerherrn Christoph Detlev Brigge:

Ein Lieblingsdichter Rilkes: Jens Peter Jacobsen, um 1879

> Das war nicht der Tod irgendeines Wassersüchtigen, das war der böse, fürstliche Tod, den der Kammerherr sein ganzes Leben in sich getragen und aus sich genährt hatte. Alles Übermaß an Stolz, Willen und Herrenkraft, das er selbst in seinen ruhigen Tagen nicht hatte verbrauchen können, war in seinen Tod eingegangen […]. (KA 3, 463)

Erst im Sterben löst sich der Kammerherr von allen Konventionen, liegt lieber auf dem Fußboden als im Bett und strahlt eine Energie aus, die selbst die anfangs mitheulenden Hunde verstummen lässt. Dieser Tod geht nicht auf das Konto einer Krankheit oder des Alters, sondern ist ein Lebenswerk. Ihn nicht als Schwundstufe, sondern als Erfüllung des Lebens zu verbuchen, ist ein Grundprinzip von Rilkes Poetik des Todes.

Der Tod als Intensivierung des Lebens

Das gilt auch für die Weiterlebenden. Am ersten Todestag einer Freundin verfasst Rilke 1907 den in die *Neuen Gedichte* aufgenommenen Text *Todes-Erfahrung*. Die dritte Strophe lautet:

> Doch als du gingst, da brach in diese Bühne
> ein Streifen Wirklichkeit durch jenen Spalt
> durch den du hingingst: Grün wirklicher Grüne,
> wirklicher Sonnenschein, wirklicher Wald. (KA 1, 480)

Obwohl diese Strophe mit der direkten Ansprache der Toten (und einem Wechsel ins Präteritum) eine Sonderstellung in dem fünfstrophigen Gedicht einnimmt, steht nicht die Verstorbene im Zentrum des Gedichtes, sondern der Ausnahmezustand, in den ihr Tod die Lebenden versetzt. Plötzlich können sie ihre vorgefertigten Lebensrollen, ihre Sorge um Anerkennung und ihr angestrengtes Mitspielen im Theater des (Alltags-)Lebens für einen Moment hinter sich lassen. Die Pointe besteht darin, dass die Konfrontation mit dem Tod die irdische Realität nicht entwertet oder infrage stellt, sondern intensiviert. „Man sollte nicht fürchten", schreibt Rilke 1923 in einem Brief, „daß unsere Kraft nicht hinreiche, […] die schrecklichste Todeserfahrung zu ertragen; der Tod ist nicht *über* unsere Kraft, er ist der Maßstrich am Rande des Gefäßes; wir sind *voll*, sooft wir ihn erreichen" (B, 807). Wie die vierfache Variation des Wortes ‚wirklich' in der zitierten Strophe betont, bringt erst die Anerkennung des Todes den Menschen in Kontakt mit einer ‚wirklichen' Wirklichkeit (die Gedankenfigur findet sich später u. a. in der letzten *Duineser Elegie*). Ausdrücklich wird der Lebende von der Konfrontation mit dem

Tod nicht aus der Welt *heraus*-, sondern stärker zu ihr – so heißt es in der fünften Strophe – „hingerissen" (KA 1, 480). Bei Rilke brauchen die Lebenden die Irritation durch den Tod, weil sie „in der gedeuteten Welt verkrustet, d. h. in den Denkkategorien und Weltanschauungsschemata festgefahren sind" (Steiner 1962, S. 34).

Die vertrauliche Anrede der Verstorbenen in *Todes-Erfahrung* ist symptomatisch für die intensive Interaktion mit den Toten, die sich in vielen Rilke-Gedichten findet. Einen Höhepunkt stellt das an Paula Modersohn-Becker adressierte *Requiem für eine Freundin* von 1908 dar. Hier bekennt sich der autornahe Sprecher explizit zum Umgang mit den Toten: „Ich bin nicht bang, / die Toten anzuschauen. Wenn sie kommen, / so haben sie ein Recht, in unserm Blick / sich aufzuhalten, wie die andern Dinge." (KA 1, 416 f.) Um 1900 waren in den oberen Gesellschaftsschichten spiritistische Séancen, in denen die Lebenden Kontakt zu Toten aufnehmen wollten, recht verbreitet. Rilke hat mehrfach interessiert an solchen Sitzungen teilgenommen und darin bisweilen Fragen an Verstorbene gerichtet (von ihm selbst protokolliert in Rilke/ Thurn und Taxis 1986, Bd. 2, S. 897–914). Auch das Gedicht handelt von befremdlichen Besuchen der Verstorbenen in der Welt des Sprechers:

Interaktion mit Toten

> Ich habe Tote, und ich ließ sie hin
> und war erstaunt, sie so getrost zu sehn,
> so rasch zuhaus im Totsein, so gerecht,
> so anders als ihr Ruf. Nur du, du kehrst
> zurück; du streifst mich, du gehst um, du willst
> an etwas stoßen, daß es klingt von dir
> und dich verrät. (KA 1, 414)

Clara Rilke-Westhoff: Portraitbüste
Paula Modersohn-Becker, 1908

Die untote Malerin ist als Gegenfigur zu Eurydike aus dem vier Jahre früher entstandenen Gedicht *Orpheus. Eurydike. Hermes* angelegt. Dort ist die Tote so im Einklang mit ihrem Totsein, dass sie – darin besteht Rilkes Umdeutung des griechischen Mythos – die Bemühungen ihres verzweifelten Gatten nicht mehr begreift, der sie ins Leben zurückzuholen versucht: „Sie war schon aufgelöst wie langes Haar / und hingegeben wie gefallner Regen / und ausgeteilt wie hundertfacher Vorrat" (KA 1, 503). Eine Engführung von Lebenden und Toten betreibt Rilkes Dichtung auch dadurch, dass beide Seiten sich mit dem Tod arrangieren müssen.

Tod und Leben als Einheit

Die Mittlerposition des Dichters zwischen Lebenden und Toten wird im Spätwerk noch deutlicher hervorgehoben und etwas anders akzentuiert. Während im mittleren Werk der Fokus vieler Gedichte (und der *Aufzeichnungen des Malte Laurids Brigge*) stärker auf das Sterben und überhaupt auf Übergangsphänomene zwischen Tod und Leben gerichtet ist, rückt nun zunehmend ein Lebenskonzept in den Vordergrund, in dem der Tod „als Verfassung, nicht nur als Grenze, in das Ganzsein einbezogen wird" (Allemann 1961, S. 194).

Die 1922 entstandenen *Sonette an Orpheus* erhöhen den mythischen Sänger, der sich mithilfe seines betörenden Gesangs Zugang zum Totenreich verschafft, zum zeitlosen Gott der Dichtung. Damit charakterisieren sie die gesamte Dichtung als ein Zusammenspiel von Leben und Tod: „Nur wer mit Toten vom Mohn / aß, von dem ihren, / wird nicht den leisesten Ton / wieder verlieren." (KA 2, 245) Auch die Engel der *Duineser Elegien* aus der gleichen Schaffensphase sind in beiden Welten zu Hause, ja unterscheiden gar nicht mehr zwischen ihnen. Allerdings bleibt eine konsequente gedankliche Zusammenführung von Leben und Tod auch in Rilkes Spätwerk für den Menschen (im Unterschied zu den Engeln) eine Herausforderung, die sich nur für Momente einlösen lässt. Erforderlich ist für ihr Gelingen weder intellektuelle Reflexion noch spirituelle Versenkung, sondern allein eine Sensibilität für die allgegenwärtige Verschmelzung der Sphären:

> Voller Apfel, Birne und Banane,
> Stachelbeere ... Alles dieses spricht
> Tod und Leben in den Mund ... Ich ahne ...
> Lest es einem Kind vom Angesicht,
>
> wenn es sie erschmeckt. (KA 2, 247)

Die Anwesenheit des Todes aktiv zu ‚erschmecken' – damit formulieren die *Sonette an Orpheus* 1922 ein poetologisches Leitprinzip, das Rilkes gesamtes Werk durchzieht. Wenn die Lesenden dazu aufgefordert werden, den Tod aus einem kauenden Kindergesicht herauszulesen, liefern diese Verse zudem ein besonders dichtes Bild für das Zusammenspiel von Dichtung und Leben, für jene anthropologische Ästhetik, die Rilkes besonderes Anliegen war.

V. Dramen

Selbst Rilke-Fans und -Forscher wissen oft nicht, dass sich Rilke zwischen 1894 und 1904 intensiv mit dem Theater beschäftigt hat. Bevor er zwanzig wird, verfasst Rilke ein scherzhaftes Opernlibretto mit dem Titel *Der Weltuntergang*, das nicht erhalten ist. In den Folgejahren entstehen mehr als ein Dutzend (meist kurze) Theaterstücke und Festspielszenen. Darüber hinaus beteiligt er sich mit mehreren Zeitungsessays, Theaterbesprechungen sowie einer Rede an den um 1900 besonders lebhaften Theaterdebatten; 1902 regt er eine Maeterlinck-Aufführung in Bremen an, bei der er selbst Regie führt. Auch wenn er in der Dramengeschichte keine markanten Spuren hinterlassen hat, verfügen seine Stücke über einen beachtlichen „experimentellen Charakter" (Ritzer 2004b, S. 264), den die Forschung erst mit rund einhundert Jahren Verspätung genauer zu untersuchen begonnen hat. In keiner anderen Textsorte probiert Rilke in so kurzer Zeit so unterschiedliche Poetiken aus.

Zudem tritt er hier deutlicher als in seiner Lyrik und Prosa auch als sozialkritischer Autor in Erscheinung. Als Dramatiker ist der junge Rilke zunächst vom Naturalismus beeindruckt. Diese in der zweiten Hälfte des 19. Jahrhunderts verbreitete Strömung, die bestrebt war, ,ungeschönte' Realität auf die Bühne zu bringen, wird im deutschsprachigen Prager Theaterbetrieb vor der Jahrhundertwende als Befreiung von den überkommenen Themen und Spielkonventionen des klassischen Dramas empfunden. Kurz darauf löst sich das avancierte Theater, dem Rilke insbesondere in Berlin begegnet (vgl. Siebenhaar

2000), aber schon wieder vom Naturalismus – auch das spiegelt sich in den späteren seiner Stücke wider.

Dramatische Anfänge

Seine frühe Begegnung mit der *Litterarischen Gesellschaft Psychodrama* findet in den kurzen, von Rilke als ‚Psychodramen' bezeichneten Szenen *Murillo* und *Die Hochzeitsmenuett* Niederschlag, die 1895 in Zeitschriften veröffentlicht werden. Beide Texte sind in Versen gehalten und bestehen aus Monologen, in denen eine parallel stattfindende Handlung aus der Perspektive der Protagonisten wiedergegeben wird. Dieser artifiziellen Präsentationstechnik entspricht eine alltagsferne, bisweilen antiquierte Sprache, etwa wenn der jugendliche Franz van Mieris im zweiten Stück seine Absicht verkündet, „den holden Frauen treulich hold zu sein" (SW 3, 101), womit er freilich nichts weiter als die Entführung seiner verheirateten Geliebten rechtfertigen will. Allein die Thematik von Liebe und Begehren sowie Sterben und Tod (im ersten Stück) stellt eine Verbindung zu Rilkes anderen dramatischen Texten her.

Naturalistische Sozialkritik

Zunehmend geprägt von Henrik Ibsens und Gerhart Hauptmanns Naturalismus, wenden sich Rilkes folgende Dramen prekären sozialen Verhältnissen zu. Wie in den Milieudramen des Naturalismus üblich, kommen dabei viel Umgangssprache, Soziolekte und Dialekte zum Einsatz; auch die umfangreichen Regieanweisungen sind epochentypisch (in einem Fall enthalten sie sogar eine visuelle Skizze für den Bühnenaufbau; vgl. KA 3, 725). Im Zentrum der Handlung steht regelmäßig das unverschuldete Leid von Kindern, Jugendlichen und jungen Erwachsenen, das offensichtlich eine besonders emotionale Wirkung garantieren soll. Prototypisch nimmt eine Gruppe von Zwölfjährigen in dem Einakter *Waisenkinder* (1901) Abschied von einer aufgebahrten Mädchenleiche, wobei der kleinste der Waisenknaben aus der Gruppe verstoßen wird, als sich herausstellt, dass seine Mutter Selbstmord begangen hat. Schon in dem Studentenstück *Vigilien* von 1896 befindet sich in der Bühnenmitte eine Leiche (die im Dunkeln von den sechs Akteuren zunächst nicht bemerkt wird).

Rilkes Stücke dieser Jahre enthalten hochdramatische Ereignisse. Am Ende der Erstfassung von *Im Frühfrost* (1895) wird die junge Eva von ihrem enttäuschten Verehrer erwürgt, gleichzeitig erschießt sich ihr Vater im Nebenraum. Mehrfach sehen sich junge Frauen zur Prostitution gezwungen, um die Existenz ihrer Familie zu retten, was ihnen stets auf tragische Weise misslingt (vgl. Theele 2015, S. 297 f.). Den Höhepunkt von Rilkes naturalistischen Bühnentexten stellt das 1896 in Prag mit einigem Erfolg aufgeführte Drama *Jetzt und in der Stunde unseres Absterbens …* dar, dessen Titel den Schluss des katholischen *Ave Maria*-Gebets zitiert (der Text erschien in der von Rilke in drei Ausgaben veröffentlichten Zeitschrift *Wegwarten*). Während in *Murillo* noch ein affirmatives Christusbild gezeichnet wird, findet sich hier (wie öfter in Rilkes Dramen) eine massive Religionskritik. So wird das verzweifelte Gebet der 24-jährigen Helene nicht erhört, deren Mutter auch deshalb im Sterben liegt, weil ihre beiden Töchter die dreißig Kreuzer für die notwendige Medizin nicht aufbringen können. Helene gibt dem sexuellen Drängen des wohlhabenden Hausbesitzers erst nach, als aufgrund von Mietschulden damit begonnen wird, die Zimmereinrichtung auf die Straße zu tragen. Eine besondere Zuspitzung erfährt das Geschehen dadurch, dass die junge Frau (unwissentlich) Inzest begeht: Die sterbende Mutter beichtet in den letzten Minuten ihres Lebens der 13-jährigen Schwester Helenes, dass der Hausbesitzer Helenes leiblicher Vater ist.

Rilkes kurzlebiges Zeitschriftenprojekt von 1896

Implizit bezieht Rilke damit auch Position in einer vor der Jahrhundertwende kontrovers geführten öffentlichen Debatte. Gestritten wird darüber, ob die

Streitfall Prostitution

Prostitution auf eine genetische Anlage zurückzuführen (und als Verbrechen zu ächten) oder gesellschaftlich bedingt sei (vgl. McCombs 1986). Rilkes naturalistische Dramen lassen (auch aufgrund ihrer Sympathielenkung) keinen Zweifel daran, dass sie der zweiten These folgen. Die Forschung ist zu dem Ergebnis gekommen, dass die Figur der Prostituierten in der Literatur um 1900 einer „ästhetischen Stilisierung" unterliegt, die ihre „soziale Problematik weitgehend unberücksichtigt lässt" (Catani 2005, S. 98). Für Rilkes Stücke (ebenso wie für seine frühe Erzählung *Eine Heilige*) gilt das ausdrücklich nicht.

Maurice Maeterlinck

Maurice Maeterlinck, um 1903

Um 1898 schlägt Rilkes Dramenproduktion eine neue Richtung ein. Das hat vor allem mit seiner sich stetig intensivierenden Beschäftigung mit Maurice Maeterlinck zu tun. Den „Dramen des genialen Belgiers" (KA 4, 123) kommt in den folgenden vier Jahren eine ebenso große Bedeutung zu wie später der Begegnung mit Rodin und Cézanne. 1901 behauptet Rilke, dass er „allen Maeterlinckaufführungen, die bislang in Deutschland versucht worden sind[,] beigewohnt habe" (KA 4, 190); nachgewiesen ist sein Besuch von vier Inszenierungen in Berlin zwischen 1898 und 1900. Fast sein ganzes öffentliches Schreiben und Reden über das Theater entsteht in der Auseinandersetzung mit Maeterlinck, in dessen Werk er das Theater der Zukunft zwar noch nicht vollständig eingelöst, aber so weitgehend wie sonst nirgends realisiert sieht.

Symbolistische Seelendramen

Eingeladen (und kritisch kommentiert) von dem Anthroposophen und Zeitschriftenherausgeber Rudolf Steiner, begründet Rilke 1898 seine Vorbehalte gegenüber der „naiven Plumpheit" (KA 4, 122) des Theatermonologs. Mit Maeterlinck als Kronzeugen warnt Rilke schon vier Jahre vor der Veröffentlichung von Hugo von Hofmannsthals sprachkritischem Chandos-Brief davor, „*das Wort*' zu überschätzen": Worte seien „viel zu grobe Zangen" (KA 4, 121 f.) für psychische Vorgänge. Das ‚eigentliche' Leben spiele sich jenseits der Sprache ab, ja die Sprache – so argumentiert er gegen Steiner – verdecke oftmals die tatsächlichen inneren Vorgänge, die sie zu formulieren vorgebe. Rilke überträgt damit seine zunächst auf die Lyrik bezogene Vorwand-und-Geständnis-Poetik, nach der Worte nur der ‚Vorwand' für dahinterliegende ‚Geständnisse' sind (vgl. Löwenstein 2004, Hoffmann 2018), auf das Drama. Auch auf der Bühne gebe es hinter dem äußerlichen Handlungsverlauf eine „zweite, von dem sogenannten inneren Dialog getragene Handlung" – das „Leben unserer Seele" (KA 4, 229 f.). Die ‚Seele', auf deren implizite Darstellung sich das Theater zu konzentrieren habe, wird von Rilke nicht subjektiv-individuell verstanden, sondern als allgemein-menschliches „Elementargefühl"; ihm schwebt eine Dramatik vor, die ausnahmslos alle Menschen erreichen kann, „und mögen sie noch so verschiedenen Bildungsstufen angehören" (KA 4, 193).

Die Ausdruckstänzerin Ruth St. Denis, um 1906

Sein wichtigstes Medium findet dieses Seelentheater nicht in der Sprache, sondern im Körper des Schauspielers. In einem langen Brief an die Bremer Schauspielerin Else Vonhoff führt Rilke aus, dass sich die „primären" Emotionen „wortlos mit dem ganzen Körper wie mit einem großen Gesichte aussprechen" lassen; in „diesem Ausdrucksmittel liegt die Zukunft unseres Bühnenbildes" (KA 4, 197 f.). Zeittypisch ist diese Haltung auch insofern, als um 1900 der moderne Tanz als Kunstform gerade auch bei Schriftstellern populär wird. Hugo von Hofmannsthals (1874–1929) emphatischer Essay *Die unvergleichliche Tänzerin* von 1906 über die durch Europa tourende amerikanische Ausdruckstänzerin Ruth St. Denis belegt dies eindrücklich (Rilkes Verhältnis zu den nicht mimetischen Künsten verhandelt Eckel 1999).

Während im Naturalismus (zumindest in seiner Rilke'schen Fassung) die äußeren, von der tragischen Handlung vorgeführten Umstände die Innenwelten der Figuren fast vollständig determinieren, zielt das an Maeterlinck geschulte symbolistische Theater genau umgekehrt darauf ab, menschliche Grundgefühle in der sparsamen Handlung zu veräußerlichen. Auf differenzierte Charakterdarstellungen kommt es Rilke in beiden Fällen nicht an. Sein Theater ist Konzeptkunst – enger als die Prosa und vor allem die Lyrik bleiben die meisten von Rilkes Dramen an zwar mit der Zeit wechselnde, im Einzelfall aber feststehende Programmatiken gebunden.

Die weiße Fürstin

Am wenigsten gilt das für Rilkes letzten szenischen Text, den vielschichtigen Einakter *Die weiße Fürstin*. Die Forschung ist sich über dessen literarischen Rang uneinig. Während er für die einen „ein hervorragendes Beispiel des lyrischen Dramas der Jahrhundertwende darstellt" (Stephens 1997, S. 117), verbuchen ihn andere als eine eklektizistische, also durch unterschiedlichste stilistische Anleihen geprägte „unfreiwillige Trivialisierung" (Brittnacher 2003, S. 114) der literarischen Großthemen Liebe und Tod. In Rilkes Augen hat *Die weiße Fürstin* zumindest insofern Bestand, als es das einzige Theaterstück ist, das er noch 1926 in eine neue Werkausgabe aufnehmen möchte – dies allerdings in der 1904, also bereits in der mittleren Werkphase entstandenen und erheblich veränderten zweiten Fassung; die Erstfassung stammt von Ende 1898. Dem Symbolismus steht das fast durchgängig in Versen gehaltene Stück dadurch nahe, dass es kaum Handlung und keine spannungsreichen äußeren Konflikte enthält, sondern als ‚Seelendrama' angelegt ist, das Stimmungsnuancen auf die Bühne bringen will. Die Dialoge werden von zahlreichen Pausen unterbrochen. Auf programmatische Weise beginnt und endet das Stück ohne

Worte, stattdessen werden Gesten und die Aussagekraft selbst eines unbewegten Körpers fokussiert: Aus den Augen der Fürstin spricht *„Warten und Lauschen"*, später *„das Meer"* (KA 1, 115, 118), das sich zwischen einem Villenpark und dem Zuschauerraum erstreckt.

Das zentrale Symbol des Stücks ist ein Winken. In einer Besprechung von Maeterlincks Stück *Der Tod des Tintagiles* hebt Rilke hervor, das „einfache Heben der Hände" (KA 4, 178) sei voller Bedeutungen. In der *Weißen Fürstin* nun steht das Winken zum einen für die Einlösung einer Liebesutopie: Die Fürstin will ihrem heimlichen Geliebten ein Winkzeichen geben, damit er sie auf ihrer Insel besucht. Zum anderen steht es für den Tod, da schwarze Mönche durchs Land ziehen, die mit einem Wink gerufen werden, um die an der Pest Erkrankten oder Gestorbenen aus dem Haus zu tragen. Die ambivalente Geste des Winkens symbolisiert somit die mystische Weltanschauung der Fürstin, in der Leben und Tod ineinander verwoben sind. Da sich in der Schlussszene des Stücks ein Ruderer (als potenzieller Liebhaber) und ein schwarz maskierter Mönch gleichzeitig der Villa nähern, kann sich die Fürstin nicht zu einem Winken durchringen. So wortgewandt sie vorher auftrat, so erstarrt erscheint sie nun in ihrer körperlichen wie geistigen Haltung. Ihre Lebensanschauung scheitert am Realitätstest. Nicht von ungefähr wird die Ausführung der Geste ihrer Schwester Monna Lara überlassen. Nur sie vermag dem Ruderer „erst rufend", dann wie „zum Abschied" (KA 1, 137) zu winken – womit am Ende des Stücks die Ambivalenz der Geste als Zeichen der Begegnung und der Trennung noch einmal explizit benannt wird.

Indem der Fürstin ein eindringlicher Botenbericht über das Leid der Bevölkerung als „Geschwätz" erscheint – auch der qualvolle Tod sei bloß ein „Klang" von Worten, den es in die „Melodie" (KA 1, 129) des Lebens harmonisch zu integrieren gelte –, scheidet sie als Identifikationsfigur des Stücks aus. Dem selbstgefälligen Ästhetizismus ihrer Schwester widerspricht Monna Lara entschieden: „Doch nicht um Worte handelt sichs: sie sterben. / Sie sterben, viele. Jetzt und jetzt und jetzt." (KA 1, 129) Monna Lara avanciert zur eigentlichen Heldin des Stücks, setzt sie sich doch dem „Wirklichkeitsverlust" (Ritzer 2004a, S. 287) ihrer älteren Schwester entgegen. All das wird erst 1904 (unter dem Eindruck der schockierenden Paris-Erfahrung) in die zweite Fassung eingefügt, die Rilkes produktivste Annäherung an das symbolistische Theater bleibt – und zugleich den Symbolismus verabschiedet.

Lesedramen Nur wenige von Rilkes Dramen sind von Theatern gespielt worden. Kaum zu inszenieren ist *Die Weiße Fürstin* schon aufgrund des vorgesehenen Bühnenbildes, das an die Bildregie berühmter Inselgemälde von Arnold Böcklin erinnert (etwa *Die Toteninsel* oder *Villa am Meer*; vgl. dazu Brittnacher 2003, S. 104–108). Auch einige lyrische Regieanweisungen deuten darauf hin, dass es sich eher um ein Lesedrama handelt: *„Das Meer atmet langsamer und schwe-*

Arnold Böcklin: Die Toteninsel, Dritte Version von 1883

rer" (KA 1, 135). Der Autor hielt, wie er 1905 an seinen Verleger schrieb, eine Aufführung erst dann für sinnvoll, wenn er dem Stück „ein oder zwei ebenbürtige, im Styl verwandte Dramen zur Seite stellen kann" (Rilke 1979, S. 107 f.). Dazu kam es nicht. Verband Rilke 1902 mit dem „Stammvater" Maeterlinck noch die Hoffnung, dass dem zukünftigen Theater seine „höchste Aufgabe", nämlich die „gewaltige Zusammenfassung Aller" (KA 4, 230), gelingen werde, heißt es 1910 im Malte-Roman deutlich nüchterner: „Laßt uns doch aufrichtig sein, wir haben kein Theater, so wenig wir einen Gott haben: dazu gehört Gemeinsamkeit." (KA 3, 617) Auch wenn er sich hier sowie in mehreren Gedichten weiter mit dem Theater beschäftigt und noch 1920 brieflich seine „dramatischen Absichten" (SW 4, 1040) erwähnt, schreibt Rilke nach 1904 keine szenischen Texte mehr.

Prosa

VI. Prosa

1. *Die Weise von Liebe und Tod des Cornets Christoph Rilke*

Mit kaum einem seiner Texte hat Rilke so gehadert wie mit der *Weise von Liebe und Tod des Cornets Christoph Rilke*. Dass ausgerechnet dieses schmale Buch schon zu Lebzeiten des Autors sein größter Bestseller werden (und bis heute bleiben) würde, hat er nicht vorausgesehen und später zu verhindern versucht. Der bisweilen zur Lyrik tendierende Prosatext entsteht im Herbst 1899 neben den *Geschichten vom lieben Gott* und dem ersten Teil des *Stunden-Buches*. So schnell wie er geschrieben ist – angeblich in einer einzigen stürmischen Nacht –, verschwindet er in der Schublade. Während der junge Rilke ansonsten kaum einmal fertige Texte zurückhält, erscheint der *Cornet* erst 1904 überarbeitet in einer eher randständigen Prager Kulturzeitschrift, dann 1906 wiederum leicht verändert in einer auf 300 Exemplare limitierten Liebhaberauflage im Verlag Axel Juncker. „Er ist so sehr Jugendarbeit und bedarf vieler Entschuldigungen", schreibt Rilke vor der ersten Buchausgabe an seine Frau und konstatiert eine „oberflächliche, anschauungslose Darstel-

Entstehung eines Kultbuches

Erstauflage des *Cornets* in der Insel-Bücherei, 1912

lung" (Rilke 1930, S. 17 f.). Zum Kultbuch avanciert der *Cornet*, als er 1912 als Nummer 1 der damals für 50 Pfennig verkauften und sich schnell auf dem Buchmarkt etablierenden Insel-Bücherei neu aufgelegt wird. Der Schriftsteller Stefan Zweig hatte dem Verleger das Buch empfohlen. Nach drei Wochen sind bereits 8.000 Exemplare abgesetzt, 1917 schon 100.000 und bis zu Rilkes Tod über 200.000; 1959 wird die Millionengrenze überschritten.

Ein Kriegstext? Zum Erfolg beigetragen haben die beiden Weltkriege, in denen auch Feldpostausgaben des *Cornets* gedruckt werden. Dass der Autor aufgrund dieses Textes – so fasst Alfred Hein es 1938 zusammen – gar als „einer der größten geistigen Soldaten des Weltkrieges" (Rilke 1974, S. 292) bezeichnet werden konnte, ist Rilke nach einem kurzen Moment des Zögerns äußerst unangenehm (vgl. Theel 1993). Der *Cornet* liege „wehrlos da auf dem Paradebett seines Ruhms" (Rilke 1949, S. 302), schreibt er 1916 an seinen Verleger; die „zunehmende[] Anwendung dieses Gedichts an die Öffentlichkeit" wird ihm zum „Ärgernis" – er wünscht ein Ende der „Cornet-Ausbeutungen" (Rilke/Kippenberg 1954, S. 161, 177). Schon 1914 hatte er sich einer Lesung zugunsten der Kriegsnothilfe verweigert, später bezeichnet er seinen Text als eine „Geschmacklosigkeit", die ihm über lange Zeit „unausstehlich" (Rilke 1974, S. 160) gewesen sei. Ein Widmungsgedicht von 1919 lautet:

> Da war nicht Krieg gemeint, da ich dies schrieb
> in *einer* Nacht. Kaum Schicksal war gemeint,
> nur Jugend, Andrang, Ansturm, reiner Trieb
> und Untergang der glüht und sich verneint. (KA 2, 162)

Doch so unangenehm es Rilke auch wurde: Der Text macht in der Tat das Angebot, als „kriegstrunkene[r] Jugendstilkitsch" (Schirnding 1994), als schwärmerische Verklärung des Kriegstodes gelesen zu werden (vgl. Walther

1991, S. 133). Angeregt zur Niederschrift des Textes wurde Rilke von einer historischen Quelle, die sein Onkel Jaroslav im Zuge seiner Ahnenforschungen ausfindig gemacht hatte und die ab der Ausgabe von 1912 den Text einleitet. Der Aktenauszug legt nahe, dass ein Vorfahre namens Christoph Rilke 1662 in den Krieg der Ungarn gegen das nach Westen vordringende türkische Heer gezogen und dort gefallen sei. Rilke, der in den ersten Fassungen des *Cornet* diesen Christoph Rilke noch mit dessen Bruder Otto verwechselt hatte, entwirft in 29 Textblöcken eine Adoleszenzgeschichte, die buchstäblich im Schnelldurchlauf erzählt wird. Der 18-jährige Christoph verlässt mit einem Pferd sein Elternhaus, reitet durch Europa Richtung Ungarn, knüpft dabei eine innige Freundschaft mit einem französischen Kameraden, wird zum Cornet, also zum Fahnenträger ernannt, verbringt auf einer Burg seine erste Liebesnacht mit einer namenlos bleibenden Gräfin und stirbt am nächsten Tag in seiner ersten Schlacht, in die er berauscht vorangeritten war. Das Sterben wird dabei zu einem „Fest" stilisiert: An eine „lachende Wasserkunst" (KA 1, 152) fühlt sich der Protagonist im Moment seines Todes erinnert. In den ersten Fassungen hinterlässt er einen auf der Burg gezeugten Sohn; dieses Ende streicht Rilke 1906.

Der Reiz der „Initiationsgeschichte", die „fast archetypisch" (Engel 1996a, S. 713) schlicht erzählt wird, liegt in Rilkes Augen allein in ihrem jugendlichdrängenden Rhythmus. Erzeugt wird er durch einen paratakischen Satzbau, zahlreiche Ellipsen und Zeitsprünge; zudem wird auf jede differenzierte oder auch nur individualisierende Charakterzeichnung verzichtet. Dass der *Cornet* in den Weltkriegen viel gelesen wurde, ist vor allem deshalb bemerkenswert, weil Rilkes Protagonist einer der unsoldatischsten Soldaten der deutschsprachigen Literatur ist. Jeder Nationalismus bleibt ihm fremd, seine Waffe bringt er kein einziges Mal zum Einsatz. Stattdessen wird er durchweg als eine „passive Figur" (Wagner-Egelhaaf 1988, S. 545) dargestellt. Selbst zu seinem ersten erotischen Abenteuer muss er von der Gräfin überredet werden. Bisweilen klingt in erlebter Rede die Weltanschauung des Autors an, die sich ganz ähnlich in den Gedichten dieser Zeit findet: „Rast! Gast sein einmal. […] Nicht immer *feindlich* nach allem fassen; einmal sich alles geschehen lassen und wissen: was geschieht, ist gut." (KA 1, 147)

Weiblichkeit als Leitmotiv

Anstatt mit soldatischer Männlichkeit oder Kriegsführung beschäftigt sich der *Cornet* mit unterschiedlichsten Erscheinungsformen des Weiblichen, ja entwirft ein ganzes „System der Frauen" (Krutzky 2018, S. 53). Das Gegenmodell zur sanften Verführungskraft der Gräfin repräsentiert eine geschändete und an einen Baum gefesselte junge Frau, die noch in ihrem Blut als bedrohlicher Typus der animalischen *femme fatale* dargestellt wird (eine ähnliche Figur enthält bereits die frühe Erzählung *Die Näherin* von 1894): „er sieht ihre Blicke glühn / und ihre Zähne beißen. // Lacht sie?" (KA 1, 146). Was sich heute als eine „schreckliche Vergewaltigungsszene" (Braungart 2004b, S. 211) liest, mag von den Erstlesern eher als eine zeittypische erotisch-lustvolle Gewaltfantasie rezipiert worden sein (auch Hugo von Hofmannsthals themenverwandte *Reitergeschichte* von 1899 verbindet den Kriegszug mit einer latenten Erotik). Den Konventionen der ästhetischen Frauendarstellung um 1900 entspricht zumindest eine am Wegrand platzierte Madonna, über die das Bild weiblicher Heiligkeit aufgerufen wird (das sich in den frühen Erzählungen u. a. in *Heiliger Frühling* findet). Als weibliche Zentralgestalt fungiert indes die Mutter, der am Anfang, im Mittelteil durch einen an sie adressierten Brief und schließlich mit dem letzten Satz des Textes gedacht wird (während von einem Vater nirgends die Rede ist).

Besonders überraschend an diesem weithin als Kriegsbuch rezipierten Text ist die Tatsache, dass das Leitmotiv der Weiblichkeit auch in einer femininen Männerdarstellung zum Ausdruck kommt. Der französische Freund ähnelt seiner Mutter, die Haare des Cornets dehnen sich „frauenhaft auf seinem Nacken", und bei der Begegnung mit der Gräfin trägt er (leicht beschämt) – ein „weißes Kleid" (KA 1, 143, 148), wie es die Heldin in Rilkes wenige Monate zuvor entstandenem Drama *Die weiße Fürstin* kennzeichnet; seiner Frau Clara empfiehlt Rilke, bei der Lektüre des *Cornets* ein weißes Kleid zu tragen. Eine später gestrichene Passage aus der Erstfassung berichtet sogar davon, dass der Cornet am Ende in seinem weißen Seidenkleid in Schlacht und Tod geritten ist.

Dieses androgyne Geschlechtermodell, in dem klare Konturen von Männlichkeit und Weiblichkeit verschwimmen, steht in deutlichem Widerspruch zum dominanten Geschlechterdiskurs um 1900. Angesichts einer erstarkenden Frauenemanzipation und Frauenbewegung sind weite Teile der intellektuellen männlichen Öffentlichkeit zu dieser Zeit damit beschäftigt, die Minderwertigkeit der Frau nachzuweisen. So veröffentlicht der Nervenarzt Paul Julius Möbius 1900 die viel beachtete Studie *Über den physiologischen Schwachsinn des Weibes*, die als Argument gegen die – in diesen Jahren gleichwohl erfolgende – Zulassung von Frauen zum Universitätsstudium genutzt wurde. In Otto Weiningers Erfolgsbuch *Geschlecht und Charakter* von 1903 werden Frauen zu seelenlosen, amoralischen Wesen er-

Widerspruch zum Geschlechterdiskurs um 1900

Möbius' Erfolgsbuch von 1900, hier in der 9. Aufl. von 1908

klärt – zwar verfüge jeder Mann auch über weibliche Anteile, habe sie aber rücksichtslos in sich zu bekämpfen.

Szenenbild aus der Verfilmung *Der Cornet*, Regie: Walter Reisch, D 1955

Davon sind der Cornet und sein Autor weit entfernt. Die religiöse Überhöhung der Sexualität im *Cornet*, dessen Held sich „nackt wie ein Heiliger" (KA 1, 149) und erst nach einem kurzen Gebet der Gräfin nähert, markiert nicht den Beginn einer forcierten Männlichkeit, sondern die ekstatische Verschmelzung mit dem Weiblichen. In Rilkes Text weicht das vom Cornet abfallende „Kindsein" (KA 1, 148) einem emphatischen Menschsein in geschlechterübergreifendem Sinn. Trägt der Held am nächsten Tag bei seinem Ritt in den Tod die zuvor als Phallussymbol aufgerufene Fahne „wie eine weiße, bewußtlose Frau" (KA 1, 151), steht das Bild für eine harmonische Symbiose von Männlichkeit und – nicht zuletzt der eigenen – Weiblichkeit. Anhand mehrerer, zum Teil etwas aufdringlicher Motivverknüpfungen wird der Tod des Reiters, der „sein Pferd mitten hinein" (KA 1, 152) in den Kreis der feindlichen Soldaten treibt, als allegorisch-dionysische Darstellung des Geschlechtsakts lesbar. Rilkes *Cornet* stellt damit einen Komplementärtext zu Heinrich von Kleists Drama *Penthesilea* dar. Während Penthesilea am Ende des Stücks auf dem Schlachtfeld Küsse mit Bissen verwechselt, ihren Geliebten Achill versehentlich totbeißt und in dieser Verwandlung des Liebesspiels in einen kriegerischen Akt ein konventionell für männlich gehaltenes Rollenbild ins Extreme steigert, deutet der naive Cornet genau umgekehrt seinen Kriegstod in eine erotische Erfahrung um. Indem er sich den auf ihn einstürzenden 16 Säbeln des Feindes unbewaffnet, passiv und freudig überlässt, nimmt er in der sexuell aufgeladenen Bildlogik des Textes eine traditionell mit Weiblichkeit assoziierte Haltung ein. Angesichts dieser leitmotivischen Dominanz von Feminität und Sexualität ist Rilke also durchaus recht zu geben: Mit der Geschichte vom Kriegszug des Cornets Christoph Rilke ist eigentlich „nicht Krieg gemeint."

2. *Geschichten vom lieben Gott*

Die im November 1899 entstandenen *Geschichten vom lieben Gott* sind Rilkes einziger Rahmenzyklus und sein verspieltestes Buch. Charakteristisch für den Text ist seine Doppeladressierung. Hervorgehoben wird sie bereits im Untertitel des Erstdrucks von 1900: *Vom lieben Gott und Anderes. An Große für Kinder erzählt* (ab der zweiten Auflage von 1904 heißt das Buch nur noch *Geschichten vom lieben Gott*). Zwar sind die Geschichten für Kinder gedacht, richten sich zunächst aber an Erwachsene, die sie an Kinder weitererzählen sollen. Zum einzigen Mal bei Rilke sind diese Texte damit „nicht als ‚Werke' konzipiert, sondern als Vorschläge, Entwürfe oder Skizzen" (Dieterle 2004, S. 257). Eine Re-Etablierung des mündlichen Erzählens ist ihr wichtigstes, kulturkritisch grundiertes Anliegen.

Mit seinem gewollt schlichten Stil schließt das Buch an die Märchentradition der Romantik (und an russische Volkssagen) an. Die frühe Forschung hat es aus diesem Grund oft als neoromantisch verbucht. Gleichzeitig steht es im

Schlichtheit als Programm

Kontext der ästhetischen Avantgarde um 1900, wenn es mit seiner Faszination für die „primitiven Sprachen" (KA 3, 364) an die naive Kunst und den modernen Primitivismus etwa eines Paul Gauguin erinnert. Drei der Geschichten spielen in Russland, das Rilke wenige Monate zuvor erstmals bereist hat und das von westeuropäischen Intellektuellen zu dieser Zeit zum „Sehnsuchts- und Hoffnungsraum" idealisiert wurde. In ihren Augen stand es für eine „unmittelbare Beziehung zu Gott und der Natur" (Schmidt 2017, S. 14), unberührt von Dekadenz und Industrialisierung. Insofern ist der simple Stil nicht nur didaktisch motiviert, sondern bringt auch die Weltanschauung eines ‚einfachen Lebens' zum Ausdruck. Eine solche Auffassung propagierte auch die zeitgenössische Lebensreformbewegung, mit der Rilke um 1900 heftig sympathisierte.

Anhänger der Lebensreformbewegung, Berlin 1907

Themenspektrum

Obwohl die personalisierten Hoffnungsträger und die eigentlichen Adressaten Kinder sind, stehen ‚erwachsene' Themen im Zentrum der Texte. Das unterscheidet sie beispielsweise von Rudyard Kiplings zeitgleich entstandenen und im Tonfall ähnlichen *Just so Stories* (1902). Die *Geschichten vom lieben Gott* sind Rilkes früheste Veröffentlichung, in der bereits zahlreiche Verfahren und Leitmotive des mittleren und späten Werks zum Einsatz kommen. Dazu zählen insbesondere eine forsche Umdeutung der Bibel, die Anerkennung des Todes (den es ins Leben zu integrieren gelte), die Hochschätzung sozialer Außenseiter, ein emphatischer Dingbegriff sowie die existenzielle Bedeutung der Kunst. Immer wieder geht es zudem um die „Freiheit und Autonomie des Einzelnen" (Stahl 1996, S. 852): Es vergehe „keine Minute" – so berichtet der

Erzähler im Blick auf das um 1900 enorm expandierende Vereinswesen –, „in welcher ich nicht aus irgendeinem Verbande austrete, und doch giebt es noch immer Gesellschaften, welche mich sozusagen enthalten." (KA 3, 407) Ironische und komische Elemente findet man in den *Geschichten vom lieben Gott* häufiger als in jedem anderen Werk Rilkes. Sie dienen insbesondere der Diskreditierung von Erwachsenen, die in einem bürgerlichen Konformismus gefangen bleiben.

Letztlich tendieren die Geschichten zu einem metaphorischen Kindheitsbegriff. Das Kindsein steht dabei für ein nicht entfremdetes Leben; es steht für Erwachsene, die – wie die aufgrund ihres unehelichen Sohnes geächtete Protagonistin der letzten Geschichte, die an die mit Rilke befreundete Schriftstellerin Franziska zu Reventlow angelehnt ist – „zu sich selbst", zu einem „ruhigen Sichbesitzen" (KA 3, 428) gefunden haben. Das Kind-, Fromm- und Künstlersein werden von Rilke seit dem Frühwerk eng miteinander verknüpft (zum Kindheitsmotiv in Rilkes Werk vgl. Hermann 2002). In den *Christus-Visionen* (1896/97) sind es zunächst Kinder, denen sich der auf die Erde zurückgekehrte Jesus offenbart (vgl. SW 3, 129–139). Und schon in seinem Essay *Über Kunst* von 1898 hatte Rilke der modernen Lebensauffassung des Künstlers (ausdrücklich zustimmend) „etwas Naives" attestiert, das mit der „Kindheit" als der „Zeit des Unbewußten" (KA 4, 116) verbunden sei. Entscheidend für die Persönlichkeitsentwicklung des Menschen sei der Umgang mit dem Kind in sich:

Kindheit als Metapher

> Entweder das Neue wird der Wall, der ein Stück Kindsein umschirmt, oder es wird die Flut, die es rücksichtslos vernichtet. Das heißt das Kind wird entweder älter und verständiger im bürgerlichen Sinn, als Keim eines brauchbaren Staatsbürgers, es tritt in den Orden *seiner* Zeit ein und empfängt ihre Weihen, oder es reift einfach ruhig weiter von tiefinnen, aus seinem eigen-

sten Kindsein heraus, und das bedeutet, es wird Mensch im Geiste *aller* Zeiten: Künstler. (KA 4, 117)

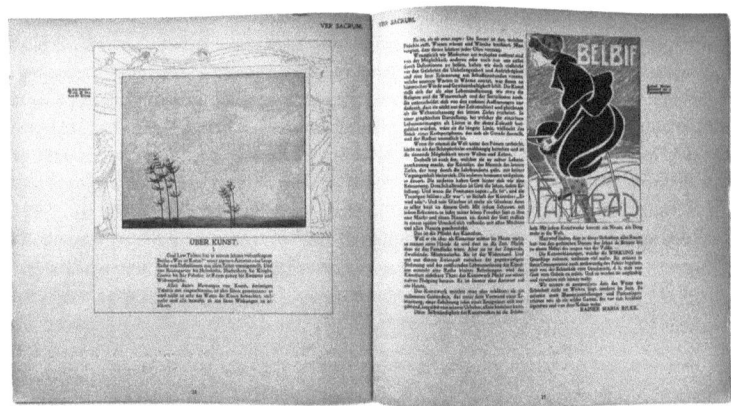

Erstdruck des Aufsatzes *Über Kunst* in der Zeitschrift *Ver Sacrum*, 1898

Dualistisches Personal

Dieser Dualität zugeordnet ist auch das Personal der *Geschichten vom lieben Gott*. Zahlreiche Figuren, denen der auf einer Rahmenebene angesiedelte Erzähler begegnet, werden als ‚brauchbare Staatsbürger' typisiert oder karikiert: die Nachbarin, der Lehrer, der Hausbesitzer, aber auch der junge Musiker, der sein Heil in bürgerlichen Künstlervereinigungen sucht (von Rilkes satirischer Ader zeugt bereits die 1895 verfasste Erzählung *Ein Charakter*, deren opportunistischer Protagonist selbst seinen Todeszeitpunkt an den Erwartungen seiner Umgebung ausrichtet). Auf der Gegenseite platziert sind die Künstlerfiguren der Binnenerzählungen, zu denen russische Geschichtenerzähler ebenso wie drei deutsche Maler gehören. In *Von einem, der die Steine belauschte* wird Michelangelo als künstlerische „Idealgestalt", als „Mittler zwischen der Natur und Gott" (Seifert 1969, S. 100) gezeichnet. Lange vor seiner ersten Begegnung mit Auguste Rodin stellt Rilke schon den italienischen Renaissance-Bildhauer als das Inbild eines Künstlers dar, dessen Tätigkeit der Schöpfungskraft Gottes kaum nachsteht. Diese Geschichte über das wechselseitige Stärkungsverhältnis zwischen Gott und Künstler war in Rilkes Augen „die reifste des Buches", eine Lesung daraus 1900 in Worpswede „die größte Wirkung, die ich je auf *eine Gruppe* von Menschen ausgeübt habe" (TF, 285 f.).

Michelangelo, Kupferstich von Antonio Capellani, 1760

Zu den Künstlerfiguren gesellen sich – wie später im *Buch der Bilder*, in den *Neuen Gedichten* und den *Aufzeichnungen des Malte Laurids Brigge* – positiv konnotierte Außenseiter. Auf der Rahmenebene gilt das für den ‚lahmen' Ewald, der über ein besonderes Talent zum Zuhören verfügt und deshalb der bevorzugte Gesprächspartner des Erzählers ist. In den Binnenerzählungen wird der wohlhabende Palla degli Albizzi aus einem plötzlichen Entschluss heraus zum barfüßigen Bettler und später zum Heiligen. Immer wieder kommt es Rilke bis in sein Spätwerk darauf an, „die Beschränkung von Lebensmöglichkeiten als Voraussetzung gesteigerter Erfahrung und erfüllter Daseinsformen zu interpretieren" (Brittnacher/Porombka/Störmer 2000, S. 14).

Nur in einer der Binnenerzählungen, *Wie der Fingerhut dazu kam, der liebe Gott zu sein*, sind tatsächliche Kinder die Protagonisten. Als sie erkennen, dass sich die Erwachsenen nicht um Gott kümmern, beschließen sie es selbst zu tun. Da „jedes Ding" der liebe Gott sein könne, erklären sie einen gewöhnlichen Fingerhut, den eins der Mädchen seiner Mutter geklaut hatte, zu Gott: „Wir sind genau sieben Kinder. Jedes muß den lieben Gott einen Tag tragen, dann ist er die ganze Woche bei uns, und man weiß immer, wo er sich gerade befindet." (KA 3, 397) Der Reiz der *Geschichten vom lieben Gott* liegt in solchen Einfällen, ihre Schwäche darin, dass sich oft wenig Handlungsdynamik in ihnen findet.

Gott als erhaben-komische Figur

Zusammengehalten werden die märchenhaften, bisweilen legendenartigen oder gelegentlich an Kurzgeschichten erinnernden Binnenerzählungen durch einen – unterschiedlich dosierten – Gottesbezug. Wie schon beim ersten Teil des *Stunden-Buches*, der zwei Monate früher entsteht, handelt es sich um ein „Kompendium der Suche nach Gott und seiner Gegenwart" (Freedman 2001, S. 160). Am deutlichsten wird das in den ersten drei Texten, in denen die biblische Schöpfungsgeschichte sowie die Leidensgeschichte Jesu neu erzählt werden. Der Erzähler lässt dabei in seiner Gottesdarstellung das Erhabene (etwa in der Schöpfung des Menschen) immer wieder ins Komische kippen. Sein Gott ist heillos damit überfordert, am sechsten Schöpfungstag den Menschen zu formen und gleichzeitig das Geschehen auf der Erde im Blick zu behalten. Zusätzlich von seinem streitsüchtigen Himmelspersonal abgelenkt, übergibt er unbesehen seinen Händen die Arbeit am Menschen – die diesen auf die Erde fallen lassen, bevor Gott ihn zu Gesicht bekommen hat. Um einen verlässlichen Eindruck vom Menschen zu bekommen, lässt Gott sich schließlich seine rechte Hand abhacken, die sich auf der Erde in Menschengestalt verwandeln soll. Doch ohne dass Gott die dazwischenliegenden Vorgänge vorhergesehen oder auch nur verstanden hätte, wird seine vermenschlichte Hand von den Menschen zur Kreuzigung getrieben. In Anspielung auf die Passion Christi fügt der Erzähler an: „Damals wäre Gott fast gestorben. Mit letzter Anstrengung rief er seine Rechte zurück; sie kam blaß und bebend und legte sich an ihren Platz, wie ein krankes Tier." (KA 3, 358)

Positive Armut

Weiterhin auf der Suche nach einem wahrhaftigen Anblick eines Menschen, wird Gott schließlich bei den Armen fündig. In der Geschichte *Warum der liebe Gott will, daß es arme Leute gibt* bringt der Erzähler den Gedanken von der besonderen Menschlichkeit der Besitzlosen besonders drastisch zum Ausdruck. Er geht so weit, dem Lehrer – nur halb ironisch – dessen Engagement im Armenverein der Stadt vorzuwerfen, weil es Gottes Ziele verhindere (eine an Nietzsche angelehnte und noch radikalere Mitleids- und Wohltätigkeitskritik liefert bereits die Erzählung *Der Apostel*). Und nicht von ungefähr ist die Venedig-Geschichte der Sammlung nicht in den wohlhabenden und touristischen Stadtbezirken angesiedelt, sondern im jüdischen Ghetto. In der Logik des Erzählers bietet Armut eine Chance, die „bürgerliche Oberflächlichkeit und Anpassungsbereitschaft zu vermeiden" (Stahl 1979, S. 113). Die in den Geschichten noch märchenhaft-spielerisch gestaltete Verklärung der Armut wird Rilke 1903 im dritten Teil des *Stunden-Buches* radikalisieren und auf die umstrittene Formel „Armut ist ein großer Glanz aus Innen" (KA 1, 244) bringen.

Für das *Stunden-Buch* wie für die *Geschichten vom lieben Gott* gilt, dass Gott in ihnen auf den Künstler angewiesen ist. In den *Geschichten* sind es (neben den Kindern und den Außenseitern) „Leute, welche malen, Gedichte schreiben, bauen", die Gott vorführen, „wie der Mensch wirklich ist" (KA 3, 352). Die Freiheit von christlich-kirchlichen Dogmen zeigt sich durchweg im eigenwilligen Umgang mit ihnen. Obwohl die nach einem sanften Kindergott klingende Formel vom ‚lieben Gott' zunächst anderes suggeriert, entwerfen die Geschichten ein streckenweise brutales, durchweg irritierendes Gottesbild, das eine „polemisch-subversive Infragestellung der biblischen Gottesvorstellungen" (Stahl 1996, S. 851) betreibt. Wenn Georg Lukács 1914/15 den Roman zum „Ausdruck der transzendentalen Obdachlosigkeit" (Lukács 1994, S. 32) erklärt, steht Rilkes literarische Beschäftigung mit Gott also nur zum Teil im Widerspruch dazu. Ähnliches findet sich in Alfred Döblins 1903 verfasster Erzählung *Mariä Empfängnis*: In der von Sexualmetaphern dominierten weltlichen Kontrafaktur der vermeintlich jungfräulichen Empfängnis bekommt in überraschender Analogie zu Rilkes Geschichten die Hand Gottes einen irdischen Auftritt zugeschrieben.

Irritierendes Gottesbild

Das Ziel von Rilkes *Geschichten* ist jedoch keine grundsätzliche Gotteskritik. Im Ganzen stehen sie für den Versuch, Gott – den „die Menschen […] im Himmel begruben" (KA 3, 400) – mit literarischen Mitteln wieder näher an den Menschen heranzurücken. Das geschieht zum einen durch die konsequente Vermenschlichung des himmlischen Schöpfergottes (dessen zahlreiche menschliche Schwächen an antike Gottesbilder erinnern), zum anderen durch Geschichten, die Gott in wechselnder Gestalt auf die Erde führen.

Intertextualität und Poetik

Neben selbsterdachten Geschichten bedient sich Rilke unterschiedlicher Vorlagen, arbeitet (wie oft in seiner Prosa) also hochgradig intertextuell. So bildet er *Wie der Verrat nach Russland kam* einer Legende nach, die sich in Alfred Rambauds Buch *La Russie Epique* (1876) findet. Gott tritt hier als weiser (und am Ende betrogener) Ratgeber des russischen Zaren Iwan IV., bekannt als Iwan der Schreckliche, auf (der bereits in dem kurz zuvor geschriebenen vierten Teil des Gedichtes *Die Zaren* einen Auftritt hat, das Rilke später in das *Buch der Bilder* aufnimmt). Im Verlauf der Geschichten ist Gott schließlich „so sehr Welt geworden, daß von ihm immer die Rede ist, wenn erzählt wird" (Stahl 1996, S. 852). Indem auf der Rahmenebene die Gemachtheit und die Fiktionalität des Erzählten mehrfach betont werden, unterscheiden sich die *Geschichten vom lieben Gott* deutlich von religiösen Erzählungen. Sie sind durchweg von einem modernen Sprachbewusstsein durchzogen, das strikt zwischen Realität und Sprachzeichen trennt. Auch wenn man nicht so weit gehen muss, das Erzählen zum einzigen Thema der Geschichten und ihren Gott zur „subversive textuality itself" (Metz 1999, S. 208) zu erklären, weist der Erzähler doch ausdrücklich darauf hin, dass in seiner Stimme „Alles Märchen" werde, denn das Beschriebene „kann sich ja in ihr [= der Stimme] nie begeben haben" (KA 3, 401).

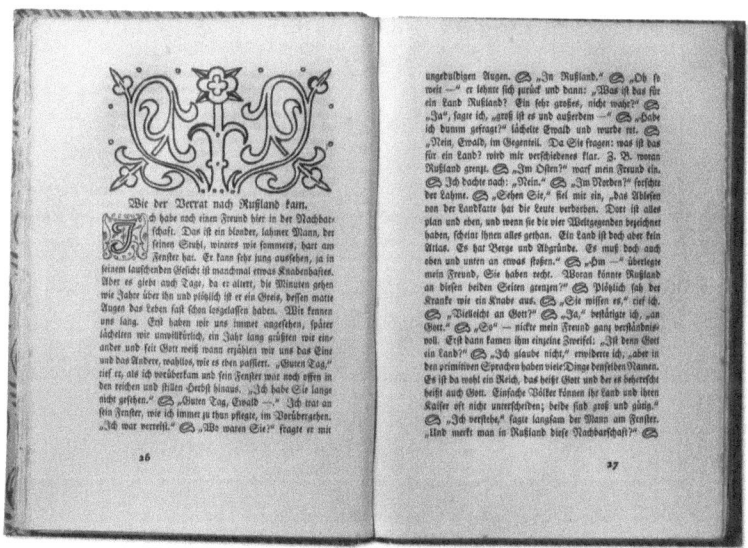

Vom lieben Gott und Anderes, Ausgabe von 1900

Die Pointe dieses Verfahrens besteht in einer für Rilke typischen Engführung von Literatur und Religiosität. Die *Geschichten vom lieben Gott* sind ein ästhetisches Sprachspiel, in dem der unzuverlässige Erzähler und der überforderte Gott dadurch miteinander kurzgeschlossen werden, dass beide ihre Schöpfungen nicht kontrollieren können. Zugleich lösen die Texte Rilkes religiöse Überzeugung ein, nach der man auf Gott kreativ reagieren müsse. 1911 schreibt er in mehreren Briefen, er könne „religiöse Naturen nicht begreifen, die Gott als das Gegebene hinnehmen und nachfühlen, ohne sich an ihm produktiv zu versuchen" (Rilke/Thurn und Taxis, Bd. 1, S. 38). Gerade in ihrer vermeintlichen Unfrömmigkeit entsprechen die *Geschichten vom lieben Gott* somit einer (wenn auch unchristlichen) Frömmigkeit zweiter Stufe.

3. *Die Aufzeichnungen des Malte Laurids Brigge*

Keines seiner Werke hat Rilke nachträglich so verunsichert wie sein einziger Roman *Die Aufzeichnungen des Malte Laurids Brigge*, an dem er von 1904 bis 1910 mit vielen Unterbrechungen arbeitet. Knapp zwei Jahre nach der Fertigstellung fühlt er sich noch immer im Bannkreis dieses Textes gefangen. An Lou Andreas-Salomé schreibt er Ende 1911:

> Kannst Dus begreifen, daß ich hinter diesem Buch recht wie ein Überlebender zurückgeblieben bin, im Innersten ratlos, unbeschäftigt, nicht mehr zu beschäftigen? […] Vielleicht mußte dieses Buch geschrieben sein wie man eine Mine anzündet; vielleicht hätt ich ganz weit wegspringen müssen davon im Moment, da es fertig war. (R/AS, 238)

Handlungslosigkeit und Gattungsvielfalt — Für die Leserinnen und Leser liegt die Sprengkraft der *Aufzeichnungen* in ihrer heterogenen Form und einer radikalen Handlungslosigkeit. Der experimentelle Roman verbindet Tagebuchaufzeichnungen, Briefentwürfe, Prosagedichte, biografische Erinnerungen sowie historische Exkurse (und enthält zudem Fußnoten eines fiktiven Herausgebers). Zusammengehalten werden die 71 kapitellosen Textblöcke durch ihren Verfasser, den 28-jährigen Schriftsteller Malte Laurids Brigge, der – damit setzt der Roman ein – am Anfang des 20. Jahrhunderts aus seinem Heimatland Dänemark nach Paris gezogen ist. Warum er dies tut und was er in Paris (neben seinen zahlreichen Spaziergängen durch die Stadt) vorhat, bleibt bis zum Ende offen.

Solche Motivationslücken sind charakteristisch für das Erzählverfahren, das über keinen eigentlichen Plot verfügt. Während der Text in Rilkes Augen, „künstlerisch betrachtet, eine schlechte Einheit" (B 1, 343) darstellt und von ihm nie als ‚Roman', sondern stets als ‚Prosa-Buch' bezeichnet wird, folgt genau daraus seine literaturgeschichtliche Bedeutung: Er gilt aufgrund seiner Textsortenvielfalt, Erzähltechnik und programmatischen Fragmenthaftigkeit, aber auch im Blick auf die Großstadtthematik, eine intensiv genutzte Intertextualität sowie die Diskontinuitätserfahrungen des Erzählers als der erste moderne Roman in deutscher Sprache, ja als „Urszene für die deutschsprachige Literatur der Moderne" (Detering/Sina 2013, S. 476). In der wichtigsten Literaturgeschichte für die Zeit um 1900 wird der Roman als „der entscheidende Beitrag Rilkes zur literarischen Moderne" (Sprengel 2004, S. 269) gewertet. Während viele Zeitgenossen mit Unverständnis reagierten (vgl. dazu Stahl 1996, S. 888–891), sind die *Aufzeichnungen* mit über 300 literaturwissenschaftlichen Studien mittlerweile das meistbeforschte Werk Rilkes. Nach den strukturerschließenden Arbeiten ab den 1960er Jahren (Fülleborn 1961, Hoffmann 1968, Seifert 1969, Stephens 1974) hat sich die Forschung der Poetik gewidmet, den Text als Künstlerroman oder allgemeinen Subjektivitätsentwurf gedeutet und sich in letzter Zeit vermehrt in mikroskopischer Perspektive auf einzelne Kontexte, Motive und Textabschnitte konzentriert.

Statt der Handlung steht ein „Daseinsentwurf" (B 1, 343) im Zentrum, der in zahlreichen narrativen und reflexiven Textminiaturen entfaltet wird. Auf drei ineinander verwobenen Zeitebenen berichtet Malte von gegenwärtigen Großstadterlebnissen (ergänzt um einige Reiseerlebnisse aus Südfrankreich und Venedig), von Kindheitserinnerungen und von seinen Lektüren, die von der Bibel bis zu zeitgenössischen Dramen Henrik Ibsens reichen sowie historische Studien umfassen. Manfred Engel unterscheidet zusätzlich einen vierten, mythopoetischen Teil, in dem Malte eine sprachliche Objektivierung

Struktur und Symbolik

seiner Überwältigungserfahrungen gelinge (vgl. Engel 1997b, S. 199). Stets fungiert der Ich-Erzähler als Beobachter, kaum einmal tritt er mit anderen Menschen in Kontakt, in Paris scheint er niemanden zu kennen. Bei den zahlreichen im Roman erwähnten Personen handelt es sich um Passanten aus Paris, um (oft verstorbene) Familienmitglieder aus Maltes Kindheit und um historische Personen oder literarische Figuren. Wie Rilke seinem polnischen Übersetzer Witold Hulewicz schreibt, besitzt das gesamte Romanpersonal für den Ich-Erzähler Malte „dieselbe Wertigkeit", „dieselbe Dauer und Gegenwart", handele es sich doch stets um *„Vokabeln seiner Not"* (B, 891). Wer diesen „symbolistischen Bewußtseinsroman" (Engel 1997a, S. 344) liest, hat sich weniger mit den historischen Hintergründen als vielmehr mit den darin verdeckt zum Ausdruck kommenden Selbstaussagen des Erzählers zu beschäftigen. An die Stelle einer Handlung treten „allegory and essayism" (Huyssen 2010, S. 74).

Malte befindet sich an einem biografischen Wendepunkt. Er kommt zu der Überzeugung, dass es „nichts genützt hat, älter zu werden" (KA 3, 499). Das aber versucht er im Romanverlauf durch eine vertiefte Wahrnehmung und Reflexion seiner Innen- und Außenwelt zu ändern. Ob der Roman im Ganzen eine scheiternde oder eine gelingende Subjektkonstitution darstellt, ist in der Forschung kontrovers diskutiert worden. In Maltes Reflexionen werden Ichverlust und Ichfindung dialektisch aufeinander bezogen: Die *„poetische Konstruktion des Ich ereignet sich in Akten der Rekonstruktion seiner Destruktion"* (Urbich 2009, S. 365).

<small>Paris als Schockerfahrung</small>

In eine Notsituation gerät Malte, weil er sich von der Großstadt Paris heillos überfordert fühlt. Mit einer „Poetik der Parataxe", in der stakkatoartig optische und akustische Eindrücke aneinandergereiht werden, beginnt der Romananfang zugleich den „Urbanisierungs- und Modernisierungsprozess" (Becker

2008, S. 99) der deutschsprachigen Literatur. Malte verwischen dabei die Grenzen zwischen privater und öffentlicher Sphäre, zwischen Innen- und Außenwelt: „Daß ich es nicht lassen kann, bei offenem Fenster zu schlafen. Elektrische Bahnen rasen läutend durch meine Stube. Automobile gehen über mich hin."

Postkarte aus Paris, 1905

(KA 3, 455) Die im vormodernen dänischen Landleben eingeübten Verhaltensweisen, etwa das Schlafen bei geöffnetem Fenster, erweisen sich in der städtischen Massenkultur als dysfunktional. Paris wird zur Schockerfahrung, weil es Malte aus sämtlichen Konventionen seines Wahrnehmens und Verstehens herausreißt. „Ich würde so gerne unter den Bedeutungen bleiben, die mir lieb geworden sind", notiert er, nachdem er in einer Bar einen Sterbenden beobachtet hat; „ich fürchte mich, ich fürchte mich namenlos vor dieser Veränderung" (KA 3, 490). Diese ‚Veränderungen', die Malte als „vollkommen andere Auffassung aller Dinge" (KA 3, 505) begreift, anzunehmen und für die eigene Wahrnehmung produktiv zu machen, ist das zentrale Projekt der *Aufzeichnungen*:

> Ich lerne sehen. Ich weiß nicht, woran es liegt, es geht alles tiefer in mich ein und bleibt nicht an der Stelle stehen, wo es sonst immer zu Ende war. Ich habe ein Inneres, von dem ich nicht wußte. Alles geht jetzt dorthin. Ich weiß nicht, was dort geschieht. (KA 3, 456)

Öffnung der Wahrnehmung

Durch die neuen äußeren Eindrücke gewinnt Malte einen genaueren Blick auf sein Innenleben (zum kulturgeschichtlichen Kontext von Maltes Sehen vgl. Arndal 2007). Konfrontiert mit dem Leid, das ihm in Gestalt von Sterbenden, Bettlern, Verkrüppelten oder psychisch Kranken auf den Straßen begegnet, kann er sich kaum noch von den Objekten seiner Beobachtungen distanzieren. Die Zuckungen eines Veitstänzers übertragen sich so unmittelbar auf sein Inneres, dass er sich verpflichtet fühlt, dem unbekannten Mann mithilfe geistiger Anstrengung beizustehen. In seiner sozial und psychisch ungesicherten Existenz empfindet Malte sich zunehmend von den Randfiguren der Pariser Gesellschaft angezogen und als einen der ihren erkannt. Das geschieht zumindest insofern zu Recht, als er plötzlich auch das Schreckliche und Ekelhafte als festen Bestandteil jeder menschlichen Existenz entdeckt: „es ist zu Hause in mir" (KA 3, 487).

Damit nimmt der Roman eine entscheidende Wendung. Die im Anfangsteil dominierenden Großstadterfahrungen versetzen Malte nun in einen Zustand allgemeiner Offenheit, der ihm einen neuen Blick auch auf seine Vergangenheit ermöglicht. Die in Paris erlebten Überforderungen machen ihm bewusst, dass es einen Wirklichkeitsbereich gibt, dem er bisher ausgewichen ist. Sein Entsetzen angesichts von Fremdheitserfahrungen wird zur psychischen Aktivierungsenergie, ermöglicht es ihm doch eine hoch differenzierte Selbstwahrnehmung bis hinein „in die äußersten Verästelungen [s]eines zahlloszweigigen Daseins" (KA 3, 506). Malte deutet seine Ängste zunehmend nicht als Ablenkung vom eigentlichen Leben, sondern ganz im Gegenteil als Anzeichen einer gelingenden Kontaktaufnahme mit der ‚vollzähligen' Wirklichkeit: „Es wundert mich manchmal, wie bereit ich alles Erwartete aufgebe für das Wirkliche, selbst wenn es arg ist." (KA 3, 505) In einer liturgisch anmutenden Dialogstruktur stellt und beantwortet Malte die großen Fragen, die sein Schreibprojekt bis zum Schluss befeuern werden:

> Ist es möglich, [...] daß man noch nichts Wirkliches und Wichtiges gesehen, erkannt und gesagt hat? Ist es möglich, daß man Jahrtausende Zeit gehabt hat, zu schauen, nachzudenken und aufzuzeichnen, und daß man die Jahrtausende hat vergehen lassen wie eine Schulpause, in der man sein Butterbrot ißt und einen Apfel?
> Ja, es ist möglich.
> Ist es möglich, daß man trotz Erfindungen und Fortschritten, trotz Kultur, Religion und Weltweisheit an der Oberfläche des Lebens geblieben ist? Ist es möglich, daß man sogar diese Oberfläche [...] mit einem unglaublich langweiligen Stoff überzogen hat, so daß sie aussieht wie die Salonmöbel in den Sommerferien?
> Ja, es ist möglich. [...]
> Wenn aber dieses alles möglich ist, auch nur einen Schein von Möglichkeit hat, – dann muß ja, um alles in der Welt, etwas geschehen. [...] Dieser junge, belanglose Ausländer, Brigge, wird sich fünf Treppen hoch hinsetzen müssen und schreiben, Tag und Nacht: ja er wird schreiben müssen, das wird das Ende sein. (KA 3, 468–470)

Modern ist der Roman auch deshalb, weil er davon ausgeht, dass die aufgedeckten Defizite weder von Mythen, Religionen oder anderen traditionellen Institutionen behoben noch mit konventionellen Erzählverfahren verhandelt werden können. Wenn Malte immer wieder betont, ein Anfänger zu sein, verweist das vor diesem Hintergrund auf keine persönliche Unfähigkeit, sondern ganz im Gegenteil auf die avantgardistischen Ambitionen seiner Aufzeichnungen, die „selbst schon den geforderten dichterischen Paradigmenwechsel vollziehen" (Detering/Sina 2013, S. 536).

Auseinandersetzung mit dem ‚Großen'

Im Kern zielen die *Aufzeichnungen* auf eine Entgrenzung konventioneller Wirklichkeits-, Zeit- und Subjektvorstellungen. Umgesetzt wird dieses Projekt mithilfe bildreicher Darstellungen und der psychologischen wie poetologischen Reflexion dessen, was von Malte leitmotivisch als das ‚Große', ‚Unerhörte', ‚Ungeheure' oder ‚Unfassliche' des Lebens bezeichnet wird. Die Moderne beruht in Maltes Augen „auf Verdrängung all dessen […], was die lebensweltlichen Grenzen im vitalistischen Sinne überschreitet" (Lauterbach 2004, S. 330). Rilkes Protagonist folgt hingegen der Leitschnur seiner Ängste in Regionen, in denen die Gewissheiten des Verstehens enden und man die „vereinbarte, im ganzen harmlose Welt" (KA 3, 525) verlässt – eine Welt, die in den *Duineser Elegien* auf die Formel der „gedeuteten Welt" (KA 2, 201) gebracht wird (vgl. dazu Walisch 2012). Malte schreibt, dass er sich als Kind „noch schlecht" gefürchtet habe:

> Aber seitdem habe ich mich fürchten gelernt mit der wirklichen Furcht, die nur zunimmt, wenn die Kraft zunimmt, die sie erzeugt. Wir haben keine Vorstellung von dieser Kraft, außer in unserer Furcht. Denn so ganz unbegreiflich ist sie, so völlig gegen uns, daß unser Gehirn sich zersetzt an der Stelle, wo wir uns anstrengen, sie zu denken. Und dennoch, seit einer Weile glaube ich, daß es *unsere* Kraft ist, alle unsere Kraft, die noch zu stark ist für uns. Es ist wahr, wir kennen sie nicht, aber ist es nicht gerade unser Eigenstes, wovon wir am wenigsten wissen? Manchmal denke ich mir, wie der Himmel entstanden ist und der Tod: dadurch, daß wir unser Kostbarstes von uns fortgerückt haben, weil noch so viel anderes zu tun war vorher und weil es bei uns Beschäftigten nicht in Sicherheit war. Nun sind Zeiten darüber vergangen, und wir haben uns an Geringeres gewöhnt. Wir erkennen unser Eigentum nicht mehr und entsetzen uns vor seiner äußersten Großheit. Kann das nicht sein? (KA 3, 571)

Für Malte erweist sich die Furcht mit ihrer radikalen Infragestellung seines Lebens als Einfallstor einer Ichfindung zweiter Stufe, sodass der „Ichzerfall also als paradoxe Selbstverwirklichung erscheint" (Engel 1997b, S. 185). Drei Erfahrungsbereiche, die den Roman leitmotivisch durchziehen, fungieren in diesem Sinne als produktive Überforderungen: Vergänglichkeit und Tod, metaphysische Erfahrungen (insbesondere Geistererscheinungen) sowie die Liebe.

Die Zentralstellung des Todes beginnt im ersten Satz des Romans: „So, also hierher kommen die Leute, um zu leben, ich würde eher meinen, es stürbe sich hier" (KA 3, 455). In Paris wird Malte von einem „Vergänglichkeitssog" (Graubner 2003, S. 590) ergriffen, und auch der erste Wechsel aus der Schreibgegenwart in die Kindheitserinnerungen ist von der Todesthematik motiviert. Malte beklagt, dass man in Paris „fabrikmäßig" stirbt, indem man den Tod in Krankenhäuser wie das Hôtel Dieu auslagert, wo die „letalen Abschlüsse zu den Krankheiten gehören und nicht zu den Menschen" (KA 3, 458 f.). Dem setzt er die Auffassung eines ‚eigenen Todes' entgegen, wie er sie als Kind beim Sterben seines Großvaters kennengelernt hat (und die Rilke bereits im 1903 entstandenen dritten Teil des *Stunden-Buches* verhandelt). Der Kammerherr Christoph Detlev Brigge, dessen qualvollen, sich über zehn Wochen hinziehenden Sterbeprozess Malte ausführlich schildert, ist ihm ein Beispiel dafür, dass man früher „den Tod *in* sich hatte wie die Frucht den Kern" (KA 3, 459). Ohne den vormodernen Tod zu idyllisieren, beschreibt Malte das Sterben

Das Pariser Krankenhaus Hôtel Dieu um 1900

Leitmotiv 1: Vergänglichkeit und Tod

seines Großvaters als ein „Übermaß an Stolz, Willen und Herrenkraft" (KA 3, 463) und somit als einen Kulminationspunkt von dessen zentralen Charaktereigenschaften.

Doch auch in Paris stößt Malte auf Personen, die Vergänglichkeit und Tod in ihre Existenzweise integriert haben. Fast immer handelt es sich dabei um gesellschaftliche Außenseiter, denen der Roman – angeregt von Charles Baudelaires Sammlung *Le Spleen de Paris* (1869), aus der Malte auf Französisch zitiert – einige seiner konzentriertesten Prosagedichte widmet. So hält sich ein blinder Zeitungsverkäufer am Zaun des Jardin du Luxembourg so laut- und körperlos auf, „daß täglich viele vorübergehen, die ihn nie gesehen haben"; sich der Selbstauflösung annähernd, bewegt er sich „wie ein Zeiger, wie eines Zeigers Schatten, wie die Zeit" (KA 3, 600). In einer für den Roman programmatischen Dialektik erkennt Malte sowohl das Elend dieses Menschen, der alle menschlichen Sinnentwürfe und Zeitbemächtigungen hinter sich gelassen zu haben scheint, als auch die überwältigende Schönheit dieser einzigartigen Existenzweise. Malte erlebt den Anblick des Zeitungsverkäufers als Gottesbeweis: „Mein Gott, […] so *bist* du also. […] Dieses ist dein Geschmack, hier hast du Wohlgefallen. Daß wir doch lernten, vor allem aushalten und nicht urteilen. Welche sind die schweren Dinge? Welche die gnädigen? Du allein weißt es." (KA 3, 602) Indem er auf die Worte Gottes bei der Taufe Jesu anspielt („Dies ist mein lieber Sohn, an dem ich Wohlgefallen habe", Mt 3, 17), erhebt Malte den Blinden zu einer Christus übertreffenden Erlöserfigur. Gottesnähe entsteht für Malte immer aus einem Verzicht auf menschliche Strukturierungs- und Deutungsbemühungen (alle Verwendungen des Wortes ‚Gott' kommentiert Fischer 2014c). Die sich daraus ergebende Kombination von „Entsetzen *und* Feier" führt seine *Aufzeichnungen* zu einer modernen Ästhetik des Erhabenen, hier zu dem „äußersten Versuch Rilkes, das Erhabene der Zeit darzustellen" – immer geht es darum, die „nahezu unlösbare Forderung" um-

Das Theater von Orange

zusetzen, „der Wanderung in das Gestaltlose dennoch eine poetische Gestalt zu geben" (Graubner 2003, S. 589–591).

Als Sinnbild für eine solche Ästhetik dient Malte später im Roman die Bühnenwand des antiken Amphitheaters im südfranzösischen Orange. Bei einem Besuch erlebt er sie als „dröhnend vor Größe, fast vernichtend und plötzlich maßvoll im Übermaß" (KA 3, 616). In Maltes Deutung ermöglicht die Wand (und mit ihr das antike Theater) dem Menschen eine Annäherung an das hinter ihr befindliche ‚Große', das die Fassungskraft des Menschen eigentlich übersteigt. Typisch für die Literatur um 1900 ist die Nähe zu Friedrich Nietzsches Darstellung der Kunst als einer apollinischen Form für die bedrohlichen Ekstasen des Dionysischen. Dass das Schöne „nichts / als des Schrecklichen Anfang" (KA 2, 201) ist, wie es am Anfang der ersten *Duineser Elegie* heißt, gilt bereits für Maltes Kunstverständnis.

Die kulturkritischen Passagen zur modernen Verdrängung von Vergänglichkeit und Tod sind in der Forschung breit diskutiert worden. Dagegen hat man sich mit den zahlreichen Geistererscheinungen des Romans schwergetan und sie häufig einfach ignoriert (Ausnahmen sind Wagner-Egelhaaf 1989, Baßler

Leitmotiv 2: Geistererscheinungen

1998 und v. a. Magnússon 2009 und 2014). Dabei spielen die Auftritte Verstorbener in Maltes Projekt, sich insbesondere die „beinah unfaßbaren Erfahrungen" (KA 3, 556) seiner Vergangenheit anzueignen, eine wichtige Rolle. Im Elternhaus seiner Mutter arbeiten Bedienstete, die „seit je Umgang mit Geistern gehabt" (KA 3, 560) haben, Maltes Mutter berichtet von der Begegnung mit einer kurz zuvor Beerdigten, und Malte sieht als Kind mehrfach seine verstorbene Verwandte Christine Brahe durch den Raum gehen. In der retrospektiven Darstellung enthält er sich einer Ausdeutung dieser Ereignisse und belässt es bei einer detaillierten Beschreibung seiner kindlichen Wahrnehmung. So auch dort, wo er unter einem Tisch einer mysteriösen, aus der Wand herausgreifenden Hand begegnet, die ihm noch bei der Niederschrift als Signum für „[d]as Wirkliche" (KA 3, 521) erscheint, mithin zum elementaren Bestandteil eines erweiterten Realitätsbegriffs erklärt wird.

Als Vorbildfigur für dieses Wirklichkeitskonzept fungiert Maltes Großvater Brahe, der Vergangenes wie Zukünftiges als Teil seiner Gegenwart empfindet: „Die Zeitfolgen spielten durchaus keine Rolle für ihn, der Tod war ein kleiner Zwischenfall, den er vollkommen ignorierte, Personen, die er einmal in seine Erinnerungen aufgenommen hatte, existierten, und daran konnte ihr Absterben nicht das geringste ändern." (KA 3, S. 475) Wie wichtig für Rilke die Beschreibung von Gespenstererscheinungen war (die sich schon in der frühen Erzählung *Die Geschwister* finden), zeigt sich auch daran, dass er die dänische Herkunft Maltes damit begründet hat, dass „nur in der Atmosphäre der skandinavischen Länder das Gespenst unter die möglichen Ereignisse eingereiht erscheint und zugegeben [wird] (: was meiner eigenen Einstellung gemäß ist)" (Rilke 1937b, S. 323; zu anderen skandinavischen Einflüssen, die Rilke einen ‚fremden' Blick auf die Moderne ermöglichten, vgl. Detering 2015).

Während Vergänglichkeit, Tod und Geistererscheinungen vor allem in der ersten Romanhälfte als Leitmotive auftreten, konzentriert sich Malte am Ende seiner Aufzeichnungen stärker auf die Liebe als eine weitere Erscheinungsform des ‚Großen'. In den Fokus rückt er dabei die „gewaltigen Liebenden" (KA 3, 549) – allesamt mythologische oder historische Frauenfiguren, darunter die italienische Lyrikerin Gaspara Stampa (um 1523–1554) oder die portugiesische Nonne Marianna Alcoforado. Ihnen gemeinsam ist, dass sie ihren Geliebten verloren und gleichwohl die Intensität ihres Liebens erhöht haben. Denn das Dilemma der Liebe verortet Malte im Zustand des Geliebtwerdens: „Geliebtsein heißt aufbrennen. Lieben ist: Leuchten mit unerschöpflichem Öle. Geliebtwerden ist vergehen. Lieben ist dauern." (KA 3, 629) Geliebtwerden steht bei Rilke immer für eine „Deformation durch Inbesitznahme" (Schings 2017, S. 447). Als Liebesobjekt werde man unweigerlich mit Fremdbildern und Erwartungen konfrontiert, die zu einer Einschränkung der individuellen Freiheit führten. Da Malte die stetige Öffnung und Erweiterung von Wahrnehmung und Bewusstsein zur höchsten menschlichen Aufgabe erklärt, hat sich auch die Liebe in ihren Dienst zu stellen. Das geschieht dort, wo es gelingt „aus sich hinauszulieben ohne Erwiderung" (KA 3, 623). So sehnt sich Maltes Tante Abelone, auf die sich Maltes Liebe zeitweise richtete, danach, „ihrer Liebe alles Transitive zu nehmen" (KA 3, 628), sich als Weiterliebende vom Objekt ihrer Liebe zu befreien.

Leitmotiv 3: Liebe

Es ist kein Zufall, dass Malte sein Liebesideal ausschließlich von Frauen verwirklicht sieht. Frauen, so führt er aus, hätten „Jahrhunderte lang die ganze Liebe geleistet, sie haben immer den vollen Dialog gespielt, beide Teile. Denn der Mann hat nur nachgesprochen und schlecht." (KA 3, 549) Männer kennzeichnet er als zerstreute und nachlässige Liebende – es sei ihre zukünftige Aufgabe, die „Arbeit der Liebe zu lernen" (KA 3, 550).

Neben die modernekritischen Betrachtungen (etwa zum Niedergang des Todes) treten also Fortschrittshoffnungen, und zwar wiederum in der Bildlichkeit eines positiv konnotierten Anfängertums: „Wie, wenn wir [Männer] hingingen und Anfänger würden, nun, da sich vieles verändert." (KA 3, 550)

Angesichts der mit der personalen Liebe verbundenen Gefahren sieht Malte nur die Liebe zu Gott als Ausweg. Gott, der in den *Aufzeichnungen* depersonalisiert und als eine unendliche Offenheit gedacht ist, sei „nur eine Richtung der Liebe […], kein Liebesgegenstand" – man habe „keine Gegenliebe von ihm zu fürchten" (KA 3, 628). Zum idealen Liebesinhalt wird Gott also eher aus vitalistischen als aus religiösen Gründen erklärt: weil sich die Lebensintensität auf diese Weise am wirkungsvollsten steigern und ins Grenzenlose vorantreiben lasse.

Parabel vom verlorenen Sohn

Nachdem Rilke zunächst zwei andere Romanschlüsse erwogen hatte (die sich seit 2012 auch in der Faksimile-Edition des sogenannten *Berner Taschenbuches* nachlesen lassen, das die zweite Romanhälfte mit zahlreichen Bearbeitungsspuren enthält; vgl. Rilke 2012), endet die letzte Fassung mit einer Neuerzählung der biblischen Parabel vom verlorenen Sohn. Als Anregung mag André Gides Erzählung *Le retour de l'enfant prodigue* (1907; dt. Die Rückkehr des verlorenen Sohns) gedient haben, die Rilke kannte und später ins Deutsche übersetzte. Allerdings gibt Malte seiner Version eine andere Ausrichtung. Zum einen projiziert er sein intransitives Liebeskonzept in den Stoff hinein, zum anderen funktionalisiert er diesen als poetologische Allegorie: So wie der verlorene Sohn in Maltes Version zu seiner Familie zurückkehrt, um „alles noch einmal und nun wirklich auf sich zu nehmen" (KA 3, 634), arbeitet sich Malte mit den *Aufzeichnungen* in seine Kindheit hinein. Bei seinem Schreiben handelt es sich um eine gedankliche Rückkehr ins Familienleben, die zum

Ziel hat, die Kindheit überhaupt erst „zu leisten", um sie nicht „für immer verloren geben" (KA 3, 567) zu müssen.

Während das biblische Gleichnis den Fokus auf den verzeihenden Vater sowie den damit unzufriedenen älteren Bruder richtet, konzentriert sich Malte ganz auf den verlorenen Sohn (dazu Hamburger 1971). Malte versteht das Gleichnis als die Legende dessen, „der nicht geliebt werden wollte" (KA 3, 629). Damit handelt es sich um eine jener „rigorose[n] Umdeutungen" (Stahl 1996, S. 1026), mit denen Rilke seine Idee der intransitiven Liebe kulturgeschichtlich verankert. Die Liebe, die seine Familie ihm entgegenbringt, erlebt der verlorene Sohn in Maltes Version als eine destruktive, gewaltsame Kraft – analog dazu bittet der Ich-Erzähler im autofiktionalen *Testament* von 1921 um Schonung vor der „gewaltsamen Liebe meines Vaters" (KA 4, 734). Unbeabsichtigt macht die familiäre Liebe dort wie im *Malte* den Geliebten mit ihrer Anteilnahme, ihren Erwartungen und Sorgen zu dem, „für den sie einen hier hielten"; selbst die Zuwendung der Hunde gilt „dem, den sie meinten" (KA 3, 630). Sie konfrontiert den Geliebten also mit einer spezifischen Rollenerwartung.

Eine unausgesprochene Parallelität zwischen Malte und der biblischen Gestalt besteht auch darin, dass der verlorene Sohn den Entschluss fasst, „niemals zu lieben, um keinen in die entsetzliche Lage zu bringen, geliebt zu sein" (KA 3, 631). Wenn er am Ende zu seiner Familie zurückkehrt, dann in der Hoffnung auf eine Liebe, die jedes bewusste und unbewusste „Besitzenwollen" (KA 3, 631) hinter sich gelassen hat. Dass der verlorene Sohn, wie es im vorletzten Satz des Romans heißt, „jetzt furchtbar schwer zu lieben" (KA 3, 635) war, ist

Malte-Handschrift im Berner Taschenbuch (ursprünglicher Schluss, erste Niederschrift)

als Zeichen seines Fortschritts zu verstehen. Er scheint jenen Zustand einer „innige[n] Indifferenz seines Herzens" (KA 3, 629) erreicht zu haben, der in Maltes Augen eine Voraussetzung dafür ist, sich gegenüber der unabsehbaren Wirklichkeit so weit wie möglich zu öffnen.

Maltes
Erzählstil

Erzähltechnisch markiert dieser monumentale, einen Bibeltext umschreibende Romanschluss Maltes dichterisches Selbstbewusstsein. Vorher erzeugen parataktische Selbstreflexionen sowie eindringliche Schilderungen von Pariser Straßenszenen den suggestiven Sound, den man aus Rilkes Lyrik der mittleren Werkphase kennt. Die Forschung ist sich in der Bewertung dieser Sprachformen uneins. Georg-Michael Schulz bemängelt, dass der „souveräne Stil", der bisweilen „imperiale Gestus" (Schulz 1996, S. 136) von Maltes Sprache einen Widerspruch zu seiner Lebenskrise darstelle. Dagegen sieht Manfred Engel genau darin den eigentlichen Sinn von Maltes Schreibprojekt, nämlich die in der Realität nicht zu lösenden Probleme mithilfe der zum Einsatz gebrachten „Mythopoesie" (Engel 1997b, S. 193) zumindest literarisch bewältigen zu können. Schon früh hat Judith Ryan in Bezug auf diesen Roman von einem ‚hypothetischen Erzählen' gesprochen (vgl. Ryan 1971), während Christoph König auf die Bedeutung des Futur II hinweist: Der Roman präsentiere eine „Lebensform" und eine „Poetik der Vorzukunft", dabei erweise sich Maltes Schreiben und Dichten „als ein wesentlicher Bestandteil des Erlebnisvermögens von Malte"; erst in der „Erkenntnisreflexion konstituiert sich Malte als Subjekt" (König 2014a, S. 1–5).

Malte wird sich im Laufe seines Schreibens zunehmend darüber bewusst, dass er sich sozusagen am Rand seiner Lebenskrise befindet: „Oh, es fehlt nur ein kleines, und ich könnte das alles begreifen und gutheißen. Nur ein Schritt, und mein tiefes Elend würde Seligkeit sein." (KA 3, 491) Der von Malte avisierte Umschlag in den Jubel wird von Rilke freilich erst später, insbesondere in der siebten und neunten *Duineser Elegie* vollzogen. Verglichen mit Rilkes Spätwerk handelt es sich bei den *Aufzeichnungen* um den deutlich krisenhafteren, skeptischeren, verhalteneren Text – nicht unbedingt zu seinem Nachteil.

VII. Lyrik

1. *Das Buch der Bilder*

Als *Das Buch der Bilder* 1902 in seiner ersten Fassung erscheint, ist es bereits Rilkes neunte Gedichtsammlung. In weiten Teilen der Forschung gilt es als „erstes bedeutendes lyrisches Werk des Autors" (Storck 1988, S. 140; eine Übersicht über die Vorgängerbände liefert Heinz 2004c). Von den anderen, geschlosseneren Gedichtbänden des mittleren und späten Werks unterscheidet es sich durch seine Heterogenität: Vereint werden unterschiedliche, zum Teil gegensätzliche weltanschauliche und poetologische Positionen.

Die Unabgeschlossenheit der Sammlung zeigt sich schon an der zweistufigen Veröffentlichungsgeschichte. Nach der Erstausgabe, die 45 Gedichte umfasst, erscheint 1906 eine um 37 Gedichte erweiterte und nun in zwei Bücher mit je zwei Teilen strukturierte zweite Fassung. Das Spektrum der aufgenommenen Texte reicht dort vom Frühwerk (der älteste Text stammt aus dem September 1898) bis weit ins mittlere Werk hinein (das späteste Gedicht entsteht im Juni 1906, also parallel zu den *Neuen Gedichten*). Noch markanter als das *Stunden-Buch*, das Rilke ungefähr im gleichen Zeitraum schreibt, schwankt der Band zwischen einer vormodernen und einer modernen Ästhetik. Für die Forschung ist das offensichtlich wenig attraktiv – in der Rilke-Philologie führt

Sammlung heterogener Gedichte

das *Buch der Bilder* ein Schattendasein, obwohl es einige der bis heute populärsten Rilke-Gedichte wie *Herbst* und *Herbsttag* enthält.

Kunstbuch   Entschiedener als jeder andere seiner Gedichtbände ist die im Axel Juncker Verlag in Berlin veröffentlichte Erstausgabe des *Buches der Bilder* künstlerisch gestaltet. Laut Rilkes Vorgabe sollte der Band „festlich und einfach zugleich sein" (Rilke 1979, S. 35). Der befreundete Worpsweder Jugendstilkünstler Heinrich Vogeler lieferte eine Zeichnung für das Titelblatt. Rilke ist begeistert von dieser „sehr schönen Vignette", die in den folgenden Jahren auch Rilkes Briefpapier ziert (allerdings nicht, wie er 1902 noch plante, „alle meine zukünftigen Bücher"; Rilke 1979, S. 58). Der komplette Gedichttext steht im Versalsatz (also in Großbuchstaben), und zwar in einer Antiquaschrift, die an die Monumentalität gemeißelter Steintafeln erinnern soll. Zusätzlich wird dies vom Groß-Oktav-Format des Bandes verstärkt. Eine Seitenzählung gibt es nicht. Um ein *Buch der Bilder* handelt es sich, wie Thomas Rahn in einer akribischen Analyse der Buchgestaltung herausgearbeitet hat, auch insofern, als die „typographische Bildlichkeit" (Rahn 2016, S. 196) mit der sprachlichen Bildlichkeit korrespondiert. Dass sich all diese Gestaltungsmerkmale in der Zweitfassung nicht mehr finden – statt in lateinischen Buchstaben ist sie in Fraktur gedruckt –, geht vermutlich auf eine kritische Intervention des vom jungen Rilke bewunderten Hugo von Hofmannsthal zurück. Nachdem er sich freundlich über die Gedichte geäußert hat, schreibt er an Rilke: „Nur die unglücklichen durchwegs großen Buchstaben schmälern mir empfindlich die Freude des Lesens und werden jedes Wiederlesen wiederum herabstimmen" (Hofmannsthal/Rilke 1978, S. 43).

Rilke: Das Buch der Bilder, Erstausgabe von 1902
mit Titelvignette von Heinrich Vogeler

Trotz der formalen wie inhaltlichen Uneinheitlichkeit der Gedichte lassen sich Tendenzen erkennen, die bereits im programmatisch-appellativen Eröffnungstext zum Ausdruck kommen:

Programmatische Eröffnung

Eingang

Wer du auch seist: am Abend tritt hinaus
aus deiner Stube, drin du alles weißt;
[…].
Mit deinen Augen, welche müde kaum
von der verbrauchten Schwelle sich befrein,
hebst du ganz langsam einen schwarzen Baum
und stellst ihn vor den Himmel: schlank, allein.
Und hast die Welt gemacht. Und sie ist groß
und wie ein Wort, das noch im Schweigen reift.
Und wie dein Wille ihren Sinn begreift,
lassen sie deine Augen zärtlich los … (KA 1, 257)

Anders als alle früheren Gedichtsammlungen Rilkes beginnt das *Buch der Bilder* mit Texten, in denen es kein Ich (oder höchstens ein Rollen-Ich) gibt. Anstatt subjektive Empfindungen oder Stimmungen zu verhandeln, konzentrieren sich viele der Gedichte auf Naturphänomene oder überindividuelle Wahrnehmungsvorgänge. So wie sich das Anfangsgedicht ausdrücklich an alle richtet, ‚wer es auch sei', bewegt sich der ganze Gedichtband in Richtung jener anthropologischen Ästhetik, die Rilkes mittleres und spätes Werk prägen wird (siehe dazu Kap. IV.1). Die allgemeine Aufforderung, das eigene Haus zu verlassen, liefert zudem ein Sinnbild für die Poetik des *Buches der Bilder*. Es kommt dem Sprecher darauf an, das Vertraute hinter sich zu lassen, in weltanschaulicher wie poetischer Hinsicht Neuland zu betreten. Auch darum spricht er kaum einmal explizit von sich.

Fritz Overbeck: Mondaufgang (auch: Abend im Moor), 1896 (abgebildet in Rilkes Worpswede-Buch)

Diesseitsorientierung   Fast alle Gedichte des Bandes zeichnen sich durch eine radikale Diesseitsorientierung aus, die in zahlreichen Naturgedichten zum Ausdruck kommt. Die beiden Russlandreisen 1899/1900 sowie der Aufenthalt in Worpswede sind für Rilke Begegnungen mit ‚weiten' Landschaften, die in vielen Gedichten sprachlich gestaltet werden. Der im Eröffnungsgedicht geforderte Schritt vor die Tür ist auch ein Schritt in die Natur: Ein Baum wird fokussiert (während der „Himmel" ausdrücklich im Hintergrund bleibt). In ihrer Konzentration auf Natur, Gegenstände und Menschen unterscheiden sich die Gedichte deutlich vom religiös ausgerichteten *Stunden-Buch*. Wird dort an Gott

„gebaut", wird hier – wie es in nüchterner Emphase heißt – „die Welt gemacht". Selbst die Engel oder Gott, die in einigen Gedichten auftreten, werden entschieden verweltlicht. Der Engel des Neuen Testaments, der Maria mit der Ankündigung ihrer Schwangerschaft erschreckt, ist in dem Gedicht *Verkündigung* so von Marias irdischer Schönheit überwältigt, dass er die Botschaft Gottes vergisst („Ich bin jetzt matt, mein Weg war weit, / vergieb mir, ich vergaß"; KA 1, 291).

Bereits das *Buch der Bilder* ist – wie dann auch das folgende mittlere Werk Rilkes – von optischen Wahrnehmungsprozessen geprägt. Nicht von ungefähr werden die Lesenden gleich im Eröffnungsgedicht dazu animiert, ihre Augen von jeder ‚Stubengelehrsamkeit', aus dem Trott einer automatisierten Wahrnehmung zu befreien. Dem Sprecher kommt es darauf an, das Gesehene nicht in bekannte Wahrnehmungsraster einzuordnen, sondern genau umgekehrt das Verstehen hinauszuzögern. Ralph Freedman charakterisiert das gesamte *Buch der Bilder* deshalb als „essentially epistemological" (Freedman 2004, S. 116), sieht in ihm also eine Auseinandersetzung mit wahrnehmungs- und erkenntnistheoretischen Fragen. Eine Konzentration auf das Sehen deutet sich bereits im Titel der Sammlung an, der auf Heinrich Heines Gedichtsammlung *Buch der Lieder* anspielt, um sich von der dort implizierten akustischen Dimension (die auch Rilkes Frühwerk geprägt hat) ab- und der optischen zuzuwenden. Zwei Gedichte sind dem zeitgenössischen Maler Hans Thoma gewidmet, jeweils eins der Malerin Paula Modersohn-Becker und der Bildhauerin Clara Westhoff (Rilkes späterer Ehefrau). Selbst Gott wird in einem Gedicht, das drei Jahre vor Rilkes erster Begegnung mit Auguste Rodin entstanden ist, als bildender Künstler „mit seinen weiten / Bildhauerhänden"

Optische Wahrnehmungen

Paula Becker und Clara Westhoff in Worpswede, 1899

(*Die Engel*; KA 1, 265) imaginiert. Die Gedichte zeigen, dass Rilke sein Schreiben schon lange vor der Auseinandersetzung mit Rodin oder Cézanne an der bildenden Kunst ausrichtet.

Vertiefend reflektiert wird das ‚richtige' Sehen in einem Gedicht, das sich schon mit seinem Titel als wahrnehmungstheoretischer Programmtext zu erkennen gibt: *Der Schauende*. „Ich sehe den Bäumen die Stürme an", setzt das Gedicht im Rückgriff auf das Motiv des Bäume-Anschauens aus dem Eröffnungsgedicht ein, bevor es in der dritten Strophe daraus eine verallgemeinernde Lehre zieht:

> Wie ist das klein, womit wir ringen,
> was mit uns ringt, wie ist das groß;
> ließen wir, ähnlicher den Dingen,
> uns *so* vom großen Sturm bezwingen, –
> wir würden weit und namenlos. (KA 1, 333)

Weltanschauliche Lyrik

So wie das Gedicht *Eingang* alle Lesenden anspricht, verhandelt auch dieses Gedicht – trotz seines ersten Wortes ‚ich' – keine individuelle Erfahrung, sondern bedient sich einer anthropologischen Perspektive. Das ‚Wir' meint den Menschen als Gattungswesen, der von den Dingen, hier: den Bäumen, etwas lernen kann. Rilkes Lyrik vollzieht damit die Kehre weg von der Erlebnislyrik (die in der ersten Strophe des Gedichtes noch nachklingt, wenn dort von Freund und Schwester des Ichs die Rede ist), hin zu einer weltanschaulichen Dichtung. In ihrem Zentrum steht ein Menschenbild, das nicht auf soziale Anerkennung ausgerichtet ist („der Erfolg selbst macht uns klein"; KA 1, 332). Vielmehr richtet es den Fokus auf die elementaren Kräfte, mit denen der Mensch konfrontiert wird. In der Bildersprache dieses und vieler anderer Gedichte des Bandes steht dafür der Sturm. Durch die Umbrüche überlanger Verse entstehen mehrfach „im Kontext von Syntagmen", also von eng zusammenhängenden Wörtern, weiße Flächen, „die eine Windbewegung zum Gegenstand haben". Die Forschung ist daher zu der These gekommen, dass der Sturm dadurch optisch sichtbar gemacht werde, dass er Wortmaterial „verweht" (Rahn 2016, S. 187 f.).

Ist es im *Stunden-Buch* Gott, an dem der Sprecher sich ausrichtet und abarbeitet, so ist es hier eine Naturmacht, die als positiver und zugleich überwältigender Bezugspunkt dient. Die paradoxe Pointe lautet dabei, dass an Größe gewinnt, wer sich mit der eigenen Kleinheit und Verletzlichkeit konfrontiert:

> Die Siege laden ihn nicht ein.
> Sein Wachstum ist: der Tiefbesiegte
> von immer Größerem zu sein. (KA 1, 333)

Die eigene Unterlegenheit nicht nur hinzunehmen, sondern aus vitalistischen Gründen die Konfrontation mit dem Unbezwingbaren zu suchen – darauf zielt der neue Blick im *Buch der Bilder*. Ein Sehen, das *allem* mit größtmöglicher Offenheit begegnet, entwickelt sich von hier zu einer Leitidee des mittleren Werks. Nicht von ungefähr tritt der Autor 1914 in dem programmatischen Selbstporträt *Wendung* im Anklang an den frühen Gedichttitel als „ein Schauender" (KA 2, 101) in Erscheinung (der nun auch die Fixierung auf das Sehen als eine Beschränktheit begreift). Andere Naturgedichte des *Buches der Bilder* (etwa *Abend*) beschäftigen sich weniger argumentativ-diskursiv als vielmehr poetisch mit dem Schauen (vgl. Reynolds 2016, S. 129). Die nüchterne Virtuosität der *Neuen Gedichte* klingt dabei bereits an, wird im *Buch der Bilder* aber noch stärker an reflexive Passagen gekoppelt (zu den „artistic qualities" des Bandes vgl. Webb 1969).

Wichtig ist das Prinzip des Schauens auch deshalb, weil es einen positiven Blick auf das eigene Scheitern ermöglicht. Das bezieht sich vor allem auf die Anerkennung von Vergänglichkeit und Tod. Das *Schluszstück* des Bandes hält das in programmatischer Deutlichkeit fest:

> Der Tod ist groß.
> Wir sind die Seinen
> lachenden Munds.
> Wenn wir uns mitten im Leben meinen,
> wagt er zu weinen
> mitten in uns. (KA 1, 347)

Schluszstück im Versalsatz der Erstausgabe, 1902

Der kurze, betont schlichte Anfangssatz macht unmissverständlich klar: Das Große, an dem sich der Schauende ausrichten soll, findet sich auch in der Auseinandersetzung mit der Sterblichkeit des Menschen. An den Machtverhältnissen besteht kein Zweifel: „Wir sind die Seinen". Und zwar nicht erst im Moment des Sterbens, sondern – darauf insistiert das doppelte ‚mitten' – jetzt und hier. Das Gedicht beklagt oder beschönigt das nicht, sondern konstatiert es. Während Rilkes frühere Texte immer wieder mit dem Zeitkonzept der Ewigkeit liebäugeln, das dem Dichter zumindest eine symbolische Unsterblichkeit garantieren könne, richtet Rilke sein Schreiben von nun an konsequent an einer Anthropologie der Endlichkeit aus (vgl. Günther/Hoffmann 2011, S. 19 f.). Im Kern handelt es sich dabei um den Versuch, den Tod nicht als das Fremde und Lebensfeindliche anzusehen, sondern in die menschliche Existenz zu integrieren.

Nachdem in Rilkes Frühwerk mit seiner euphorischen Aufbruchsstimmung der Frühling die zentrale sinnbildliche Jahreszeit darstellt, markieren die Herbstgedichte im *Buch der Bilder* einen Perspektivwechsel in Richtung der menschlichen Vergänglichkeit. Ein Text wie *Herbsttag* bezieht seine Suggestivkraft aus einer Überblendung von Jahres- und Lebenszeit, von äußerer Natur und innerer Verfassung:

Herbst-Motive

> Wer jetzt kein Haus hat, baut sich keines mehr.
> Wer jetzt allein ist, wird es lange bleiben,
> wird wachen, lesen, lange Briefe schreiben
> und wird in den Alleen hin und her
> unruhig wandern, wenn die Blätter treiben. (KA 1, 281)

Die konzeptuelle Offenheit des *Buches der Bilder* zeigt sich beispielhaft an der unterschiedlichen Ausrichtung der Herbstgedichte. Auf die Parallelisierung von Mensch und Natur in *Herbsttag* folgt zunächst das unversöhnliche Gedicht *Ende des Herbstes*, das die Brutalität des jahreszeitlichen Wandels fokussiert („Etwas steht auf und handelt / und tötet und tut Leid."; KA 1, 282). Die „verwehrenden Himmel" (KA 1, 282) im letzten Vers des Gedichtes verschließen sich ganz offensichtlich einer Hinwendung zur Transzendenz – bevor das folgende Gedicht *Herbst* plötzlich doch eine religiöse Kehre nimmt (die man eher im *Stunden-Buch* erwartet hätte). Es setzt mit einem Naturbild ein, das sofort den Raum in die Vertikale öffnet: „Die Blätter fallen, fallen wie von weit" (KA 1, 282). Nachdem im Mittelteil dieses Fallen der Blätter als Allegorie auf die menschliche Vergänglichkeit expliziert worden ist, wird Gott von der Gedichtregie grafisch (in den letzten Versen) und semantisch (als das Fallen zwar nicht aufhaltende, aber begleitende Hand) ganz unten positioniert:

Wir alle fallen. Diese Hand da fällt.
Und sieh dir andre an: es ist in allen.

Und doch ist Einer, welcher dieses Fallen
unendlich sanft in seinen Händen hält. (KA 1, 283)

Gleich in doppelter Hinsicht steht dieser Text in einem Spannungsverhältnis zur Weltanschauung der meisten anderen Gedichte. Zum einen finden sich kaum weitere Beispiele für eine solche Gottesnähe, zum anderen bilden Blätter und Menschen hier eine Einheit, während das Naturverhältnis ansonsten oft von Fremdheit geprägt ist.

Rollenlyrik | Neben den Natur- und Reflexionsgedichten finden sich zahlreiche Rollengedichte, die in der Forschung als die „eigentliche Domäne" (Engel 1996a, S. 800) dieses Bandes bezeichnet worden sind. In ihnen wird die Perspektive von im Gedichttitel benannten, äußerst heterogenen Figuren eingenommen: *Mädchenmelancholie, Die Liebende, Die Braut, Der Knabe, Der Sohn, Das Lied des Bettlers, Das Lied des Trinkers, Das Lied des Selbstmörders, Das Lied der Witwe* usw. (vgl. dazu Heinz 2008). Ein großer Teil von ihnen ist zwischen 1898 und 1900 entstanden und schließt mit seinen Mädchen-, Knaben- und Ritterfiguren, in denen „der Dichter überall sein Eigenbild erblicken kann" (Szendi 2003, S. 125), an die neoromantischen Tendenzen in Rilkes Frühwerk an. Insbesondere der Kontakt mit Mädchen (vgl. dazu Meineke 2008) wird als ein Ausweg aus der modernen Fremdheitserfahrung präsentiert: „Mädchen, Dichter sind, die von euch lernen / das zu *sagen*, was ihr einsam *seid*" (KA 1, 260).

In der Neuausgabe des Bandes setzt Rilke seiner ihm selbst nun unzeitgemäß erscheinenden Mädchen-Verklärung neue Texte mit deutlich ambivalenteren Kindheitsdarstellungen gegenüber (etwa *Kindheit* von 1905/06). Zudem fügt er einen Block von neun Rollengedichten unter dem Obertitel *Die Stimmen* ein. Ausdrücklich sollten diese Texte (wie Rilke an seinen Verleger schreibt) dem Buch in der Zweitfassung „dazu verhelfen, dass man nicht fürder es für ein bloß Ästhetenhaftes ausgibt" (Rilke 1979, S. 185). Programmatisch wenden sie sich, wie ein vorangestelltes Titelblatt ankündigt, den „Dürftigen" (KA 1, 323) zu. Rilke wird klar, dass „gerade eine auf die Bejahung des Lebens zielende Kunst sich öffnen muß für das Fremde und Bedrohliche, das Häßliche, Zerstörende, Schockierende" (Engel 1996a, S. 794). Wenn ein Bettler, ein Blinder oder eine Witwe als Schreiende porträtiert werden, nehmen die Texte bereits ein Leitmotiv des kurz darauf einsetzenden Expressionismus vorweg (zur Nähe zwischen Rilke und Georg Heym vgl. Rolleston 2004, S. 61; andere Gedichte des Bandes lassen sich eher dem Jugendstil zuordnen). Im Unterschied zu dem als Identifikationsfigur angelegten *Schauenden* gelingt es diesen Figuren jedoch meist nicht, „ihr Schicksal anzunehmen und zu gestalten" (Heinz 2004b, S. 293).

Schreien als Zeitgeist: Edvard Munchs *Der Schrei*, 1893

Die Heterogenität des Bandes zeigt sich nicht zuletzt in einigen Wendungen ins Komische, die sich, abgesehen von wenigen Ausnahmen wie der frühen Prosasatire *Ein Charakter*, bei Rilke ansonsten kaum einmal finden – Stephan Porombka spricht gar von einem „Lachverbot" (Porombka 2000, S. 75), das Rilkes Texten eingeschrieben sei. Von schwarzem Humor geprägt ist das Langgedicht *Das Jüngste Gericht*. Der Text parodiert den christlichen Auferstehungsglauben, indem er Gott bemitleidet, der vom vehementen Unsterblichkeitsverlangen der Toten überfordert sei. Das Bild des richtenden Gottes wird hier „zum Prozeß der Menschheit gegen ihren Schöpfer verkehrt" (Heinz 2004a, S. 229). Wie in späteren Gedichten kombiniert der Text die Vorstellung eines abwesenden Gottes mit einer vertraulichen Ansprache Gottes – sodass

Religiöse und historische Themen

dessen Existenz poetisch in der Schwebe gehalten wird. Der Text gehört zum dritten Teil des *Buches der Bilder*, der im Wesentlichen religiösen und historischen Stoffen gewidmet ist. Als ein „Geschichtsmodell in nuce" (Engel 1996a, S. 826) ist der ebenfalls darin enthaltene sechsteilige Gedichtkreis *Die Zaren* gedeutet worden, der einen Bogen von russischen Mythen über die grausame Herrschaft Iwan des Schrecklichen bis zu dessen Sohn Feodor I. Iwanowitsch schlägt, der sich als passiv-träumerischer Herrscher in Erinnerungen an Vergangenes verliert.

Charakteristisch für das *Buch der Bilder* ist das Bemühen, die Verbundenheit mit Vergangenem nicht als lähmende Beschränkung, als ‚Schwere' zu deuten. Vielmehr geht es auch hier darum – ganz im Sinne von *Der Schauende* –, den Rückblick für die Zukunft produktiv zu machen: für das „tägliche Erleben / dir tausend große Gleichnisse zu geben, / an denen du gewaltig wachsen kannst" (KA 1, 316). Poetologisch gewendet heißt das: Rilke sucht im Blick auf Bäume und den Herbst, auf den Gott des Jüngsten Gerichts oder auf russische Geschichte nach einem Großen, an dem er als Mensch und Dichter reifen kann. Wie die *Neuen Gedichte* kurz darauf zeigen werden, findet sich ein solches Gegenüber auch im Unscheinbarsten und Kleinsten, in den Dingen und Begegnungen des Alltags. Mit Blick auf eine Neuauflage zehn Jahre nach der Erstveröffentlichung schreibt Rilke, für ihn sei das *Buch der Bilder* „wichtig auf meinem Weg" (Rilke 1949, S. 178) gewesen. Noch deutlicher als das *Stunden-Buch* ist es ein Werk des Übergangs.

2. Das Stunden-Buch

Das 1905 veröffentlichte *Stunden-Buch* ist zu Rilkes Lebzeiten sein erfolgreichster Gedichtband: Im Todesjahr sind knapp 60.000 Exemplare gedruckt. Kein anderes Werk hat ihm direkt nach dem Erscheinen so viel Verehrung und Verachtung eingebracht; wie kein zweites hat es das Rilke-Bild der Zeitgenossen geprägt. Stefan Zweig macht in einer frühen lobenden Rezension auf den „Gott-Sucher" Rilke aufmerksam und bezeichnet das Werk noch zwanzig Jahre später als die „vielleicht reinste religiöse Erhebung, die ein Dichter in unseren Tagen versuchte." (Rilke/Zweig 2017, S. 17, 120) Der Lyriker und Kritiker Christoph Flaskamp, fünf Jahre jünger als Rilke, hält weite Teile des Textes dagegen für „Manier" und „kindisch"; in seinen Gottesbezügen begegne man „ungeheuerlichen Dingen" (Flaskamp 1906/07, S. 375). Obwohl *Das Stunden-Buch* Rilkes Ruf als religiöser Dichter begründet, gibt es schon früh auch andere Deutungen. Sie verstehen den in zahlreichen der Gedichte adressierten Gott als eine Chiffre, mit der ‚lediglich' die „Summe alles Diesseitigen" (Nalewski 2007, S. 32) zusammengefasst werde. In der zweiten Hälfte des 20. Jahrhunderts diskutiert die Forschung den Band vor allem als „Dichtung über das Dichten" (Fülleborn 1983, S. 57; einen Überblick zur Deutungsgeschichte liefert Löwenstein 2005). Paul de Man deutet ihn als „offenkundige Blasphemie": Die Bedeutung der Gedichte liege allein „in der Eroberung technischen Geschicks" – das Wort ‚Gott' werde hier zum austauschbaren Sprachmaterial eines „Handwerker[s] des Wohllauts" (de Man 1988, S. 63 f.). Wie immer, wenn in Rilkes Texten metaphysische Instanzen auftreten, sind drei Lesarten möglich (siehe S. 81): eine mystisch-theosophische, die individuelle Transzendenzerfahrungen verhandelt; eine poetologische, der die Gedichte zum Beispiel als mythopoetische Entwürfe gelten; schließlich eine psychologische, in der Gott als Personifikation einer Ich-Instanz gedeutet wird.

Rilkes erste Publikation im Insel Verlag, 1905

Stundenbücher

Als ‚Stundenbücher' bezeichnet man die im Mittelalter verbreiteten Gebetbücher für Laien, die Gebete für verschiedene Tageszeiten enthalten. In Briefen beruft sich Rilke ausdrücklich auf diese Tradition. Darüber hinaus enthält der Band eine Vielzahl von gebetsähnlichen Gedichten, die sich an einen Gott richten. Zweifellos lädt *Das Stunden-Buch* dazu ein, für religiöse Lyrik gehalten zu werden. Gleichzeitig ist es als literarischer Text für Rilkes Entwicklung als Lyriker von entscheidender Bedeutung. Erstmals schreibt er einen Gedichtzyklus, in dem die Einzeltexte wie in einem Teppich miteinander verwoben sind – ein Modell, das er in seinem Spätwerk mit den *Duineser Elegien* und den *Sonetten an Orpheus* perfektionieren wird. In Rilkes Augen ist das *Stunden-Buch*, so teilt er seinem französischen Übersetzer Maurice Betz mit, „keine Sammlung, aus der man eine Seite oder ein Gedicht entnehmen kann, wie man eine Blume pflückt. Mehr als jedes andere meiner Bücher ist es ein Gesang, ein einziges Gedicht, in dem keine Strophe von ihrem Platz gerückt werden kann." (Betz 1938, S. 112)

Der russische Mönch als Rollen-Ich

Charakteristisch für das *Stunden-Buch* ist seine Rollen-Lyrik. Beim artikulierten Ich handelt es sich um einen russischen Mönch, der am Ende des 19. Jahrhunderts lebt und Ikonen malt. Solche in den orthodoxen Ostkirchen verbreiteten, meist auf Goldgrund gemalten Kult- oder Heiligenbilder hat Rilke von seinen beiden Russlandreisen 1899 und 1900 mitgebracht (seiner Reisebegleiterin Lou Andreas-Salomé ist *Das Stunden-Buch* gewidmet). Russland wird von Rilke – so auch in einem Zeitungsarti-

Ikone aus Rilkes Besitz: Die Heilige Jutta mit ihrem Sohn Kirikos, dem Schutzengel sowie die heilige Sofia mit ihren Töchtern Glaube, Liebe, Hoffnung

kel von 1900 über *Russische Kunst* – zu einem vormodernen Mythos stilisiert: Es lebe „immer noch sein Märtyrerzeitalter", es sei das einzige Land, „durch welches Gott noch mit der Erde zusammenhängt" (KA 4, 152). Zahlreiche Reiseeindrücke werden in den ersten beiden Teilen verarbeitet (zu Rilkes Russlanderlebnissen und -verklärungen vgl. Schmidt 2017 und 2020).

Die drei ‚Bücher', aus denen das *Stunden-Buch* besteht, sind in konzentrierten Arbeitsphasen 1899, 1901 und 1903 entstanden; 1905 überarbeitet Rilke die Texte. Damit reicht die Gedichtsammlung von der frühen bis in die mittlere Werkphase. In ihrem Umgang mit religiösen Denk- und Sprechweisen unterscheiden sich die Teile erheblich voneinander. So tritt die Rollenlyrik im Textverlauf immer weiter in den Hintergrund, und die direkte Kommunikation mit Gott weicht im letzten Buch Reflexionen über den Tod oder Reichtum und Armut (wie sie u.a. in den *Aufzeichnungen des Malte Laurids Brigge* weitergeführt werden).

Entstehungsgeschichte

Gottesnähe. Das Buch vom mönchischen Leben (1899)

Der vom russischen Mönch entworfene Gott offenbart seine Macht – anders als in der Bibel – nicht als Schöpfer oder in Wundern. Auch Christus als Mittlerfigur zwischen Gott und Mensch spielt im *Stunden-Buch* keine Rolle. Der Gott dieser Gedichte ist vielmehr „dunkel" und „schweigsam", er zeichnet sich durch „eine leise Art zu sein" (KA 1, 158, 196) aus. Deshalb muss der Mönch mit größter Aufmerksamkeit nach seinem zurückhaltenden Gott suchen. Im lockeren Anschluss an Mystik und Pantheismus ist er davon überzeugt, dass die „stumme Kraft" (KA 1, 196) Gottes prinzipiell in allen Dingen, jedem Werden und Vergehen aufgespürt werden kann (um 1900 finden sich pantheistische Gedanken zumeist im weltanschaulichen Kontext des Monismus, der alles Irdische auf *ein* Grundprinzip zurückführt; vgl. zu Rilkes

Monismus Pagni 1984 und Eckel 1994, S. 38–48). Der Gott des *Stunden-Buches* kann also nicht mit dem christlichen Gottesbild gleichgesetzt werden, ihm „liegt nichts / an den Christen" (KA 1, 213). Vielmehr verlangt er eine völlige Einsamkeit des Gläubigen, die von christlichen Gottesdiensten gerade verhindert werde. Auf polemische Weise assoziiert der Mönch das Christentum dann auch mit dem um 1900 prosperierenden (Sport-)Vereinswesen: „Es wird kein Beten geben, das die Leute / zusammenschart. Du *bist* nicht im Verein" (KA 1, 222).

Ikonostase als Darstellungsmodell

Das Grundprinzip der suchenden Gebete des Mönches entspricht der Ikonostase in orthodoxen Kirchen. Es handelt sich dabei um eine mit Ikonen geschmückte Wand, die den Altarraum vom Kirchenschiff (und den Gläubigen) abtrennt und hinter Türen verbirgt. Analog dazu entzieht sich auch der Gott des *Stunden-Buches* einer letztgültigen Darstellung: „Wir bauen Bilder vor dir auf wie Wände; / so daß schon tausend Mauern um dich stehn." (KA 1, 158) In einer unabschließbaren Annäherungsbewegung entwirft der Mönch in seinen Gebeten immer neue Bilder des unfassbaren Gottes: „Du bist der Tiefste, welcher ragte", „Du bist der Wald der Widersprüche", „Du bist der Rätselhafte", „Du dunkelnder Grund" (KA 1, 182, 183, 193). Da die Gedichte (anders als in allen anderen Gedichtzyklen Rilkes) keine Titel oder Nummern tragen, wird auch optisch der Eindruck einer gebetsmühlenartigen Gottesbeschwörung, „eines einzigen, in sich kreisenden Riesengedichtes" (Engel 1999a, S. 121) erzeugt.

Ikonostase im Moskauer Kreml

Der werdende Gott

Die Pointe all dieser oft von Paradoxien geprägten Gottesdarstellungen besteht darin, dass sie sich auf keinen in seiner Existenz gefestigten, jenseitigen Gott beziehen, sondern die Vorstellung eines werdenden Gottes entwerfen: „Auch wenn wir nicht wollen: / *Gott reift*." (KA 1, 165) Dieser Reifungsprozess vollzieht sich aber nicht von selbst. Anstatt für die Lesenden Erbauungsliteratur zu liefern, präsentiert das *Stunden-Buch* einen Gott, den die Gläubigen sich – wie es wiederholt heißt – erst „bauen" (KA 1, 169, 170) müssen. Der russische Mönch ist eine Künstlerfigur, die Gott ebenso nachspürt wie konstruiert. Schon im von Friedrich Nietzsche geprägten *Florenzer Tagebuch* von 1898 war Gott „das älteste Kunstwerk" (TF, 53) genannt worden (zu Nietzsche-Spuren im *Stunden-Buch* vgl. May 1971, Seifert 1989 und Brunkhorst 2006). Wie Rilke im Rückblick auf das *Stunden-Buch* schreibt, ist ihm

> alle Frömmigkeit unbegreiflich oder gleichgültig, die nicht erfindet, die nachspricht [...]. Das Verhältnis zu Gott setzt, so wie ich es einsehe, Produktivität, ja irgend ein, ich möchte sagen wenigstens privates [...] Genie der Erfindung voraus. [...] Dies ist etwa die Beimischung Unglauben im Stundenbuch, Unglauben nicht aus Zweifel, sondern aus Nicht-wissen und Anfängerschaft. (B, 281 f.)

Eines solchen ‚Genies der Erfindung' ist sich der russische Mönch völlig gewiss. „Ich fühle: ich kann" (KA 1, 157), heißt es programmatisch gleich in der ersten Strophe des *Stunden-Buches*. Im ganzen *Buch vom mönchischen Leben* zweifelt der Sprecher nicht daran, Gott verkünden zu können „wie keiner vorher", „wie noch nie" (KA 1, 162, 169). Allerdings lässt sich diese Überbietungsgeste nicht mehr plausibel an die Ikonenmalerei zurückbinden, die ausdrücklich *nicht* innovativ ist („Wir dürfen dich nicht eigenmächtig malen [...] / Wir holen aus den alten Farbenschalen / die gleichen Striche und die gleichen Strahlen"; KA 1, 158). Deshalb verwandelt sich der Maler – oft wurden und werden Ikonen von Mönchen angefertigt – im Verlauf des Textes in einen Dichter: Schon im ersten Teil wird immer deutlicher, dass es die Gebete des Mönchs und damit sprachliche Kunstwerke sind, in denen Gott auf individuelle Weise ‚gebaut' wird. „Ich will dich erzählen" (KA 1, 193), heißt es gegen Ende des ersten Buches dann auch in unmissverständlichem Bezug auf das Medium der Sprache.

Der Mönch als Dichter

Klang und Sprache

Neben die Rede von und an Gott tritt dabei die sprachmagische Gottesbeschwörung. Der ‚Dunkelheit' als dem wichtigsten optischen Attribut Gottes entspricht auf der akustischen Ebene das Rauschen – in beiden Fällen verschwimmen klare Konturen zu einem undifferenzierten Grundton. Durch den massiven Einsatz von Wiederholungsfiguren (wie Alliterationen, Anaphern und Assonanzen), Wort- und Reimwiederholungen betreiben zahlreiche Gedichte eine solche „Gottesevokation durch Sprachrauschen", ja sie erweisen sich „dadurch selbst als der eigentlich gemeinte Gott" (Koch 1998, S. 52):

> Denn du bist nicht der Schönumscharte,
> um welchen sich der Reichtum reiht.
> Du bist der Schlichte, welcher sparte.
> Du bist der Bauer mit dem Barte
> von Ewigkeit zu Ewigkeit. (KA 1, 177)

Von Bertolt Brecht stammt das Bonmot, dass „Rilkes Ausdruck, wenn er sich mit Gott befaßt, absolut schwul ist" (Brecht 1992, S. 158). Ulrich Baer liest aus dieser Polemik ein „verdecktes Plädoyer für Rilke" heraus, insofern das Gottesverhältnis in Rilkes Gedichten in der Tat nicht von vornherein den gesellschaftlich festgelegten „Rollen von Macht und Ohnmacht, aktiv und passiv, maskulin und feminin, Liebendem und Geliebter, Liebender und Geliebtem" (Baer 2006, S. 102 f.) entspreche. Das besondere Potenzial dieser Gedichte besteht darin, dass es „die Beziehung zwischen Gott und Mensch enthierarchisiert, ohne sie

Kritischer Rilke-Leser: Bertolt Brecht, 1927

der ungeheuren Kraft zu berauben, die ihr als Liebesbeziehung innewohnt" (Baer 2006, S. 102).

So wie der alttestamentarische Gott Schöpfer des Menschen ist, ist der Gott des *Stunden-Buches* auf die Schöpfung durch den Künstler angewiesen. Der Tod des Mönchs würde auch den Tod Gottes bedeuten: „Was wirst du tun, Gott, wenn ich sterbe? / [...] Bin dein Gewand und dein Gewerbe, / mit mir verlierst du deinen Sinn." (KA 1, 176) Aus dieser Gedankenfigur speist sich das große Selbstbewusstsein des Mönchs als Künstler. Seinen Höhepunkt erreicht es, wenn der Mönch damit kokettiert, dass er gar – wenn auch „nur ein Lächeln lang" – Gott „besitzen" (KA 1, 160) könne. Da der Mönch das Gelingen seiner Existenz an die Neuschöpfung Gottes bindet, besteht im *Stunden-Buch* ein zirkuläres Abhängigkeitsverhältnis zwischen Künstler und Gott: „denn wer bin ich und wer bist du, / wenn wir uns nicht verstehn?" (KA 1, 187) Rilkes Texte erinnern damit an mystische Traditionen, wie sie sich etwa bei Meister Eckhart, in der Barocklyrik eines Angelus Silesius oder in der um 1900 expandierenden Esoterik finden (vgl. Magnússon 2009, S. 188). Als sich Rilke 1905 erstmals intensiver mit den Texten Meister Eckharts beschäftigt, ist er selbst davon überrascht, wie sehr er, „ohne von ihm zu wissen, schon seit Jahren dieses Meisters Schüler und Verkünder war" (Rilke 1939b, S. 73).

_{Mystisches Gottesbild}

Von den traditionellen christlichen Stundenbüchern weicht das *Stunden-Buch* auch durch die Omnipotenz und -präsenz seines Sprechers ab. Allein in den ersten 30 Versen des Bandes finden sich 28 Mal das Wort ‚ich' und die dazugehörigen Pronomen. In einem besonders prominenten Fall, der noch in der Lyrik des 21. Jahrhunderts nachklingt (vgl. Hoffmann 2016a), beginnen gar alle Sätze des Textes mit einem ‚Ich':

_{Gottessuche als Selbstfindung}

> Ich lebe mein Leben in wachsenden Ringen,
> die sich über die Dinge ziehn.
> Ich werde den letzten vielleicht nicht vollbringen,
> aber versuchen will ich ihn.
>
> Ich kreise um Gott, um den uralten Turm,
> und ich kreise jahrtausendelang;
> und ich weiß noch nicht: bin ich ein Falke, ein Sturm
> oder ein großer Gesang. (KA 1, 157)

Gottessuche ist für dieses Ich immer auch Selbstfindung. Bezeichnenderweise nutzt es schon hier, im zweiten Gedicht des Bandes, die Baummetapher der Jahresringe zur Selbstbeschreibung – noch bevor im folgenden Text Gott als Baum evoziert wird. Und so wie der Mönch Gott in allen Dingen findet, kann er auch sich selbst metaphorisch mit Sturm und Falken gleichsetzen (was in den Tiergedichten der *Neuen Gedichte* peinlich vermieden wird). Spätestens wenn der Mönch berichtet, dass er die Gottesbilder seiner Kunst „tief in mir" (KA 1, 183) aufspüre, wird eine allegorische Lesart des gesamten *Stunden-Buches* denkbar. Gott, „der dunkle Unbewußte" (KA 1, 177), steht dabei für die unzugänglichen Tiefenschichten der eigenen Psyche, für die Grenzregionen der eigenen Wahrnehmungsfähigkeit, die der Künstler als Reservoir seiner Schöpfungskraft anzuzapfen versucht (so die Grundthese zu Rilkes Gottesbild bei Imhof 1983).

Gottesnähe und künstlerisches Gelingen, Metaphysik und Metapoesie sind im *Stunden-Buch* eng aneinander gebunden. Die Ungreifbarkeit Gottes dient dem selbstbewussten Künstler als Herausforderung: „Du siehst, ich will viel. / Vielleicht will ich alles." (KA 1, 163) Insofern ist das Gotteslob auch Mittel zum Zweck – die ästhetische Erschaffung Gottes bestätigt die Potenz des Künstlers. Ein Selbstporträt des Mönchs lautet: „Einer der träumt, dich zu vollenden / und: daß er sich vollenden wird." (KA 1, 189) Man darf die Reihenfolge wörtlich nehmen: Die künstlerische Vollendung Gottes ist die Voraussetzung für die Selbstvollendung des Künstlers. Besonders markant zeigt sich hier noch einmal die „eigentümliche Dialektik von ‚Stolz und Demut'" (Engel 1996a, S. 735), die den ersten Teil des *Stunden-Buches* prägt. Die Gebete feiern Gott, mindestens ebenso sehr aber den Feiernden selbst.

Krise. Das Buch von der Pilgerschaft (1901)

Der überschwängliche Sprachgestus weicht im zwei Jahre später entstandenen *Buch von der Pilgerschaft* einer demütigen Nüchternheit. Nun werden vor allem Krisenerfahrungen formuliert. Das Rollenmodell des russischen Mönchs wird dabei zwar noch aufgerufen („Ich bin derselbe noch, der kniete / vor dir in mönchischem Gewand"; KA 1, 203), aber allein die Notwendigkeit einer expliziten Beteuerung macht deutlich, dass der Sprecher des zweiten Buches keineswegs mehr ‚derselbe' ist. Sein Verhältnis zu Gott hat sich radikal gewandelt. Die nachbarschaftliche Nähe zu Gott ist Vergangenheit („der Weg zu dir ist furchtbar weit"; KA 1, 230), und aus der Distanz hat sich auch der Blick auf Gott verändert („daß ich die Augen wiederfände, / mit denen ich dich angesehen." KA 1, 202). Verloren ist die Selbstgewissheit, mit der das Ich im ersten Teil die Existenz Gottes abgesichert hatte: „Ich bange manchmal, daß du nichtmehr bist" (KA 1, 206). So wie das Finden Gottes im ersten Buch auch ein Selbstfinden war, so „korrelieren jetzt Selbstentfremdung und Entfremdung von Gott" (Eckel 1994, S. 50).

Charakteristisch für das zweite Buch ist zudem ein Perspektivwechsel. Das Ich richtet seinen Blick nicht mehr primär auf Gott, sondern auf seine weltliche Umgebung. Nachdem der erste Teil die kunstreligiöse Glocke geschlagen hatte, wird nun auf geradezu programmatische Weise Rilkes mittleres Werk

Poetik der Schwerkraft

mit seiner radikalen Diesseitsorientierung (die freilich auch den Tod und die Transzendenz umfasst) eingeläutet:

> Kein Jenseitswarten und kein Schaun nach drüben,
> nur Sehnsucht, auch den Tod nicht zu entweihn
> und dienend sich am Irdischen zu üben,
> um seinen Händen nicht mehr neu zu sein. (KA 1, 221)

Anstatt sich von Gott emporziehen zu lassen, vertraut sich der Sprecher in einer Gegenbewegung nun der Schwerkraft der irdischen Gegenstände an:

> Da muß er lernen von den Dingen,
> anfangen wieder wie ein Kind,
> […].
> Eins muß er wieder können: *fallen,*
> geduldig in der Schwere ruhn,
> der sich vermaß, den Vögeln allen
> im Fliegen es zuvorzutun. (KA 1, 214)

Ganz offensichtlich betreibt das Gedicht eine Selbstkritik, die sich auf das Selbstbild und den Sprachgebrauch des Ichs im ersten Buch bezieht. An die Stelle des *Falken*, mit dem sich das Ich dort noch identifiziert hatte, rückt durch den subtilen Austausch eines einzigen Buchstabens das *Fallen* (eine Aufwertung des Fallens findet sich später auch in den Schlussversen der letzten *Duineser Elegie*). Was heißt es, unter modernen Bedingungen Mensch zu sein? Diese Leitfrage von Rilkes anthropologischer Ästhetik rückt im mittleren Teil des *Stunden-Buches* erstmals ins Zentrum seines Schreibens. Sie führt zu Texten, die sich von der Gebetform (und der Mönchsfigur) des ersten Teils entfernen und stärker als eigenständige Gedichte wahrgenommen werden können. Der Blick richtet sich hier entweder auf ‚die' Menschen im Ganzen oder auf Einzelne, insbesondere randständige Einzelgänger.

Seine neue Bescheidenheit („Ich bin nur einer deiner Ganzgeringen") ermöglicht es dem Sprecher, einen kritischen Blick auf seine Zeitgenossen zu werfen, der ohne Überheblichkeit auskommt:

> [...] Keiner lebt sein Leben.
> Zufälle sind die Menschen, Stimmen, Stücke,
> Alltage, Ängste, viele kleine Glücke,
> verkleidet schon als Kinder, eingemummt,
> als Masken mündig, als Gesicht – verstummt. (KA 1, 210)

Den Ausweg aus diesem selbstentfremdeten Leben markiert das oben zitierte ‚Fallen'. Es steht für die Schwerkraft als eines jener Naturgesetze, denen sich das Ich nun überlassen will, um darin sowohl der göttlichen Einrichtung der Welt als auch sich selbst zu begegnen. Die im ersten Buch individuell konzipierte Einheit von Ich und Gott wird nun kollektiviert, wenn man so will: demokratisiert. Ein gottgemäßes Leben verlangt nicht länger das Genie des Künstlers. Vielmehr entsteht es dort, wo sich Menschen nicht an sozialen Konventionen orientieren, sondern den Elementarkräften des Lebens überlassen.

Das *Stunden-Buch* liefert so bereits eine weltanschauliche „Reflexionsstruktur" (Eckel 1994, S. 59), deren überzeugende poetische Umsetzung allerdings erst ein Jahr später in dem Gedicht *Herbst* aus dem *Buch der Bilder* gelingen wird (siehe S. 139 f.). Im Unterschied dazu ist das mittlere *Stunden-Buch* weniger poetisch, dafür reflexiver und narrativer angelegt. Momente besonderer Gottesnähe präsentiert es in zwei langen Erzählgedichten, die auf Rilkes Russ-

Erweiterung der Perspektive

landreisen zurückgehen und in einer Perspektivweitung Außenseiterfiguren beschreiben: einen mönchischen Einsiedler, der sich in eine Erdhöhle zurückgezogen hat (KA 1, 217–219), sowie einen kranken Mönch, der sich – halb Epileptiker, halb Derwisch-Tänzer – den ekstatischen Zuckungen seines Körpers überlässt (KA 1, 224–227). Die beiden in sich geschlossenen Langgedichte machen deutlich, dass sich der enge Zusammenhang zwischen den Texten des *Stunden-Buches* merklich gelockert hat. Das gilt erst recht für das berühmteste, vermutlich schon vor 1900 entstandene Gedicht des zweiten Buches, das darin wie ein Fremdkörper wirkt:

> Lösch mir die Augen aus: ich kann dich sehn,
> wirf mir die Ohren zu: ich kann dich hören,
> [...]
> Brich mir die Arme ab, ich fasse dich
> mit meinem Herzen wie mit einer Hand,
> [...]
> und wirfst du in mein Hirn den Brand,
> so werd ich dich auf meinem Blute tragen. (KA 1, 207)

Nur mit Mühe lässt sich das Gedicht auf das von Distanz geprägte Verhältnis zwischen Ich und Gott beziehen – und für eine irdische Liebesbeziehung finden sich ansonsten im zweiten Teil des *Stunden-Buches* keine Anhaltspunkte. Dass Rilke den Text (der nach Aussage von Lou Andreas-Salomé ursprünglich an sie gerichtet war; siehe S. 68 f.) in den Band aufgenommen hat, verdeutlicht immerhin, wie weit sich das *Stunden-Buch* gegenüber dem Sinnlich-Irdischen geöffnet hat.

Kritik. Das Buch von der Armut und vom Tode (1903)

Die autobiografische Grundlage des dritten und kürzesten Teils ist Rilkes vom Herbst 1902 bis zum Frühjahr 1903 dauernder erster Aufenthalt in Paris. Die Figur des russischen Mönchs wird nicht mehr explizit aufgerufen, allerdings bleibt die Kommunikationssituation des *Stunden-Buches* dadurch erhalten, dass sich das Ich als eine Art Berichterstatter von der „Angst der übergroßen Städte" (KA 1, 233) an Gott wendet. Dabei konzentriert das dritte Buch seine Großstadtkritik ganz auf die im Titel genannten existenziellen Themen, die Rilke auch in seinen mittleren und späten Werken nicht mehr aus den Augen verlieren wird: Tod und Armut. Im Rückblick bezeichnet der Autor den dritten als „den schönsten Theil des Stunden-Buches" (Rilke 1986, S. 115).

Großstadtthematik

Bestürzt zeigt sich das Ich davon, dass die Menschen in der Großstadt das Sterben in die Krankenhäuser ausgelagert haben. Obsolet wird damit ein Lebenskonzept, das den Tod einschließt, ja den individuellen Sterbeprozess als einen wesentlichen Bestandteil des Lebens ansieht. Unter Rückgriff auf die aus Jens Peter Jacobsens Roman *Frau Marie Grubbe*, einem von Rilkes Lieblingsbüchern, entnommene Formulierung vom ‚eigenen Tod' jedes Menschen, bittet das Ich:

Sterben und Tod in der Moderne

> O Herr, gieb jedem seinen eignen Tod.
> Das Sterben, das aus jenem Leben geht,
> darin er Liebe hatte, Sinn und Not.

Jens Peter Jacobsen: Frau Marie Grubbe, 1893, erste Seite mit Rilkes Gedicht *An Peter Jens Jacobsen* (Rilke verschenkt sein Exemplar 1900 an Paula Becker)

Lyrik

> Denn wir sind nur die Schale und das Blatt.
> Der große Tod, den jeder in sich hat,
> das ist die Frucht, um die sich alles dreht. (KA 1, 236)

Wie leidvoll und gewaltsam auch ein ‚eigener Tod' sein kann, wird später am Kammerherrn Brigge im Malte-Roman drastisch ausgeführt (siehe S. 83 f.). Gleichwohl ist der Sprecher davon überzeugt, dass man den Menschen nicht ‚seines' Todes berauben dürfe: „Denn dieses macht das Sterben fremd und schwer, / daß es nicht *unser* Tod ist" (KA 1, 237). Abhilfe erhofft sich das Ich von Gott:

> Erfülle, du gewaltiger Gewährer,
> nicht jenen Traum der Gottgebärerin, –
> richt auf den Wichtigen: den Tod-Gebärer (KA 1, 239)

An die Stelle Marias als ‚Gottgebärerin' soll die mythisch-androgyne Gestalt eines ‚Tod-Gebärers' gesetzt werden: Er soll das Sterben mithilfe religiös-symbolischer Kräfte ins gesellschaftliche Zentrum zurückführen. Selbst in der Rilke-freundlichen Forschung herrscht weitgehend Einigkeit darüber, dass spätestens hier das „Problemlösungspotential des *Stunden-Buch*-Modells überfordert" (Engel 1999a, S. 123) wird.

Armut als Programm

Auch die Verherrlichung der Armut im zweiten Teil des dritten Buches hat viele Leser, darunter so unterschiedliche Autoren wie Bertolt Brecht und Gottfried Benn, nicht überzeugt (vgl. Unglaub 2009). Deutet man die an Gott gerichtete Forderung, die „Armen endlich wieder arm" (KA 1, 243) zu machen, als sozialpolitisches Programm, wird man Rilkes Text schwerlich gegen seine Kritiker verteidigen können. Dass Armut „ein großer Glanz aus Innen" (KA 1, 244) sei, muss dann als Kitschformel gelten (so argumentiert Grimm 1981);

als zynischen Euphemismus deutet auch George Grosz' Zeichnung von 1923 den Vers.

Liest man die Armut dagegen als geistige Haltung, die ganz grundsätzlich den „Sinn des Habens" (Karl Marx) infrage stellt, gewinnt ihre Verklärung an Plausibilität. Sie steht dann für eine antibürgerliche Freiheit, die vor modernen Entfremdungstendenzen bewahren und eine „Rückbindung an das elementare Leben" (Braungart 2007, S. 65; ähnlich schon Stahl 1979, S. 113) ermöglichen kann. Deutlich zeigen das die nun auf die Armen bezogenen, wieder ins Positive gewendeten Leitmotive der Dunkelheit und Tiefe. Ist die Armut ein positiver Gegenbegriff zum als Beschränkung gedachten ‚Besitz', so hat sie für Rilke zeitlebens auch eine ästhetische Bedeutung. Sie versinnbildlicht die Offenheit der Wahrnehmung und die Notwendigkeit, sich als Künstler immer wieder neu zu erfinden. In diesem Sinn attestiert er in seinem *Requiem für eine Freundin* der Malerin Paula Modersohn-Becker, von „wahrer Armut" (KA 1, 416) zu sein, und schreibt 1907 an seine Frau: „Ein Armer muß man sein bis ins zehnte Glied" (B, 198 f.).

George Grosz: „Armut ist ein grosser Glanz von innen" (Rilke), 1923

Das Buch endet mit einem Hymnus auf Franz von Assisi (1181–1226), den Gründer des *Ordens der Minderen Brüder*, der sich zu einem der größten Bettelorden des Mittelalters entwickelte. Franziskus ist in der Literatur der Jahrhundertwende ein oft genutzter Bezugspunkt: Eine von dem französischen Historiker Paul Sabatier verfasste Biografie wird ab 1893 zu einem internationalen Bestseller, den auch Rilke liest und verschenkt (vgl. Stahl 2006/2007); Hermann Hesse arbeitet parallel zum *Stun-*

Franz von Assisi (auf dem ältesten erhaltenen Bild von 1228, Kloster San Benedetto, Subiaco/Italien)

den-Buch an einer 1904 veröffentlichten Biografie. Im *Stunden-Buch* tritt Franziskus als der prominenteste Vertreter einer selbstgewählten, konzeptuellen Armut auf, als der „Innigste und Liebendste von allen, / der kam und lebte wie ein junges Jahr" (KA 1, 251). Rilke fühlte sich diesem Gedicht (und Franz von Assisi) bis zu seinem Lebensende besonders verbunden, zumal Franziskus auch als eine Personifikation der drei Teile des *Stunden-Buches* gelesen werden kann: Er ist „monk, pilgrim and beggar all in one" (Hutchinson 2006, S. 86).

Bildlichkeit Gleichwohl ist das Gedicht auch ein Beispiel für die gelegentlich unbeholfene Bildregie des *Stunden-Buches*. Die „Peinlichkeitsschwelle" (Braungart 2004a, S. 223) wird dadurch überschritten, dass der Text den sterbenden Heiligen buchstäblich in einer riesigen Ejakulation auslaufen lässt: „sein Samen rann / in Bächen, in den Bäumen sang sein Samen / und sah ihn ruhig aus den Blumen an." (KA 1, 252) Auch wenn die Anerkennung der Sinnlichkeit für den Autor Rilke einen wichtigen Fortschritt und „etwas Befreiendes" (Görner 2004, S. 81) darstellt: Am Ende der *Duineser Elegien* steht ein diskreteres Samenbild (nämlich des Haselstrauchs, siehe S. 194 f.), und die *Sonette an Orpheus* werden das mythische Fortleben eines Toten in der Natur in tragfähigere Bilder fassen. Vor allem aber war die Großstadtthematik in den Rahmen des vier Jahre zuvor unter ganz anderen thematischen und poetologischen Absichten begonnenen *Stunden-Buches* nicht mehr befriedigend zu integrieren. Das zeigt sich auch daran, dass Rilke sie in den folgenden Schreibprojekten wieder, dabei aber auf ganz andere Weise aufgreift – in Bezug auf die Armut etwa in *Der Bettler* aus den *Neuen Gedichten*, in Bezug auf den ‚eigenen Tod' im Malte-Roman (siehe S. 121 f.). Das *Stunden-Buch* enthält damit einen Höhepunkt des Frühwerks (Erstes Buch) und vollzieht den – durchaus selbstkritischen – Schritt ins mittlere Werk (Zweites und Drittes Buch). Im Ganzen fällt es nicht durch Geschlossenheit, sondern (stärker als jedes andere Werk Rilkes) durch seine markanten Entwicklungsschritte auf. Wer will, kann es als eine Coming-of-Age-Geschichte des Lyrikers Rilke lesen, der das *Stunden-Buch* kurz vor seinem dreißigsten Geburtstag veröffentlicht. In jedem Fall ist es zusammen mit dem *Buch der Bilder* das früheste Werk, das der späte Rilke von seiner Fundamentalkritik an den eigenen Anfängen ausnimmt.

3. *Neue Gedichte / Der Neuen Gedichte anderer Teil*

Die *Neuen Gedichte* sind das Zentrum von Rilkes Werk. Und zwar aus drei Gründen: Sie entstehen erstens in der Mitte der mittleren Schaffensphase, markieren zweitens den endgültigen Durchbruch Rilkes von der Neoromantik zur Moderne und finden drittens zu einem neuen Blick auf die Welt, der sich im vorangehenden Werk andeutet und bis zu den späten Texten (etwa den *Duineser Elegien*) genutzt und weiterentwickelt wird.

Als der aufstrebende Insel Verlag für Ende 1907 Rilkes *Neue Gedichte* ankündigt, gibt es nach dem Publikumserfolg des *Stunden-Buches* (1905) zum ersten Mal eine gespannte öffentliche Erwartung. Als Markenzeichen des Lyrikers gelten gebetartige Gedichte und eine poetische Frömmigkeit. Anstatt jedoch in der kunstreligiösen Erfolgsspur zu bleiben, vollzieht Rilke, der lebenslang ein „leidenschaftlicher Neu-Anfänger" (Sprengel 2004, S. 618) ist, einen schroffen Richtungswechsel. Was man nun zu lesen bekommt, sind in der Tat, wie er in Bezug auf den Titel der Sammlung schreibt, „in mehr als einem Sinn: neue Gedichte" (Rilke 1930, S. 312). Deren auffälligste Innovation besteht darin, dass nicht nur kein Gott mehr angesprochen wird, sondern – anders als in allen vorangegangenen Werken Rilkes – auch keine Gefühle oder Stimmun-

Neuanfang (margin note)

Tiermaler im Jardin des Plantes, Paris, 1902

gen mehr explizit zum Thema werden. Das Wort ‚ich' sucht man in den meisten dieser Gedichte vergeblich. Im Zentrum stehen stattdessen nicht-menschliche Objekte: ein Karussell, Kathedralen, Kunstwerke. Und immer wieder: Tiere. Rilke, der fast alle Gedichte der beiden Bände in Paris verfasst, nutzt eine eigentlich bildenden Künstlern vorbehaltene Sondergenehmigung zum Vormittagsbesuch des Tiergartens im Jardin des Plantes. Hier sammelt er Eindrücke, die u. a. zu dem frühesten und berühmtesten Gedicht der Sammlung führten, *Der Panther* von 1902/03 (zur *Panther*-Rezeption siehe S. 249–255).

Dass die Verkaufszahlen hinter dem Vorgängerband zurückbleiben, irritiert Rilke nicht weiter. Er ist sich sicher, mit diesen Gedichten endgültig auf der Höhe seiner Kunst und seiner Zeit angekommen zu sein. In rauschhaften Arbeitsphasen entstehen immer mehr Gedichte, sodass er bereits 1908 – zum einzigen Mal in seinem Leben – einen Fortsetzungsband veröffentlicht: *Der Neuen Gedichte anderer Teil*. Das gewachsene Selbstbewusstsein kommt dort bereits in der kosmopolitischen Widmung („*A mon grand Ami Auguste Rodin*"; KA 1, 512) zum Ausdruck. Rilke schreibt sich damit selbst in die noch junge Geschichte der modernen Kunst ein, in der Rodin bereits ein Weltstar ist.

Die beiden Bände gelten heute als ein Höhepunkt der deutschsprachigen Lyrik des 20. Jahrhunderts. Sowohl was ihre Verarbeitung der gegenständlichen Welt als auch den intensiven Dialog mit den bildenden Künsten betrifft, werden sie in einem Atemzug mit der avantgardistischen Lyrik etwa von Ezra Pound, T. S. Eliot oder William Carlos Williams genannt (vgl. Müller 2010). Schon früh hat die Germanistik sie als literaturgeschichtlichen „Wendepunkt" bezeichnet. Wie Paul Böckmann 1962 schreibt, haben sie einen „Strukturwandel der modernen Lyrik" nicht über neue Stoffe und Themen, sondern durch „neue Vorstellungs- und Sageweisen" (Böckmann 1999, S. 321) in Gang gebracht.

Allerdings hat das wissenschaftliche Interesse, das schon zu Rilkes Lebzeiten einsetzt, den Blick auf die spezifische Ästhetik der *Neuen Gedichte* eher verstellt. Verantwortlich dafür ist ein 1926 an prominenter Stelle veröffentlichter Aufsatz des Literaturwissenschaftlers Kurt Oppert. Er bringt die Gedichtsammlung (zusammen mit Texten von Eduard Mörike und C. F. Meyer) auf den bis heute verbreiteten und vor allem mit Rilke verbundenen Begriff des ‚Dinggedichts'. Oppert versteht darunter eine *„unpersönliche, episch-objektive Beschreibung* eines *Seienden"* (Oppert 1926, S. 747 f.). Noch fünfzig Jahre später folgt Käte Hamburger in ihrer Rilke-Einführung der Ansicht, dass sich das Ich in den *Neuen Gedichten* „sich selbst sozusagen auslöschend" den Dingen „hingibt" (Hamburger 1976, S. 21). Auch die emotional aufgeladene Rhetorik Hamburgers kann nicht darüber hinwegtäuschen, dass ein solches Kunstkonzept langweilig klingt – würde es nicht mehr bieten wollen als sprachliche Fotografien der Wirklichkeit.

Dinggedichte

Paul Cézanne: Stillleben mit Ingwertopf und Früchten, um 1895

Auf den ersten Blick scheint Rilke dieses Konzept zu bestätigen. In den Bildern Paul Cézannes erkennt er

Wahrnehmungsgedichte

kurz vor der Veröffentlichung der *Neuen Gedichte* eine „Entwicklung zum sachlichen Sagen" (KA 4, 624), von der auch seine Gedichte geprägt seien. Allerdings ist Rilke sich darüber im Klaren, dass Cézanne „weniger Gegenstände als vielmehr das Sehen selbst" (Hoffmann 2008, S. 12) gemalt hat. Analog dazu interessieren sich Rilkes *Neue Gedichte* genau genommen gar nicht für die in ihnen verhandelten Objekte, sondern für die *subjektive Wahrnehmung* dieser Objekte, also für die Interaktion von Innen- und Außenwelt. Kurz vor der Begegnung mit Cézannes Bildern schreibt Rilke an seine Frau:

> Das Anschauen ist eine so wunderbare Sache, von der wir so wenig wissen; wir sind mit ihm ganz nach außen gekehrt, aber gerade wenn wirs am meisten sind, scheinen in uns Dinge vor sich zu gehen, die auf das Unbeobachtetsein sehnsüchtig gewartet haben, und während sie sich, intakt und seltsam anonym, in uns vollziehen, ohne uns, – wächst in dem Gegenstand draußen ihre Bedeutung heran, ein überzeugender, starker, – ihr einzig möglicher Name, in dem wir das Geschehnis in unserem Innern selig und ehrerbietig erkennen, ohne selbst daran heranzureichen, es nur ganz leise, ganz von fern, unter den Zeichen eines eben noch fremden und schon im nächsten Augenblick aufs neue entfremdeten Dinges begreifend –. (B 1, 247)

Im Zentrum des beschriebenen Vorgangs steht eine Paradoxie: Indem sich der Schauende ganz auf den äußeren Gegenstand konzentriert, offenbaren sich ihm innere Vorgänge, zu denen er sonst keinen Zugang hat. Wichtig ist die zeitliche Dimension des Vorgangs, denn die überraschende Verbindung von Ding und Betrachter ist eine vorübergehende – „schon im nächsten Augenblick" verliert sie sich wieder. Es wird also keine grundsätzliche und dauerhafte Einheit von Innen und Außen, von Mensch und Natur mehr behauptet, wie es in Rilkes monistischem Frühwerk oft der Fall war. Rilke ist vielmehr fasziniert von Erkenntnismomenten, die sich aus den Automatismen des

Wahrnehmens lösen. Freilich lässt sich auch das dabei Erkannte nur „ganz von fern" verstehen und nicht mit analytischen Begriffen belegen – es muss lyrisch gestaltet werden.

Charles Baudelaire: Les Fleures du Mal (Titelillustration von Carlos Schwabe, 1900)

An den Symbolismus, den Rilke vor allem über Charles Baudelaires Gedichtsammlung *Les Fleures du Mal* (1857; dt: Die Blumen des Bösen) rezipiert, schließen die *Neuen Gedichte* damit insofern an, als in ihnen subtile Korrelationen zwischen dem Sprecher und den von ihm verhandelten Objekten bestehen. Im Unterschied zur symbolistischen Lyrik, aber auch zu Rilkes früher Poetik, in der die äußeren Dinge bisweilen „nur der Vorwand für noch feinere, ganz persönliche Geständnisse" (KA 4, 65) sind, gehen in die Texte allerdings „innere Erfahrungen ein, ohne daß je eine von den wahrgenommenen Gegenständen ablösbare symbolische Deutung möglich wäre" (Müller 2004, S. 301). Nicht nur zeitlich, sondern auch konzeptuell stehen die *Neuen Gedichte* zwischen den Epochen des Symbolismus und der Neuen Sachlichkeit.

Zwischen Symbolismus und Neuer Sachlichkeit

Das zeigt sich selbst in einem eher gegenstandsorientierten Gedicht wie *Der Ball*, dem „reinsten Prototyp eines Dinggedichts" (Hamburger 1976, S. 30). Rilke hat den am 31. Juli 1907 entstandenen Text noch Jahre später für sein bestes dieser Gedichte gehalten. Charakteristischerweise behandelt es einen Alltagsgegenstand, dem keine besondere Schönheit nachgesagt wird. Das Gedicht beschreibt einen in die Luft geworfenen Ball, der „das Warme aus zwei

Der Ball als Beispiel

Händen / im Fliegen, oben, fortgiebt, sorglos wie / sein Eigenes" (KA 1, 583). Seinen Höhepunkt erreicht der Text in der Darstellung des Wendepunktes:

> […] du zwischen Fall und Flug
>
> noch Unentschlossener: der, wenn er steigt,
> als hätte er ihn mit hinaufgehoben,
> den Wurf entführt und freiläßt – , und sich neigt
> und einhält und den Spielenden von oben
> auf einmal eine neue Stelle zeigt,
> sie ordnend wie zu einer Tanzfigur,
>
> um dann, erwartet und erwünscht von allen,
> rasch, einfach, kunstlos, ganz Natur,
> dem Becher hoher Hände zuzufallen. (KA 1, 584)

Rilkes Zufriedenheit mit dem Gedicht verdankt sich seinem Eindruck, hier „gar nichts als das fast Unaussprechbare einer reinen Bewegung ausgesprochen" (zit. n. Schmidt-Pauli 1940, S. 20) zu haben. Der ununterbrochenen Flugbahn zwischen den werfenden und den fangenden Händen entsprechend, besteht das Gedicht aus nur *einem* Satz. Der Moment zwischen Aufstieg und Fall wird von einem Gedankenstrich markiert – nur hier befindet sich der Ball kurz in der vom Strich ikonisch ausgedrückten Geraden. Das Innehalten des Balls kommt zudem in der Gedichtform zum Ausdruck. Die von Rilke in den *Neuen Gedichten* erstmals eingesetzte Sonettform wird nicht von ungefähr an dieser Stelle von 14 auf 17 Verse gedehnt: Das zusätzliche Terzett fängt wie in Zeitlupe den Höhe- und Ruhepunkt der Flugkurve ein, bevor in der vorletzten Zeile eine Kette von Adverbien wieder für eine Beschleunigung des Leseprozesses sorgt. Die Virtuosität der *Neuen Gedichte* entsteht aus solchen ungezwungenen Engführungen von Form und Inhalt.

Um ‚unpersönliche' Dinggedichte in Opperts Sinn handelt es sich dabei nicht. Zwar findet sich in *Der Ball* kein artikuliertes Ich, aber schon die vertrauliche Ansprache des Balles am Anfang des Gedichtes („Du Runder") stellt eine enge Verbindung zwischen Objekt und Sprecher her. So wie das Gedicht auf der Handlungsebene ganz buchstäblich das Zusammenspiel von Mensch und Ball beschreibt, fließt auch in die Darstellungstechnik der menschlich-subjektive Blick auf den Ball ein. Wenn der fliegende Ball den Spielenden „auf einmal eine neue Stelle zeigt", klingt das nach einer intentionalen Handlung – die Betrachter werden in den Text integriert und der Ball wird dezent vermenschlicht; mit der Wärme der Hände scheint etwas Menschliches in ihn übergegangen zu sein. Wie zahlreiche andere Texte der beiden Bände fokussiert das Gedicht eine Interaktion zwischen Ding und Beobachter, die sich noch dadurch fortsetzt, dass der fliegende Ball die Spielenden ordnet „wie zu einer Tanzfigur".

Das in Rilkes Gedichten zum Ausdruck kommende Subjektivitätskonzept lag um 1900 sozusagen in der Luft. Schon der besonders für die Wiener Moderne bedeutsame Physiker, Philosoph und Psychologe Ernst Mach (1838–1916) vertrat in seinem Hauptwerk *Die Analyse der Empfindungen* (1886), das vor allem in seiner zweiten Auflage von 1900 gelesen wurde, die Auffassung, dass es keine feste räumliche Grenze zwischen der menschlichen Psyche und der physischen Außenwelt gebe. Die Korrespondenz zwischen Subjekt und Objekt in Rilkes Gedichten steht zudem im Einklang mit der zeitgenössischen Biologie Jakob von Uexkülls, eines Briefpartners Rilkes. Uexkülls Grundthese besagt, dass die Umwelt „immer ein Teil des Tieres selbst" sei und sich mit ihm zu einem „unauflöslichen Ganzen" (Uexküll 1921, S. 169) verbinde (vgl. dazu Köhnen 2010, S. 196–203).

Subjektivitätsdiskurse und Phänomenologie um 1900

In der Forschung hat man die „juncture of seer and seen" (Fischer 2015, S. 219) in Rilkes Gedichten bisweilen als eine poetische Parallelaktion zur philoso-

Edmund Husserl, 1900

phischen Phänomenologie Edmund Husserls, Martin Heideggers oder Maurice Merleau-Pontys gedeutet (zuerst bei Hamburger 1966, in revidierter Form bei Fischer 2015). Als philosophische Strömung sucht sie die Erkenntnis auf die Phänomene, die unmittelbar gegebenen Erscheinungen, zu gründen. Edmund Husserl (1859–1938) hielt 1907 seine sogenannten ‚Dingvorlesungen', die sich auf eine Phänomenologie der Wahrnehmung konzentrieren und auf ein „reines Schauen" zielen – freilich auch hier in vollem Bewusstsein darüber, dass „jede Wahrnehmung eines räumlichen Dinges einen Horizont von Intentionen" (Rapic 1991, S. XX) enthält. Ohne dass Rilke und Husserl zu dieser Zeit Notiz voneinander genommen hätten, bewegt sich Rilkes Faszination für die Wahrnehmungsweise von Tieren in eine ähnliche Richtung. Dass fast alle Tiere in Rilkes Texten „Augentiere" (Laermann 2000, S. 125) sind, kommt Anfang 1907 in dem Prosagedicht *Die Auslage des Fischhändlers* zum Ausdruck und bestätigt sich in zahlreichen *Neuen Gedichten*.

Vergleiche als Leitverfahren

Das wichtigste poetische Bildgebungsverfahren für das Zusammenspiel von Subjekt und Objekt in den *Neuen Gedichten* sind Vergleiche. Nicht von ungefähr wird *Früher Apollo*, das erste Gedicht des ersten Bandes, von dem Vergleichspartikel ‚wie' und einem Vergleich eröffnet („Wie manches Mal durch das noch unbelaubte / Gezweig ein Morgen durchsieht, der schon ganz / im Frühling ist"; KA 1, 449), bevor das eigentlich Gemeinte (hier: eine Apollo-Statue) zur Sprache kommt. In manchen Gedichten dominieren überraschende Vergleiche den ganzen Text (*Der Schwan*, *Die Fensterrose*). Gottfried Benn hat 1951 in seiner vielbeachteten Rede über *Probleme der Lyrik* vor Vergleichen gewarnt, da sie in Gedichten „eine Schwäche der schöpferischen Transformation" anzeigten – den „große[n] WIE-Dichter" Rilke hat er allerdings davon ausgenommen: „Rilke konnte das" (Benn 2001, S. 18).

Lyrik

Rilkes Vergleiche basieren auf der modernen Einsicht, dass sich weder Gefühle noch Dinge direkt aussagen lassen, dass Sprache über keinen unmittelbaren Zugriff auf die Wirklichkeit verfügt. Rilkes Vergleiche zielen nicht auf ein „Abschweifen vom Gegenstand", sondern „führen vielmehr direkt in sein Zentrum" (Müller 1971, S. 94). Gleichzeitig kommt in ihnen indirekt die Präsenz des Sprechers zum Ausdruck, den das Betrachtete „zum unentwegten Erfinden von Vergleichen anspornt" (Schuster 2001, S. 120). In der neueren Forschung hat sich deshalb die Ansicht durchgesetzt, dass Rilkes sogenannte Dinggedichte mit ihren zahlreichen in Vergleichsform ausgedrückten Assoziationen „das Paradoxon einer subjektiven Entsubjektivierung" (Freedman 2002, S. 47) darstellen, dass sie „gleichzeitig subjektiv und objektiv" (Müller 2004, S. 316) angelegt sind.

Bildende Kunst als Vorbild

Als Vorbild dienen Rilke bildende Künstler, die sich immer wieder dem gleichen Motiv gewidmet haben. So spielt das poetologische Gedicht *Der Berg* auf den japanischen Künstler Katsushika Hokusai (1760–1849) an, der zwei Zyklen von 36 und 100 Holzschnitten geschaffen hat, die den Vulkanberg Fuji zeigen. Die Pointe des Textes besteht in der Unabschließbarkeit künstlerischer Darstellungsbemühungen – dem „unbegreiflichen Vulkane" kann kein Kunstwerk ganz gerecht werden, er steht ihm „teilnahmslos" gegenüber, „jedes Bild im Augenblick verbrauchend" (KA 1, 583). Da es aussichtslos wäre, eine objektiv-gültige Darstellung des Berges anzustreben, zielen die Bilder wie die Gedichte nicht auf die Abbildung eines Gegenstandes, sondern auf dessen ästhetische Aneignung. Deren Grundlage ist die wechselhafte Wahrnehmung des

Katsushika Hokusai: Der rote Fuji, um 1830

Künstlers. Was Rilke 1907 über die Gemälde Paul Cézannes schreibt, ist auch das poetologische Credo der *Neuen Gedichte*: Die „Dingwerdung, die durch sein [Cézannes] eigenes Erlebnis an dem Gegenstand bis ins Unzerstörbare hinein gesteigerte Wirklichkeit, das war es, was ihm die Absicht seiner innersten Arbeit erschien" (KA 4, 608). Das Kunstwerk braucht die produktive Zusammenführung von äußerem Gegenstand und innerem Erleben, um den Prozess der ‚Dingwerdung' in Gang zu bringen. Durch sie kann etwas Drittes entstehen, das der Wirklichkeit überlegen ist: das ‚Kunstding'. Im Kunstding ist das Gesehene durch die Wahrnehmung des Künstlers geführt, mit ihr angereichert und in eine ästhetische Form transformiert worden. Peter Handke wird diesen Prozess in seiner Cézanne-Erzählung *Die Lehre der Sainte-Victoire* später auf die Formel bringen: „Verwandlung und Bergung der Dinge in Gefahr." (Handke 1996, S. 66)

Epiphanien als Leitfigur

Ein Spezifikum von Rilkes Gedichten über Dinge besteht neben den Vergleichen in der Leitfigur der Epiphanie. Der Begriff ‚Epiphanie' bezeichnet eigentlich die Erscheinung des Göttlichen unter den Menschen. Die säkularisierte Epiphanie, bei der eine plötzliche Verschiebung der Perspektive als existenzielle, irdische Offenbarung erlebt wird, ist ein Markenzeichen der modernen Literatur. Indem sie die Distanz zwischen Subjekt und Objekt aufhebt, erinnert sie an mystische Erfahrungen, ohne dass dabei eine überirdische Instanz auftritt. Man begegnet ihr in Hugo von Hofmannsthals Chandos-Brief (1902), kurz darauf bei Robert Musil und 1913 in der berühmten Madeleine-Episode in Marcel Prousts *À la recherche du temps perdu*. James Joyce bezeichnet ab 1900 einige seiner Prosastücke als ‚Epiphanien' und verwendet den Begriff um 1903 in *Stephen Hero* und *The Portrait of the Artist as a Young Man* (1916) (vgl. Mackowiak 1995, S. 86 f.; Müller 2010, S. 237 ff.). Mit der angloamerikanischen Bewegung des Imagismus werden epiphanische Ding-Erfahrungen ab 1912 auch für die avantgardistische Lyrik prägend. So gesehen kann „Rilke als ein erster Erneuerer der Lyrik gelten" (Müller 2010, S. 244).

In den *Neuen Gedichten* werden Epiphanien immer wieder von Zeitadverbien wie ‚plötzlich' und ‚auf einmal' signalisiert, mehrfach auch in Kombination mit adversativen Konjunktionen wie ‚doch' oder ‚aber'. Sie weisen auf das zentrale Ereignis im Gedicht hin: einen Umschlagpunkt, der im zitierten Gedicht vom Richtungswechsel des geworfenen Balles versinnbildlicht wird. In anderen Gedichten geraten die routinierten Leichenwäscherinnen aus dem Trott (und mit ihnen das ansonsten ganz regelmäßige Metrum), als sich der Leichnam plötzlich gegen seine Behandlung zu sträuben scheint (*Leichen-Wäsche*); das Gesicht eines entgegenkommenden Menschen verwandelt sich dem Schauenden in ein Gemälde (*Begegnung in der Kastanien-Allee*); die matten Farben einer Pflanze beginnen mit einem Mal zu leuchten (*Blaue Hortensie*).

Epiphanien dienen auch dazu, die besondere Leistung des sprachlichen Kunstwerks hervorzuheben. Anders als Gemälde oder Skulpturen können Gedichte auch zeitliche Prozesse auf ‚unzerstörbare' Weise festhalten. Mithilfe von Epiphanien gelingt es, den ‚Raumkünstlern' Hokusai, Cézanne oder Rodin nicht einfach nachzueifern, sondern – im Einklang mit Gotthold Ephraim Lessings berühmter Differenzierung der Künste aus dem *Laokoon* von 1766 – das spezifische Potenzial der ‚Zeitkunst' Dichtung zu nutzen. Denn Rilkes Gedichte über Dinge liefern keine „Reihe von ‚Standbildern'" (Köhnen 2007, S. 158), sondern nehmen fast immer ein Geschehen in den Blick. Sie „finden ihre Balance", so Durs Grünbein, „ihre traumartige Sicherheit ganz in der Bewegung" (Grünbein 2007, S. 139). Das gilt sowohl für den Inhalt als auch für die sprachliche Form. Denn während etwa Stefan George (1868–1933) „mit den Worten als den einzelnen Bausteinen [arbeitet], die er gewissermaßen aneinanderfügt", erscheinen Rilkes Verse „gegossen, die Worte sind nicht gesetzt, sie ordnen sich dem rhythmischen Fluss ein" (Grimm 2012, S. 140). Von ‚Dinggedichten' lässt sich in Bezug auf die *Neuen Gedichte* also treffender dann reden, wenn damit das Gedicht selbst als ein Kunstding bezeichnet wird, das die Wahrnehmung eines bewegten Gegenstandes in eine ungewöhnliche Wort- und Klangbewegung überträgt. Eine Leitmetapher – die sich in *Der Panther* gleich dreimal und zudem in vielen zeitgleich entstandenen Widmungsgedichten Rilkes findet – ist das Gehen (vgl. Hoffmann 2012b).

Ästhetik des Alltags

Das breite Spektrum an epiphanischen Ereignissen und Objekten bringt eine gesteigerte Aufmerksamkeit gegenüber *allem* zum Ausdruck. Die Gedichte konzentrieren sich auf das, „wovon man sich anderswo einfach abwendet" – gerade das Beiläufige, das Alltägliche ist es, was den Dichter nun „wie Großes, wie Ewiges mit unbeschreiblichen Anforderungen anspricht" (B 1, 241). Das hat weniger ethische als vielmehr ästhetische Gründe: Je unspektakulärer das geschilderte Ereignis ist, desto deutlicher können der Akt des Wahrnehmens beziehungsweise dessen sprachliche Darstellung als das Eigentliche dieser Gedichte hervortreten. Ihr Ehrgeiz besteht darin, selbst im Blick auf das scheinbar Schreckliche oder Banale (wie es im Rodin-Vortrag heißt) „mit einer Schönheit zu überraschen, die nicht abzusehen war. Schönheit ist immer etwas Hinzugekommenes, und wir wissen nicht was." (KA 4, 457)

Schon die *Neuen Gedichte* sind ein Ergebnis jenes ‚neuen Sehens' (vgl. KA 3, 456), über das in den parallel entstehenden *Aufzeichnungen des Malte Laurids Brigge* (1910) reflektiert wird. Angestrebt wird eine sinnliche Wahrnehmung, die so weit wie möglich auf Vorwissen und Bewertungen verzichtet. Der Schauende soll sich stattdessen ganz auf die zunächst bedeutungslosen Sehdaten konzentrieren. Rilke findet dieses Verfahren in Cézannes späten Gemälden vorgebildet, die anstatt aus Umrissen aus Farbflecken, den sogenannten *taches*, bestehen. Damit bringen sie nicht Gegenstände, sondern die unmittelbaren Farbeindrücke des Malers zur Darstellung. Diese entkonventionalisierte Wahrnehmung erzeugt jene spezifische Offenheit des Blicks, der sich die Dinge auf ungewohnte Weise offenbaren können.

Die intensivsten epiphanischen Umschlagpunkte finden sich in den *Neuen Gedichten* dort, wo das Sehen dadurch eine überraschende Wendung nimmt, dass der angeschaute Gegenstand unvermutet zurückschaut. Dem erfahrenen Schmied ist „sogar die Krone, die er bog / nur ein Ding" – bis er einen Reliquienschrein fertigstellt, der „ihn zu gewahren schien / und ihn, plötzlich um sein Dasein fragend, / ansah wie aus Dynastien" (*Der Reliquienschrein*; KA 1, 530 f.). Mehrfach kippt eine harmlose Alltagssituation aufgrund eines übermächtigen Gegenblicks in eine schockierende Überwältigungserfahrung, die als tödliche Bedrohung empfunden werden kann. In *Schlangen-Beschwörung* geschieht dies nicht etwa wegen der giftigen Schlange, sondern beim Blick des Schlangenbeschwörers. An anderer Stelle reicht eine minimale Kopfdrehung einer Katze aus, dass „dein stärkstes Schauen aufgelöst" ist: In den mächtigen Augen der Katze wird der menschliche Blick „eingeschlossen / wie ein ausgestorbenes Insekt" (*Schwarze Katze*; KA 1, 545) – der Blick auf das Tier konfrontiert den Betrachter mit seiner eigenen Sterblichkeit. Wie „müd geworden" der Blick der gefangenen Raubkatze in *Der Panther* tatsächlich ist (so „daß er nichts mehr hält"; KA 1, 469), erschließt sich erst im Vergleich mit den anderen Tierblick-Gedichten der beiden Bände.

Der Blick der Dinge

Seinen Höhepunkt findet die Motivik des irritierend-bedrohlichen Angeschautwerdens im programmatischen Eröffnungsgedicht des zweiten Bandes. Es beschreibt die Begegnung mit einer nur als Torso erhaltenen antiken Skulptur (ob Rilke dabei an einen bestimmten Torso dachte, ist unklar):

Der Stein als Schockerfahrung

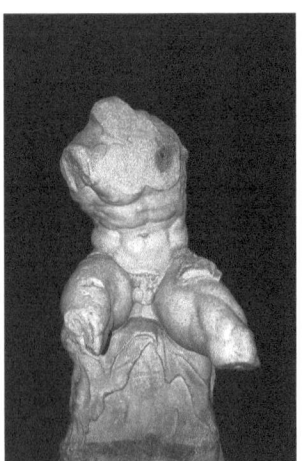

Torso von Belvedere, 1. Jh. v. Chr.,
Vatikanische Museen, Rom

Archaïscher Torso Apollos

Wir kannten nicht sein unerhörtes Haupt,
darin die Augenäpfel reiften. Aber
sein Torso glüht noch wie ein Kandelaber,
in dem sein Schauen, nur zurückgeschraubt,

sich hält und glänzt. Sonst könnte nicht der Bug
der Brust dich blenden, und im leisen Drehen
der Lenden könnte nicht ein Lächeln gehen
zu jener Mitte, die die Zeugung trug.

Sonst stünde dieser Stein entstellt und kurz
unter der Schultern durchsichtigem Sturz
und flimmerte nicht so wie Raubtierfelle;

und bräche nicht aus allen seinen Rändern
aus wie ein Stern: denn da ist keine Stelle,
die dich nicht sieht. Du mußt dein Leben ändern. (KA 1, 513)

Der Blick des Torsos, der am Ende des vorletzten Satzes formuliert wird, ist in mehrfacher Hinsicht spektakulär. Denn wie man bereits im ersten Satz erfährt, handelt es sich bei der beschriebenen Statue um einen Körper ohne Kopf. Und doch richtet das Gedicht von Beginn an den Fokus auf dessen Sehen. Die kleine Wortveränderung von der verblassten Metapher ‚Augapfel' zum bildstärkeren „Augenäpfel" deutet dabei an, dass auch der Sprecher über einen ungewohnten Blick auf die Dinge verfügt. Das durch ein Enjambement, einen Zeilensprung, besonders hervorgehobene „Aber" im zweiten Vers leitet die epiphanische Erfahrung ein, die er vor der Statue macht: Obwohl der Torso keine Augen mehr hat, ‚schaut' er seinen Betrachter an – wenn auch zunächst noch so verhalten wie das Leuchten jener Pariser Gaslaternen um 1900 („Kandelaber"), deren Lichtstärke „zurückgeschraubt" werden konnte. Die zweite und dritte Strophe bereiten jene Entwicklung vor, die schließlich im Bild des leuchtenden Sterns kulminieren wird: Das alte, kaputte Steinkunstwerk wird im Gedicht kontinuierlich belebt. Es gerät in Bewegung und macht dabei – wenn auch nur dezente – Geräusche („im leisen Drehen / der Lenden"), ja es verfügt plötzlich über ein menschliches „Lächeln". Vor allem wird es zu einer immer grelleren Lichtquelle. Indem es „glänzt", ‚blendet' und ‚flimmert', rückt es die optische Dimension in den Fokus. Anstatt den Stein anzuschauen, wird der Betrachter am Ende vom Stein angeschaut – und zwar auf eine so eindringliche Art („da ist keine Stelle / die dich nicht sieht"), wie man sie von einem Gott erwarten mag. Dieser im Gedichtverlauf vollzogene Subjekt-Objekt-Tausch lässt nur eine Deutung der so knappen wie existenziellen Botschaft „Du musst dein Leben ändern" zu: Hier spricht der Stein zum Menschen. Die Machtverhältnisse haben sich gedreht: Der anfangs als kopflos-unvollständiger Torso beschriebene Stein führt dem Betrachter am Ende die Unvollkommenheit des eigenen Lebens vor Augen. Paul de Man verortet in solchen Umkehrbewegungen bzw. Chiasmen die „Grundfigur der *Neuen Gedichte*" (de Man 1988, S. 81). Ähnliche Wendungen finden sich bis in späteste (und besonders komplexe) Einzelgedichte wie *Gong* oder *Spaziergang*.

Dass es sich bei Apollo tatsächlich um den griechischen Gott des Lichtes handelt, macht aus dem Gedicht keinen religiösen Text im traditionellen Sinn. Die Pointe besteht vielmehr darin, dass der Sprecher an einem ganz irdischen Gegenstand, der ausdrücklich als „Stein" bezeichnet wird, eine unerwartete Erfahrung von „mikroreligiöser Qualität" macht: Der Schlusssatz strahlt in seiner „gediegenen Bündigkeit und mystischen Simplizität […] eine kunstevangelische Energie aus, wie sie an kaum einer anderen Wendung der jüngeren Sprachkunst beobachtet wird" (Sloterdijk 2009, S. 43 f.). Das spezifisch

„Kunstevangelische Energie" und moderne Ästhetik

Moderne dieser kunstreligiösen Erfahrung besteht darin, dass sie eine Form ohne Inhalt darstellt. So offensichtlich der Text mit seinem an den Anfang gesetzten Plural ('wir') auch uns als Lesende in den Bann des Torsos rücken möchte, so offen lässt er, *wie* wir unser Leben ändern sollen. Nicht *was*, sondern *dass* ein richtig angeschauter Stein uns überhaupt etwas zu sagen hat, ist die eigentliche Botschaft des Gedichtes. Das Eingangsgedicht des zweiten Teils der *Neuen Gedichte* veranschaulicht die existenzielle Wucht, die ästhetische Erfahrungen entfalten können – und lässt sich damit auch als eine lyrische Gebrauchsanweisung für die folgenden Texte verstehen.

Liest man den Text zusammen mit den anderen epiphanischen Gedichten der beiden Bände, wird klar, dass solche Erfahrungen zwar von einer Statue oder anderen Kunstwerken begünstigt werden, prinzipiell aber überall und immer gemacht werden können. Rilkes sogenannten Dinggedichten liegt ein genuin modernes Konzept von Ästhetik zugrunde, dass die Kunsterfahrung von besonders 'schönen' oder 'erhabenen' Gegenständen entkoppelt und ins Subjekt verlagert, genauer: in einen kontemplativen, also rein betrachtenden Wahrnehmungsmodus, der es dem Menschen ermöglicht, „den Dingen des Lebens ohne die Interessen in diesem Leben zu begegnen" (Seel 1996, S. 58).

<small>Verwandlung mythischer und biblischer Stoffe</small>

Diese an Dingen erprobte Wahrnehmungsweise wird von Rilke auch auf nicht gegenständliche Phänomene angewendet. „Auch noch das Entzücken wie ein Ding / auszusagen" (KA 1, 435), lautet das kurz nach Abschluss der *Neuen Gedichte* formulierte Prinzip. Innerhalb der beiden Gedichtbände kommt es bereits in zahlreichen Texten zum Einsatz, die sich mit antiken und biblischen Stoffen auseinandersetzen. Obwohl beide Bände mit entsprechenden Gedichtgruppen eröffnet werden, die insgesamt rund zwei Dutzend Texte umfassen, scheinen sie auf den ersten Blick kaum zum 'sachlichen Sagen' und zur Konzentration auf äußere Dinge zu passen. Dieser Eindruck täuscht aus zwei

Gründen. Zum einen nehmen viele der Gedichte die alten Motive vermittelt über Gemälde oder Statuen ins Visier. Zum anderen wird dabei deutlich, dass sich die Gedichtsammlungen weniger für originelle Gegenstände als vielmehr für einen neuen Blick interessieren. Denn auch die epischen Stoffe werden nicht einfach in Lyrik übertragen, sondern durch die Wahrnehmung des Sprechers verwandelt, bisweilen auf den Kopf gestellt.

So rückt das lange, reimlose Gedicht *Orpheus. Eurydike. Hermes*, das von einem Relief in Neapel angeregt wurde, eine ‚kanonische', aus der griechischen Antike entnommene Liebesbeziehung in ein überraschendes Licht. Entgegen der dominanten Deutungstradition interessiert sich der Text nicht für das Unglück von Orpheus, dessen Versuch scheitert, seine Gemahlin Eurydike aus der Totenwelt zurück ins Leben zu führen. Rilkes Text porträtiert stattdessen die verstorbene Frau, die – so Rilkes Version – als Tote in einen Zustand selbstgenügsamer Ausgeglichenheit gefunden hat, in dem ihr jedes Verständnis für die Rückholaktion ihres Mannes fehlt:

Relief von Hermes, Eurydike und Orpheus, das Rilke in Neapel sieht

> Sie war in sich, wie Eine hoher Hoffnung,
> und dachte nicht des Mannes, der voranging,
> und nicht des Weges, der ins Leben aufstieg.
> Sie war in sich. Und ihr Gestorbensein
> erfüllte sie wie Fülle. (KA 1, 502)

Stärker als die gleichzeitige Antikenrezeption bei Stefan George oder Hugo von Hofmannsthal sind Rilkes Gedichte geprägt von einer „entschiedenen Unabhängigkeit und Originalität" (Böschenstein 2016, S. 130). Die Auseinandersetzung mit mythischen oder religiösen Stoffen zielt dabei immer auf Existenzielles.

Der gottlose Jesus Wie weit der literarische Spielraum reicht, den Rilke sich mit den *Neuen Gedichten* erschließt, zeigt sich besonders markant an dem Gedicht *Der Ölbaum-Garten* (das Hannah Arendt als ihr Lieblingsgedicht von Rilke bezeichnet hat). Es schließt an die achte von Rilkes elf *Christus-Visionen* (1896/97) an, in der ein auf die Erde zurückgekehrter Jesus auf dem alten jüdischen Friedhof in Prag mit Gott abrechnet: „Und dann […] / stieg meine Seele in den hohen Himmel, / und meine Seele fror; denn er war leer. / So warst Du niemals – oder warst nicht mehr, / als ich Unsel'ger auf die Erde kam." (SW 3, 158) In *Der Ölbaum-Garten* wird die Szenerie nach Gethsemane verlegt. Der Text beschreibt Jesu letzten Abend zunächst in der 3. Person, bevor er in die Innenperspektive einer Rollenlyrik wechselt und eine Kontrafaktur, eine Umdichtung des Neuen Testaments liefert. Rilkes Jesus wird sich kurz vor seinem Tod der Nichtexistenz Gottes bewusst, an den er seine Rede gleichwohl richtet:

> Ich bin allein mit aller Menschen Gram,
> den ich durch Dich zu lindern unternahm,
> der Du nicht bist. O namenlose Scham … (KA 1, 459)

Vergleichbar mit Jean Pauls *Rede des toten Christus vom Weltgebäude herab, dass kein Gott sei*, nun aber nicht mehr als Traumvision entschärft, entwirft der Text nicht nur eine gottlose Welt. Vielmehr verwirft er im Anschluss (wieder in die 3. Person eines distanzierten Sprechers wechselnd) auch die im Markusevangelium berichtete Erscheinung des tröstenden Engels als verklärende Fiktionalisierung eines ganz alltäglichen Vorgangs:

> Später erzählte man: ein Engel kam –.
>
> Warum ein Engel? Ach es kam die Nacht
> und blätterte gleichgültig in den Bäumen.
> […]

Die Nacht, die kam, war keine ungemeine;
so gehen hunderte vorbei.
Da schlafen Hunde und da liegen Steine.
Ach eine traurige, ach irgendeine,
die wartet, bis es wieder Morgen sei.

Denn Engel kommen nicht zu solchen Betern,
und Nächte werden nicht um solche groß.
Die Sich-Verlierenden läßt alles los,
und sie sind preisgegeben von den Vätern
und ausgeschlossen aus der Mütter Schooß. (KA 1, 459 f.)

Die auf den ersten Blick blasphemisch klingende Umdeutung des biblischen Textes erweist sich im Kontext von Rilkes grundlegender Christus-Kritik (siehe S. 75) als Bedingung einer bemerkenswerten Annäherung an Jesus. Indem der Sprecher Jesus radikal vermenschlicht (und den biblischen Tonfall durch einen betont umgangssprachlichen Ausdruck unterläuft), kann er sich plötzlich mit ihm identifizieren. Jesus wird ihm zum Inbild menschlicher Verlassenheit. „Wir *sind* einsam" (KA 4, 541) – so lautet Rilkes anthropologisches Credo dieser Jahre, das in *Der Ölbaum-Garten* an Jesus exemplifiziert wird. Seine Eindringlichkeit gewinnt der Text weniger durch Religionskritik als vielmehr durch die „bewegende Vergegenwärtigung des sich selbst verlierenden Menschen, der nicht umhin kann, sich auf ein anderes Du zu richten, in das er sich verliert." (Böckmann 1999, S. 341) Seine umdichtende Anverwandlung biblischer Figuren setzt Rilke in dem Zyklus *Das Marien-Leben* (1912) fort, der in dreizehn Gedichten das Leben von Jesu Mutter von der Geburt bis zu ihrem Tod verfolgt.

Liest man die *Neuen Gedichte* im Zusammenhang, der sich thematisch von einem geworfenen Ball bis zur Verzweiflung des von Gott verlassenen Jesus

Ästhetische Anverwandlung der Welt

erstreckt, wird deutlich, dass die Sachlichkeit und die Ich-Losigkeit dieser Texte nicht auf eine Auslöschung des Subjekts in der Objektivität zielen. Ganz im Gegenteil: Mit einer in Rilkes Werk zuvor unerreichten Intensität bemüht sich das Subjekt hier um eine ästhetische Selbstvergewisserung. Zwar zieht sich das lyrische Ich im Unterschied zu Rilkes vorangehenden Gedichtsammlungen weitgehend aus den Gedichten zurück, aber dafür ist jedes Gedicht von der spezifischen Blickweise des Textsubjekts geprägt. Rilke führt die Ästhetik zurück auf die Aisthetik, also auf eine allgemeine Wahrnehmungslehre. Das Gedicht wird damit ein „Einpassungsorgan, ein Mittler zwischen Dichter und Umwelt" (Köhnen 2010, S. 203).

Als der zweite Band der *Neuen Gedichte* abgeschlossen ist, schreibt Rilke an Ellen Key, die – wie auch andere enttäuschte Briefpartner – in den Texten zwar viel „Wortkunst", aber zu wenig von „starken *Erlebnissen*" entdeckt hatte: „[I]ch muss mich aller Dinge bemächtigen, aller ohne Ausnahme, auch derjenigen, die mir nicht von vornherein nahe stehn. Ich muss wissen, dass ich die Welt fassen kann, in welcher Verwandlung immer." (Rilke/Key 1993, S. 212 f.) Die *„Schule"* (Rilke/Key 1993, S. 213), durch die Rilke mit den *Neuen Gedichten* geht, besteht darin, an allem, vom Banalsten bis zum eigentlich abgelehnten Christus, eine Wendung zu entdecken, die sich zu einem sprachlichen Kunstding machen lässt. Die vermeintlich selbstlose Öffnung gegenüber den Dingen zielt auf eine ästhetische Anverwandlung, mit deren Hilfe sich der Dichter gegenüber seiner Umwelt sowie der kulturellen Tradition behauptet. Damit ist eine Haltung gefunden, die sich bis in Rilkes Spätwerk hinein als produktiv erweisen wird.

4. Duineser Elegien

Ort des Anfangs: Schloss Duino, Lithografie um 1880

Ort des Abschlusses: Rilkes Wohnturm in Muzot, Foto um 1930

„Wunder. Gnade." (R/AS, 444) Mit diesen Worten meldet Rilke am 11. Februar 1922 aus Muzot an Lou Andreas-Salomé die eruptionsartige Fertigstellung der *Duineser Elegien*, die er 1912 auf dem Schloss Duino an der heute italienischen, damals österreichischen Adriaküste begonnen hatte. Kein anderes seiner Werke ist über einen so langen Zeitraum entstanden, mit keinem anderen hat er so gerungen, kein anderes war ihm so wichtig. „Jetzt *weiß* ich mich wieder. Es war doch wie eine Verstümmelung meines Herzens, daß die *Elegieen* nicht da-waren. / Sie sind. Sie sind." (R/AS, 444 f.) Rilkes Briefe aus diesen Tagen führen vor, was es bedeuten kann, „mit vollem Einsatz der Existenz zu schreiben und die Realisation eines dichterischen Plans zu einem Lebensschicksal werden zu lassen" (Fülleborn 1982, S. 7). In zahlreichen Jubel-Briefen berichtet Rilke von seinem Schreibrausch, der ihm in dreieinhalb Wochen nicht nur die fehlenden Elegien, sondern auch die 55 *Sonette an Orpheus* sowie den Prosatext *Der Brief des jungen Arbeiters* eingebracht hat.

Nie zuvor habe er „so ungeheure Stürme des Ergriffenwerdens durchgemacht" (B, 825) und seine plötzliche Produktivität als „überlebensgroß" (B, 741) empfunden. Drei Jahre später von seinem polnischen Übersetzer um Erläuterungen gebeten, antwortet Rilke (bevor er zu einer besonders ergiebigen Selbstdeutung ansetzt): „Und bin *ich* es, der den Elegien die richtige Erklärung geben darf? Sie reichen unendlich über mich hinaus." (B, 896)

Rilkes Hauptwerk

Für den Autor und weite Teile der Forschung gelten die zehn Langgedichte, deren Umfang von 44 (*Sechste Elegie*) bis 113 Versen (*Zehnte Elegie*) reicht, als Rilkes Hauptwerk. Der ansonsten nicht zum Überschwang neigende Rilke-Biograf Ralph Freedman hält sie nicht nur für Rilkes, sondern auch „seines Jahrhunderts äußerste Leistung" (Freedman 2002, S. 402). Zu keinem anderen Gedichtzyklus Rilkes sind so viele Materialienbände, Monografien und Einzeldeutungen erschienen (zuletzt u. a. Riedel 2005, Fuchs 2009, Walisch 2012, von Brück 2015 und Por 2016). Das verdankt sich seiner Komplexität und gedanklichen Verdichtung, die einen ersten Zugang besonders schwierig machen. Rilke war sich dieser Problematik bewusst. Da die Texte oft „lyrische Summen nennen", ohne die vorangehende poetische Arithmetik offenzulegen, seien sie mehr darauf angelegt, „mittels der Eingebung des Gleichgerichteten, als mit dem, was man ‚Verstehen' nennt, allgemein erfaßt zu werden" (B, 852). Auch wenn der Verfasser die unkontrollierbare ‚Eingebung' für die Rezeption ebenso wie für die Produktion des Textes in Anschlag bringt, profitiert die Lektüre stärker als bei jedem anderen Werk Rilkes von Stellenkommentaren, wie sie unter anderem die kommentierte Werkausgabe bietet.

Struktur

Grob strukturiert sind die *Duineser Elegien* insofern, als die ersten beiden Elegien die *conditio humana*, also die Existenzform des Menschen, im Ganzen reflektieren und den Menschen dabei als Mängelwesen entwerfen. In der *Dritten* bis *Sechsten* sowie in der *Achten Elegie* werden jeweils Einzelaspekte des menschlichen Daseins genauer fokussiert. Die *Siebente* und die *Neunte Elegie* entwerfen auf dieser Grundlage eine positive Poetik – der klagende wandelt sich hier in einen rühmenden Gestus. Zum Ausklang verbindet die *Zehnte Elegie* Leben und Tod in einer episch-allegorischen Wanderung durch Stadt- und Naturlandschaften.

Die *Erste Elegie* bezieht sich mit ihren Anfangsversen auf ein Autorschaftsmodell, das sie sofort wieder verwirft. Anders als in Friedrich Hölderlins Hymne *Wie wenn am Feiertage …* (1800) kann der moderne Dichter nicht gefahrlos „unter Gottes Gewittern" (Hölderlin 1992, S. 240) stehen, um mithilfe seiner Lyrik zwischen den höheren Mächten und den Menschen zu vermitteln:

Programmatik der ersten beiden Elegien

> Wer, wenn ich schriee, hörte mich denn aus der Engel
> Ordnungen? und gesetzt selbst, es nähme
> einer mich plötzlich ans Herz: ich verginge von seinem
> stärkeren Dasein. Denn das Schöne ist nichts
> als des Schrecklichen Anfang, den wir noch grade ertragen,
> und wir bewundern es so, weil es gelassen verschmäht,
> uns zu zerstören. Ein jeder Engel ist schrecklich.
> Und so verhalt ich mich denn und verschlucke den Lockruf
> dunkelen Schluchzens. Ach, wen vermögen
> wir denn zu brauchen? Engel nicht, Menschen nicht,
> und die findigen Tiere merken es schon,
> daß wir nicht sehr verläßlich zu Haus sind
> in der gedeuteten Welt. (I; KA 2, 201)

Die *Erste Elegie* in Rilkes Abschrift

Hannah Arendt und Günther Anders kommentieren in einem der ersten Essays zu den *Duineser Elegien* von 1930: „Der erste Impuls des Rufes ist somit ein religiöser, und aus seinem Scheitern erwächst die Dichtung" (Arendt/Anders 1982, S. 52). Eine Dichtung freilich, die ihre Form noch nicht gefunden hat, sondern zunächst einmal über sich selbst reflektiert. Entfaltet wird eine Poetik, die das Schöne (als Inbegriff der Ästhetik) an das Furchtbare, Zerstörerische und damit an das Nichtästhetische heranführt. Kunst dient nicht der Zerstreuung, sondern soll dem Menschen eine Auseinandersetzung mit dem eigentlich Unerträglichen ermöglichen, das in Kunstwerken als ein Gestaltetes und deshalb Gerade-noch-Erträgliches in Erscheinung tritt. Wie das artikulierte Ich diese Aufgabe bewerkstelligen kann, ist ihm selbst noch nicht klar – in den ersten Versen finden sich gleich zwei Fragezeichen, Konjunktive und zudem eine prosanahe Sprechweise, die an ein „spontanes, noch nicht geordnetes Schreiben denken" (Catania 2019, S. 286) lässt.

Vom ‚Ich' zum ‚Wir'

Anfangs scheint das Ich mit dem Hölderlin'schen Konzept zu sympathisieren. Ohnehin stellen Hölderlins Hymnen eine wichtige Anregung für die *Elegien* dar (angedeutet im Gedicht *An Hölderlin* von 1914; vgl. allgemein Singer 1957). Auch deshalb setzen die beiden ersten Elegien mit Personalpronomen der 1. Person Singular ein und lassen damit jene „Monumentalisierung des Ich" (Stephens 1982, S. 322) anklingen, der man vor allem in Rilkes Frühwerk, etwa im *Stunden-Buch*, begegnet. Doch die *Duineser Elegien* beschreiten einen anderen Weg: Noch in den Anfangsstrophen der beiden ersten Elegien wird auf programmatische Weise vom ‚Ich' zum ‚Wir' gewechselt. Dieses anthropologisch ausgerichtete, also den Menschen als Gattungswesen meinende ‚Wir' entwickelt sich zum zentralen Personalpronomen des gesamten Zyklus. Dem ‚stärkeren Dasein' der Engel kann das Ich nur standhalten, indem es sein menschliches Dasein so vollständig wie möglich reflektiert und ausbildet.

Was das Menschsein ausmacht, wird in den *Duineser Elegien* immer wieder mithilfe der Grenzfiguren von Tier und Engel ausgelotet. Sie stehen für die beiden „Pole der kreatürlich-geistigen Doppelnatur des Menschen" (Engel 1996b, S. 613). Dabei sind die Engel als unendliches Bewusstsein konzipiert, das im Unsichtbaren zu Hause ist, die Tiere hingegen als reine Körperwesen, die ganz der sichtbaren Welt verhaftet bleiben. Beide repräsentieren so die Reinformen jener Bereiche, die „wir immerfort / entzwein, indem wir da sind." (IV; KA 2, 212) Der Mensch befindet sich in einer Zwischenposition, da sein Bewusstsein durch körperliche Bedürfnisse getrübt, seine physische Impulsivität durch Reflexion gebremst wird. Während in den *Duineser Elegien* die Engel alles und die Tiere nichts wissen, ist der Mensch halbwissend und unentwegt mit der nie ganz zuverlässigen Deutung seiner Innen- und Außenwelt beschäftigt – es muss akzeptiert werden, so lautet das schon im ersten Absatz enthaltene Credo, „daß wir nicht sehr verläßlich zu Haus sind / in der gedeuteten Welt" (ausführlich dazu Walisch 2012). Da sich das menschliche Verstehen immer wieder als unzureichend erweist, befindet sich nur das Mängelwesen Mensch in einem Zustand gewusster Vorläufigkeit, spricht nur aus ihm ein „niemals zufriedener Wille" (V; KA 2, 214).

Engel, Tiere und die ‚gedeutete Welt'

Die *Achte Elegie* entfaltet diese Thematik in einer Gegenüberstellung der Wahrnehmungsweisen von Mensch und Tier (und bezieht sich dabei nacheinander auf Säugetiere, Vögel und Insekten): „Mit allen Augen sieht die Kreatur / das Offene. Nur unsere Augen sind / wie umgekehrt und ganz um sie gestellt / als Fallen, rings um ihren freien Ausgang." (VIII; KA 2, 224) Zwar ist der Mensch wie das Tier eine ‚Kreatur', er kann aber sein Sehen nie komplett von seinem Bewusstsein, von den automatisch stattfindenden Kategorisierungen des Verstandes lösen. Er ordnet jedes Geschehen in eine Raum- und Zeitstruktur ein und ist sich daher der Begrenztheit und Vergänglichkeit von Ereignissen und eigener Lebenszeit stets bewusst. Die *Achte Elegie* ver-

Das offene Sehen der Tiere

wandelt den konkreten Akt des Abschiednehmens in ein für die gesamte menschliche Existenzform stehendes Sinnbild – und führt dabei pointiert den steten „Wechsel vom Argumentieren zum Zeigen" (Stephens 1982, S. 309) vor, der charakteristisch für diesen Zyklus ist:

> Und wir: Zuschauer, immer, überall,
> dem allen zugewandt und nie hinaus!
> Uns überfüllts. Wir ordnens. Es zerfällt.
> Wir ordnens wieder und zerfallen selbst.
>
> Wer hat uns also umgedreht, daß wir,
> was wir auch tun, in jener Haltung sind,
> von einem, welcher fortgeht? Wie er auf
> dem letzten Hügel, der ihm ganz sein Tal
> noch einmal zeigt, sich wendet, anhält, weilt –,
> so leben wir und nehmen immer Abschied. (VIII; KA 2, 226)

Elegien — Die Elegie ist ein aus der Antike stammendes melancholisches Klagegedicht, in dem oftmals Verstorbene betrauert werden. Typischerweise sind Elegien in Distichen verfasst, einem zweizeiligen, daktylischen und ungereimten Versmaß, das aus Hexameter und Pentameter besteht. In den meisten von Rilkes Elegien klingt dieses Muster in gelockerter Weise an (eine metrische Analyse liefert Schröder 1992). Auch das von einigen Interpreten unter Kitschverdacht gestellte Pathos (vgl. Groddeck 2011, S. 137) und der den Zyklus dominierende ‚hohe Ton' entspringen dieser Tradition. In den *Duineser Elegien* wird allerdings kein bestimmter Todesfall zum Thema, sondern der allgemeine Umgang mit der Sterblichkeit ins Zentrum der menschlichen Selbstreflexion gerückt. Durch das Bewusstsein der eigenen Endlichkeit unterscheidet sich der Mensch sowohl vom unsterblichen Engel als auch von den Tieren, die, wie es in der *Vierten*

Elegie heißt, "solang sie herrlich sind, von keiner Ohnmacht [wissen]" (IV; KA 2, 211).

Die *Duineser Elegien* reagieren auf das Todesbewusstsein des Menschen mit einer literarischen Doppelstrategie. Zum einen werden Bilder und Allegorien entworfen, mit denen die Schrecken der Vergänglichkeit künstlerisch gestaltet und damit kommensurabel gemacht werden sollen. So widmet sich die von Pablo Picassos Gemälde *La Famille de Saltimbanques* (1905; dt. Die Gaukler) angeregte *Fünfte Elegie* einer Gruppe nomadischer Akrobaten, den "ein wenig / Flüchtigern noch als wir selbst" (V; KA 2, 214). Fokussiert werden Augenblicke, in denen sich in ihren Übungen "das reine Zuwenig / unbegreiflich verwandelt" (V; KA 2, 216), so im unwillkürlichen Lächeln eines trainierenden jungen Artisten, das der Sprecher wie ein kostbares Heilkraut aufbewahrt wissen will.

Pablo Picasso: La Famille de Saltimbanques, 1905

Zum anderen richten vor allem die ersten sechs Elegien ihren Fokus immer wieder auf Grenzfiguren und Ausnahmezustände, in denen die ‚gedeutete Welt' außer Kraft gesetzt ist. Das gilt vor allem für die Zeitvergessenheit der Kindheit, für die ‚großen Liebenden' (deren Gefühlsintensität über das ‚Ich' und ‚Du' der personalen Liebe hinausweist) und für die Jungverstorbenen (die sich in den ihnen unbekannten Landschaften des Todes erst zurechtfinden müssen); zudem ist die *Sechste Elegie* einem jungen Helden gewidmet, bei dem der "Andrang des Handelns" (VI; KA 2, 218) jede Reflexion und Todesangst übertönt. In der *Dritten Elegie* werden die Ekstasen des Traums, des Fiebers und insbesondere einer archaischen (hier männlich konnotierten) Sexualität als Möglichkeiten begriffen, die Begrenzungen der menschlichen Wahrneh-

Grenzfiguren

mung aufzuheben. All diesen Figuren und Zuständen ist gemeinsam, dass sie in jenen Bereich des Offenen vordringen, in dem Engel und Tier, in ihrer je eigenen Weise, sich ständig befinden. In ihm sind die kategorialen Trennungen des menschlichen Verstandes in Objekt und Subjekt, Sichtbares und Unsichtbares, Leben und Tod, Diesseits und Jenseits aufgehoben. Zumindest für eine begrenzte Zeit erscheint es somit möglich, den bereits in der *Ersten Elegie* benannten menschlichen Grundirrtum zu vermeiden: „Lebendige machen / alle den Fehler, daß sie zu stark unterscheiden. / Engel (sagt man) wüßten oft nicht, ob sie unter / Lebenden gehn oder Toten." (I; KA 2, 203)

Verbindung von Zyklus und Linearität

Diese Integration des vermeintlichen Gegenteils wird auf struktureller Ebene in einer Gleichzeitigkeit von zyklischen und linearen Verlaufsformen umgesetzt. Die zehn Gedichte kommen immer wieder auf die oben ausgeführten Leitgedanken zurück – und beschreiben gleichwohl eine Entwicklung. Dominieren zunächst melancholische Tendenzen und ein klagender Sprachgestus, enthalten die *Siebente*, *Neunte* und *Zehnte Elegie* auch jubelnde Passagen, in denen eine Lösung der anfangs formulierten Dilemmata und Ausweglosigkeiten des Menschseins möglich erscheint. Aus den Elegien werden Hymnen. Die problematische psycho-physische Doppelnatur und das Vergänglichkeitsbewusstsein werden dabei in einer Rilke-typischen Umdeutung zum positiv konnotierten Spezifikum, zum besonderen Potenzial des Menschen erklärt. Entscheidend für das Gesamtverständnis ist dabei, dass der „Zustand rühmenden Glücks nicht trotz der Verzweiflung, sondern nur *durch sie hindurch* erreicht wird, daß jene höchste Zustimmung am Ende nicht in einer *Absetzungsbewegung gegen*, sondern nur in der bedingungslosen *Hingabe an* die zerstörerischen Kräfte gewonnen wird" (Koch 1996, S. 171).

Engel als Leitmotiv

Besonders deutlich wird die veränderte Grundstimmung der späteren Elegien an einem sich allmählich wandelnden Umgang mit den Engeln (zu den Engelsfiguren vgl. Fuchs 2009; Rösch 2009). Die bedrohliche Stärke der Engel, die am Anfang der *Zweiten Elegie* noch einmal prägnant formuliert wird („Jeder Engel ist schrecklich.", II; KA 2, 205), nimmt das Ich sich zum Maßstab eines gelingenden Reflektierens, Darstellens und Auslebens spezifisch menschlicher Fähigkeiten. Scheint das Ich am Anfang der *Ersten Elegie* dem übermächtigen Engel wehrlos ausgeliefert zu sein („ich verginge von seinem / stärkeren Dasein", I; KA 2, 201), deutet die *Zweite Elegie* die Gefährlichkeit der Engel als eine überwältigende Selbstbegegnung des Menschen um: Die Engel erscheinen nun als „fast tödliche Vögel der Seele" (II; KA 2, 205) und werden damit ins Innere des Menschen verschoben (so wie Malte Laurids Brigge in seinen *Aufzeichnungen* Gott als einen verdrängten und schließlich ausgelagerten Teil der menschlichen Psyche begreift). Wie Rilke brieflich ausführt, haben die Engel der *Elegien* „nichts mit dem Engel des christlichen Himmels zu tun"; schrecklich seien sie für uns, weil wir „doch noch am Sichtbaren hängen" (B, 899). Rilkes Engel sind keine Götterboten, sondern lassen sich (zumindest in der *Zweiten Elegie*) als Personifikation menschlicher Spiritualität lesen. Eine Verabsolutierung der geistigen Sphäre würde den Körper jedoch überfordern: „hochauf- / schlagend erschlüg uns das eigne Herz." (II; KA 2, 205)

Das gestiegene Selbstbewusstsein des Sprechers gegenüber den Engeln kommt in den folgenden Elegien darin zum Ausdruck, dass er über sie nicht mehr nur in der 3. Person reflektiert, sondern sie mehrfach auch direkt anspricht. Besonders nachdrücklich geschieht das am Ende der *Siebenten Elegie*:

> Glaub *nicht*, daß ich werbe.
> Engel, und würb ich dich auch! Du kommst nicht. Denn mein
> Anruf ist immer voll Hinweg; wider so starke
> Strömung kannst du nicht schreiten. Wie ein gestreckter
> Arm ist mein Rufen. Und seine zum Greifen
> oben offene Hand bleibt vor dir

> offen, wie Abwehr und Warnung,
> Unfaßlicher, weitauf. (VII; KA 2, 223)

Dass die imaginierte Kontaktaufnahme nicht (oder nicht ganz) vollzogen wird, liegt nun nicht mehr an der Stärke des Engels, sondern an der Sprachgewalt des Sprechers. Die Machtverhältnisse haben sich im Laufe der Elegien gedreht. Genauer gesagt, hat der Sprecher eine menschliche Weltanschauung und Sprechweise gefunden, mit der sich die übermenschliche Kraft des Engels aufwiegen lässt. Damit entwirft das Gedicht das Paradox einer monologischen Kommunikation – die anfangs bedauerte „Echolosigkeit" (Arendt/Anders 1982, S. 45) der menschlichen Ansprache an den Engel scheint nun beabsichtigt zu sein. Das Sinnbild dieser Kombination aus Annäherung und Distanzwahrung ist der ausgestreckte Arm: Die offene Handfläche steht als Doppelsymbol für den Wunsch, sich mit dem zum Greifen nahen Engel zu verbinden, und zugleich, als abwehrendes Signal, für den Abstand, der vom Engel einzuhalten ist. Gebündelt werden diese gegenläufigen Tendenzen in einem einzigen Wort: dem ‚Hinweg' („Denn mein Anruf ist immer voll Hinweg"). Es stellt ein Antonym dar, weil es sowohl das Auf-den-Engel-Zugehen als auch das substantivierte Adverb ‚hinweg' (in der Bedeutung von ‚wegscheuchen') meinen kann.

Einmaligkeit der menschlichen Existenz

Wie diese ambivalente Kontaktaufnahme mit dem Engel beschaffen sein könnte, führt die *Neunte Elegie* näher aus. Sie setzt noch einmal mit einer grundsätzlichen Reflexion über das Menschsein ein. Wieder steht dabei die Endlichkeit des Lebens im Zentrum, wird nun aber neu akzentuiert. Anstatt die Flüchtigkeit zu beklagen, deutet der Sprecher sie als besondere Qualität des menschlichen Daseins. In einer Kette von elliptischen Parataxen wird die Kürze des Lebens nun auch poetologisch fruchtbar gemacht:

> Aber weil Hiersein viel ist, und weil uns scheinbar
> alles das Hiesige braucht, dieses Schwindende, das
> seltsam uns angeht. Uns, die Schwindendsten. *Ein* Mal
> jedes, nur *ein* Mal. *Ein* Mal und nichtmehr. Und wir auch
> *ein* Mal. Nie wieder. Aber dieses
> *ein* Mal gewesen zu sein, wenn auch nur *ein* Mal:
> *irdisch* gewesen zu sein, scheint nicht widerrufbar. (IX; KA 2, 227)

In dieser „Fuge über das Motiv der Unwiederbringlichkeit" (Guardini 1961, S. 337) wird die Einmaligkeit (als Kern der menschlichen Existenz) paradoxerweise in zahlreichen Wiederholungsfiguren beschworen: Die sechsfache Hervorhebung des ‚ein' paart sich mit Anapher, Parallelismus und Binnenreimen. Hatte die *Erste Elegie* danach gefragt, wen wir als Menschen wirklich zu brauchen vermögen, dreht sich am Ende der Elegien die Blickrichtung: Wir werden gebraucht. Und zwar von den irdischen Dingen, die ebenso vergänglich sind wie wir, sich dessen aber im Unterschied zu uns nicht bewusst sind. Nachdem der Sprecher anfangs die unglückliche Mittellage des Menschen zwischen Tieren und Engeln beklagt hat, leitet er nun genau daraus einen Auftrag ab: die materiellen Dinge in Geistiges zu verwandeln.

Damit ist die entscheidende poetologische Wendung der *Duineser Elegien* erreicht. Der Höhepunkt des menschlichen Daseins und Dichtens besteht nicht – obwohl die Elegien sich über weite Strecken darauf konzentrieren – in der emotionalen Intensität der Liebe oder des Leidens. Auch diese Einsicht folgt aus der Auseinandersetzung mit den Engeln, die „*besser* unsäglich" (VII; KA 2, 227) sind: Dem Engel kann der Mensch „nicht großtun mit herrlich Erfühltem; im Weltall, / wo er [= der Engel] fühlender fühlt, bist du [= der Mensch] ein Neuling" (IX; KA 2, 228). Selbst die extremsten Gefühlslagen sind beim Menschen an seine physischen Bedürfnisse gebunden und deshalb niemals so rein wie beim Engel; zudem lassen sich Gefühle, wie die *Vierte Elegie* ausführt, von den sie bezeichnenden Wörtern nur unzureichend ausdrücken.

Feier des Irdischen

Das poetologische Konzept der *Duineser Elegien* verdichtet sich vor diesem Hintergrund zu einem knappen Imperativ: „Preise dem Engel die Welt" (IX; KA 2, 228). Der zeitgleich entstandene *Brief des jungen Arbeiters* endet mit einem fast gleichlautenden Appell: „Gebt uns Lehrer, die uns das Hiesige rühmen." (KA 4, 747) Da es nur dem Menschen gegeben ist, als sterbliches Wesen zugleich Teil der körperlichen und der geistigen Welt zu sein, gründet sich genau darauf sein Selbstbewusstsein gegenüber den Tieren und den Engeln. Nicht an den Sternen oder am Unendlichen hat sich eine im emphatischen Sinn ‚menschliche' Dichtung auszurichten, sondern an den materiellen Dingen:

> […] Sind wir vielleicht *hier*, um zu sagen: Haus,
> Brücke, Brunnen, Tor, Krug, Obstbaum, Fenster, –
> höchstens: Säule, Turm … aber zu *sagen*, verstehs,
> oh zu sagen *so*, wie selber die Dinge niemals
> innig meinten zu sein. (IX; KA 2, 228)

Die spezifische Leistung nicht nur des Dichters, sondern jedes Menschen ist eine doppelte Verwandlung der Dinge. Erstens ruft die Elegie nur solche Gegenstände auf, die der Mensch handwerklich hergestellt oder (im Fall des Obstbaums) für seine Zwecke kultiviert hat – schon dabei handelt es sich um ein Anverwandeln der Materie. Zweitens sollen diese Dinge nicht einfach benannt, sondern sprachlich-mental weiterverarbeitet werden. Als das von den früheren Elegien vorbereitete Signalwort fungiert dabei ‚innig'. Schon in der *Siebenten Elegie* wurde das irdische Dasein gefeiert („Hiersein ist herrlich."; VII; KA 2, 221), und zwar in Bezug auf eine Verinnerlichung der gegenständlichen Welt – weil „das sichtbarste Glück uns / erst zu erkennen sich giebt, wenn wir es innen verwandeln. // Nirgends, Geliebte, wird Welt sein als innen." (VII; KA 2, 221) Die von Rilke nur in einem einzigen Gedicht von 1914 verwendete Formel vom „Weltinnenraum" (*Es winkt zu Fühlung*; KA 2, 113) findet hier ihre Ausdeutung: Die Aufgabe des Menschen besteht darin, das in der materiellen Außenwelt Wahrgenommene mit den geistigen Möglichkeiten seiner Innenwelt zu verbinden. So wie die Tiere dem Menschen in der verständnislos-unabgelenkten Offenheit der Außenwahrnehmung überlegen sind, übersteigen die Verständnisfähigkeiten der Engel den Menschen. Nur der Mensch aber kann beides miteinander verbinden, die materielle Außenwelt in geistige Innenwelt verwandeln und zu Kunstwerken formen.

Die Pointe dieser poetologischen Lösung besteht freilich darin, dass damit am Ende der *Elegien* ein Zielpunkt erreicht ist, dem man in Rilkes Werk schon früher begegnen kann. Bereits die *Neuen Gedichte* betreiben in ihrer subjektiven Objektverbundenheit eine mentale Weltaneignung, die der ‚neuen' Formel der *Elegien* sehr nahekommt. Dass zyklische Verlaufsformen und lineare Entwicklung gleichermaßen auftreten, gilt – das zeigen die *Elegien* besonders deutlich – auch im Blick auf Rilkes Gesamtwerk. Die *Elegien* weisen über die *Neuen Gedichte* gleichwohl hinaus: Während dort die Einzelbilder noch „für die Totalität der Erfahrungen" stehen, werden sie nun in einen „dynamischen Prozess der Bild- und Sinnproduktion" (Kauffmann 2010, S. 136) eingebunden. Anders als in den Gedichtsammlungen des mittleren Werks dominieren im *Elegien*-Zyklus zum einen Verfahren der Überlagerung und Verknüpfung, durch die „das Verhältnis von Einzelbild und Gesamtkonstruktion zum Zerreißen gespannt ist" (Kauffmann 2010, S. 137). Zum anderen wird die poetische Bildersprache in eine zuvor allenfalls im ersten Teil des *Stunden-Buches* anklingende poetologisch-weltanschauliche Reflexion eingebunden. Der Sprecher baut dabei die avancierte literarische Technik der Weltverwandlung zu

Vergleich mit den *Neuen Gedichten*

einer existenziellen Tätigkeit aus, indem er die Transformation von Außen- in Innenwelt zur eigentlichen Aufgabe des Menschseins erklärt: „Erde, ist es nicht dies, was du willst; *unsichtbar* / in uns erstehn? […]. / Was, wenn Verwandlung nicht, ist dein drängender Auftrag?" (IX; KA 2, 229)

Historischer Kontext	In den Reflexionspassagen der *Duineser Elegien* wird dieser ontologisch fundierte ‚Auftrag' auch historisch begründet. Schon Paul Cézanne hatte seine Malerei damit erklärt, dass es Aufgabe der Kunst sei, die im Zuge der Industrialisierung und Modernisierung verlorengehenden Dinge und Landschaften zu bewahren („Man muß sich beeilen, wenn man noch etwas sehen will. Alles verschwindet."; zit. n. Bernard 1982, S. 88). Ganz ähnlich argumentiert zwanzig Jahre später Rilke, wenn er an Witold Hulewicz zur Erklärung der *Elegien* und in Bezug auf die „Schein-Dinge", die in Fabriken gefertigten „*Lebens-Attrappen*", schreibt: „Die belebten, die erlebten, die *uns mitwissenden Dinge* gehen zur Neige und können nicht mehr ersetzt werden. *Wir sind vielleicht die Letzten, die noch solche Dinge gekannt haben*. Auf uns ruht die Verantwortung, nicht allein *ihr* Andenken zu erhalten, […] sondern ihren humanen […] Wert." (B, 899 f.) In der modernen Arbeitswelt – so heißt es in der *Neunten Elegie* – „fallen die Dinge dahin, die erlebbaren, denn, / was sie verdrängend ersetzt, ist ein Tun ohne Bild" (IX; KA 2, 228). Schon in der *Siebenten Elegie* ist der „Zeitgeist" (VII; KA 2, 222) an die ‚gestaltlose' Elektrizität gebunden worden. In ihr (und nicht in handwerklich erzeugten Gegenständen) finde die moderne Gesellschaft ihre „Speicher der Kraft" (VII; KA 2, 222). Die grundsätzliche Krisensituation des Menschen wird in den Umwälzungen der technischen Moderne noch einmal forciert. Die *Elegien* konstatieren diese Entwicklung eher als sie zu beklagen. Notwendig macht sie allerdings eine Neuorientierung des modernen Menschen, denn der Fortschritt bringe nur dem einen „Vorteil", der „nun *innerlich* [zu] baun" (VII; KA 2, 222) verstehe.

Trotz dieser kulturkritischen und weltanschaulichen Zuspitzungen handelt es sich bei den *Duineser Elegien* nicht um eine moralische Lehrdichtung. Davon zeugen die zahlreichen Fragezeichen in den zehn Gedichten (von denen immerhin vier mit einem Fragesatz beginnen), zudem Adverbien wie ‚scheinbar' sowie zahlreiche Konjunktive. Die letzte Elegie entwirft eine uneingelöste Poetik der Zukunft. In ihr wird der euphorische Grundton der *Siebenten* und *Neunten Elegie* zugleich angespielt und auf Abstand gehalten: „Daß ich dereinst, an dem Ausgang der grimmigen Einsicht, / Jubel und Ruhm aufsinge zustimmenden Engeln." (X; KA 2, 230) Allein in Optativen, also der grammatischen Form, in der die noch ausstehende Erfüllung von Wünschen zum Ausdruck gebracht werden kann, gelingt eine harmonische Interaktion mit den Engeln – sie reagieren mit Zustimmung auf den Gesang des Dichters. Doch das ist Zukunftsmusik: Noch hat der Sprecher die ‚grimmige Einsicht' nicht hinter sich gelassen. Im Kontext der *Elegien* hat man sich unter dieser Einsicht insbesondere das Bewusstsein für die Begrenztheiten des menschlichen Wahrnehmens, Fühlens, Verstehens und Lebens vorzustellen.

Poetik der Zukunft

Der dialektische Gedankengang der *Zehnten Elegie* besteht nach diesem Einstieg darin, gemäß der Rilke'schen Umdeutungslogik das vermeintlich Negative (‚grimmige Einsicht') gar nicht überwinden, sondern fruchtbar machen zu wollen. Sie erklärt den Menschen zu einem „Vergeuder der Schmerzen", insofern er Phasen des Leidens überspringen will, anstatt sie als festen Bestandteil des menschlichen Lebens, als „*eine* der Zeiten des heimlichen Jahres" (X; KA 2, 230) anzuerkennen. In ihrem weiteren Verlauf entfaltet die Elegie eine bildkräftige „Verräumlichung innerer Erfahrung" (Engel 1996b, S. 688); an die Stelle der „abrupten Übergänge zu ganz verschiedenen Motivkomplexen" (Hamburger 1976, S. 106), die typisch für die ersten *Elegien* sind, tritt ein epischer Handlungsfaden: Eine allegorische Wanderung führt zunächst durch eine moderne „Leid-Stadt", in der die Auseinandersetzung mit dem Tod durch

Die Welt der Toten

Zerstreuungen verdrängt wird. Sodann geht es an die Ränder der Gesellschaft, in denen sich die Welten der Lebenden und der Toten vermischen – und wo es deshalb erst eigentlich „*wirklich*" (X; KA 2, 230 f.) ist. Darüber hinaus ziehen nur die Toten: Ein junger Toter trifft auf eine jenseitige Klagefrau, die ihn mit der benachbarten Totenwelt vertraut macht. Von Beginn der *Elegien* an sind die Toten (und insbesondere die Jungverstorbenen) in einem „Doppelzustand (lebend und tot)" (von Brück 2015, S. 69) verortet worden – sie müssen sich (wie Lebende) erst an ihre neue Existenzform und Umgebung gewöhnen. Diese Vorstellung wird in der zweiten Hälfte der *Zehnten Elegie* zu einem „Initiationsweg des jungen Toten" ausgebaut, der als topografisch modellierter „Lehrpfad" angelegt ist (und an die altägyptischen Kulturdenkmäler erinnert); in der neueren Forschung sind die vom Verstorbenen durchlaufenen Stationen als „Wegmarken der Rilkeschen Poetik" (Torra-Mattenklott 2006, S. 199, 202 f.) gedeutet worden.

Während am Ende der *Ersten Elegie* über die Entstehung der Kunst aus der Totenklage reflektiert worden ist, wird zum Abschluss des Zyklus die Kommunikationsrichtung gedreht. Nachdem der junge Tote aus dem Blick des Sprechers geraten ist, imaginiert dieser eine Hinwendung der Toten zu den Lebenden:

> Aber erweckten sie uns, die unendlich Toten, ein Gleichnis,
> siehe, sie zeigten vielleicht auf die Kätzchen der leeren
> Hasel, die hängenden, oder
> meinten den Regen, der fällt auf dunkles Erdreich im Frühjahr. –
>
> Und wir, die an *steigendes* Glück
> denken, empfänden die Rührung,
> die uns beinah bestürzt,
> wenn ein Glückliches *fällt*. (X; KA 2, 234)

Mit der winterlichen Hasel, die wieder ausschlagen wird (die hängende Hasel bildet die Samenträger des Strauchs), und dem Frühlingsregen stellt der Text zwei Dingsymbole ans Ende, die Vergehen und Werden, Leben und Tod als Einheit präsentieren. Beide kommen *von* oben und ermöglichen ein späteres Wachsen *nach* oben. Die Todes-Elegie endet gerade nicht in der Endgültigkeit, wenn auch nur im konjunktivischen Gleichnis. Der letzte Vers meint kein endendes, sondern ein unerwartetes Glück – es existiert dort, wo man es gemeinhin nicht erwartet: Es „*fällt*". Die Konventionen menschlicher Weltdeutung (in denen nur der Aufstieg positiv konnotiert ist) werden buchstäblich auf den Kopf gestellt, wenn das Beglückende an etwas Fallendes gebunden erscheint. Eine Aufwertung des Fallens zieht sich damit vom *Stunden-Buch* (siehe S. 139 u. 152) bis ins Spätwerk.

Bilder für alles

Rilke geht es darum, „mit rein poetischen Mitteln das Erbe der Metaphysik anzutreten, Kunstwerke zu schaffen, in denen die Totalität aller Erfahrungen sich zu einer Sinnfigur formt" (Engel 1996b, S. 417). Mithilfe einer zwangsläufig begrenzten literarischen Form nicht weniger als *alles* zur Darstellung zu bringen – diesen Anspruch verfolgen die *Duineser Elegien* radikaler als jedes andere Werk Rilkes.

5. *Die Sonette an Orpheus*

Zeitlebens identifiziert sich Rilke mit dem Autorschaftskonzept des *poeta vates*: Als Dichter ist er auf Inspiration angewiesen, über die er nicht verfügen kann. Seine spektakulärste Einlösung erfährt das Modell mit der ungeplanten Entstehung der *Sonette an Orpheus*. Die ersten 25 Gedichte des Zyklus werden in nur vier Tagen vom 2. bis zum 5. Februar 1922 „in einem einzigen atem-

Rilke als *poeta vates*

Der Entstehungsort: Stehpult in Rilkes Arbeitszimmer in Muzot

losen Gehorchen" (B, 833) niedergeschrieben, zu einer Zeit, als Rilke eigentlich darauf hofft, die *Duineser Elegien* vollenden zu können. Die restlichen 30 Texte entstehen zwei Wochen später, fast alle wiederum in einer eruptiven Arbeitsphase von neun Tagen (dazwischen gelingt die Fertigstellung der *Duineser Elegien*). Dieser Produktionsfolge entspricht die Aufteilung in zwei Abschnitte mit 26 und 29 Sonetten. Rilke bezeichnet die Niederschrift der später nur minimal bearbeiteten Sonette als das „rätselhafteste Diktat, das ich je ausgehalten und geleistet habe" (B, 833). Die Leichtigkeit der Textproduktion lässt ihn (und die Rilke-Philologie) zunächst mit einiger Skepsis auf dieses Werk schauen: Die Frau seines Verlegers solle entscheiden, ob man im Druck nicht besser die Hälfte weglasse. Erst nachdem Rilke in den folgenden Monaten alle 55 Gedichte Freundinnen und Freunden vorgelesen hat, wird ihm „jedes einzelne Sonett in seinen Bezügen und in seiner Stellung klar" – dieser Prozess erscheint ihm „selber ungeheuer" (Rilke/Kippenberg 1954, S. 492).

Während man in der Forschung die *Duineser Elegien* lange für Rilkes lyrisches Hauptwerk gehalten hat, findet sich seit dem späten 20. Jahrhundert immer häufiger die Ansicht, dass die *Sonette an Orpheus* „von heute her gesehen der poetologisch avanciertere und ästhetisch radikalere Teil der lyrischen Doppelproduktion von 1922" (Groddeck 2011, S. 139) sind. Der Schriftsteller Marcel Beyer hat sie knapp einhundert Jahre nach ihrer Entstehung als „ein von keinem Dichter je wieder erreichtes Wunder der Reimkunst" (Beyer 2017, S. 85) gewürdigt. Auch aufgrund eines gewissen Nachholbedarfs sind in den letzten Jahrzehnten anspruchsvolle Gesamtinterpretationen entstanden, die zum Besten der neueren Rilke-Forschung gehören (Gerok-Reiter 1996; König 2014b; König/Bremer 2016; mit Einschränkungen auch Krämer 1999; Ziolkowski 2010).

Rilkes Gedichtband enthält nur *einen* Gedichttyp, variiert die Sonettform aber auf eine in der deutschsprachigen Lyrik einzigartige Weise. Obwohl angelehnt an die Tradition des italienischen Sonetts, entspricht keiner der Texte exakt der Vorgabe (vgl. Gerok-Reiter 1996, S. 68–99). Rilkes Absicht bestand darin, aus der „sonst so stillen und stabilen Form" das „Freieste, sozusagen Abgewandelteste" zu machen; „das Sonett abzuwandeln, es zu heben, ja gewissermaßen es im Laufen zu tragen, ohne es zu zerstören, war mir […] eine eigentümliche Probe und Aufgabe" (Rilke/Kippenberg 1954, S. 455). Um das zu erreichen, geht Rilke nicht von den Formvorgaben des Sonetts, sondern vom „natürlichen Satz" aus und „führt diesen durch alle Strophen": „Eine solche Schwerelosigkeit und Biegsamkeit der deutschen Sprache war bis zu Rilkes Gedichten nicht möglich" (Grimm 2012, S. 139, 137).

Variationen des Sonetts

Klanglich und thematisch handelt es sich um Rilkes beweglichsten Gedichtband, der eine Summe seines lyrischen Schaffens zieht. Er nimmt den hohen Ton und die ethischen Implikationen der *Duineser Elegien* auf, führt stellenweise die Dinglyrik der *Neuen Gedichte* weiter und wendet sich immer wieder – wie im frühen *Stunden-Buch* – an einen Gott. Als Inspiration dient wiederum ein Werk der bildenden Kunst: Baladine Klossowska hatte eine Postkarte mit Giovanni Battista Cima da Coneglianos (um 1459–1518) idyllischer Federzeichnung *Orpheus* gekauft, über Rilkes Schreibplatz an die Wand geheftet und bei ihrer Abreise vermutlich vergessen. Trotzdem klingt nichts wie in den anderen Werken. Denn alle Register der Rilke'schen Lyrik werden auf den mythischen Sänger Orpheus bezogen, der in der Gedichtsammlung zum

Giovanni Battista Cima da Coneglianos: Orpheus, um 1500

Gott der Dichtung erhöht wird. Dieses Verfahren ist symptomatisch für die Gestaltung der Sonette. Einerseits berufen sie sich auf das mythische Modell, das für zeitlos gültig erklärt wird: „Ein für alle Male / ists Orpheus, wenn es singt." (I.5; KA 2, 243) Andererseits wird der Mythos lyrisch verwandelt, indem die Texte Orpheus *gegen* die antike Tradition vergöttlichen.

Diese Arbeit am Mythos ist ein dezidiert poetisches und modernes Projekt. Wie immer, wenn Rilke sich mit kulturellen oder künstlerischen Traditionen beschäftigt, kommt es ihm vor allem darauf an, das historische Material für seine gegenwärtige Poetik fruchtbar zu machen. Um diese Differenz zum mythischen Denken zu markieren, hat man Rilkes Verfahren als „paramythisch" (Allemann 1976, S. 14, 24) und – mit größerer Resonanz – als „Mythopoesie" (Engel 2004a, S. 408) bezeichnet. Die Sonette betreiben keine Feier des Mythos, sondern instrumentalisieren den Mythos für poetische Zwecke. Angesichts einer ganz auf Zukunft ausgerichteten Moderne treibt Rilke die Frage um, „ob wir fähig bleiben, zu den weitesten und geheimsten Überlieferungen der Menschheit offen und leitend zu bleiben" (Rilke 1985, S. 68). Wer eine solche ‚Leitung' zur Tradition herstellen will, ist sich des Abstands bewusst, den es zu überbrücken gilt. In den *Sonetten an Orpheus* führt das zu einem hohen Maß an (selbst-)reflexiven Passagen. Rilkes Gedichte wollen selbst orphisch singen, sind aber immer auch „Gedichte über die Bedingung der Möglichkeit orphischer Gedichte"; der mythologische Rahmen soll dem modernen Dichter zu verstehen helfen, „worin seine dichterische Inspiration bzw. Kreativität begründet ist." (König 2016a, S. 10) Es gilt, das Zusammenspiel von Poesie und Reflexion, von Tradition und Innovation produktiv werden zu lassen.

Als Leitprinzip fungiert dabei die „Metamorphose" (I.5; KA 2, 243), also die Verwandlung. Bezeichnend ist, dass Rilkes wichtigste Quelle die *Metamorphosen* des Ovid waren. Die zentralen Elemente des Mythos, auf die auch in den Sonetten angespielt wird, sind, dass Orpheus vermittels seines Gesangs wilde Tiere besänftigt und ganz buchstäblich Bäume versetzt (vgl. I.1; KA 2, 241) sowie dass er die Herrscher der Unterwelt mit seiner Kunst dazu bewegt, ihm Zutritt in ihr Reich zu gewähren und ihm zu erlauben, seine verstorbene Gattin Eurydike ins Leben zurückzuholen. Diese Vertrautheit mit „beiden / Reichen" (I.6; KA 2, 243) wird in mehreren Sonetten als Grundbedingung ästhetischer Meisterschaft gerühmt: „Nur wer mit Toten vom Mohn / aß, von dem ihren, / wird nicht den leisesten Ton / wieder verlieren." (I.9; KA 2, 245)

_{Metamorphose als Leitprinzip}

Aber Orpheus ist auch der Inbegriff des Scheiterns. Aufgrund einer menschlichen Unkonzentriertheit misslingt ihm die Rückholung Eurydikes (was Rilke schon in dem langen Gedicht *Orpheus. Eurydike. Hermes* aus den *Neuen Gedichten* auf eigenwillige Weise bearbeitet hat, siehe S. 175); selbst wird er schließlich von aufgebrachten Mänaden, den mythischen Begleiterinnen des Dionysos, in Stücke gerissen. Rilke zeigt sich besonders fasziniert davon, dass ausgerechnet der brutale Tod des Sängers die Voraussetzung für die Unsterblichkeit seines Gesanges ist. Die Abschlussgedichte beider Teile beziehen sich darauf, dass nach dem Tod des Sängers sein abgeschlagener Kopf weitersingt, seine Leier weiterspielt: „Nur weil dich reißend zuletzt die Feindschaft verteilte, / sind wir die Hörenden jetzt und ein Mund der Natur." (I.26; KA 2, 253)

Orpheus lehrt somit nicht nur Singen, sondern auch Hören. War das wichtigste Wahrnehmungsorgan in Rilkes mittlerem Werk das Auge (mit der bildenden Kunst als Leitmedium), ist es nun das Ohr (mit der von Rilke früher nicht besonders geschätzten Musik als zentraler Bezugskunst). Schon

Aufwertung des Hörens

I

Da stieg ein Baum. O reine Übersteigung!
O Orpheus singt! O hoher Baum im Ohr!
Und alles schwieg. Doch selbst in der Verschweigung
ging neuer Anfang, Wink und Wandlung vor.

Tiere aus Stille drangen aus dem klaren
gelösten Wald von Lager und Genist;
und da ergab sich, daß sie nicht aus List
und nicht aus Angst in sich so leise waren,

sondern aus Hören. Brüllen, Schrei, Geröhr
schien klein in ihren Herzen. Und wo eben
kaum eine Hütte war, dies zu empfangen,

ein Unterschlupf aus dunkelstem Verlangen
mit einem Zugang, dessen Pfosten beben, —
da schufst du ihnen Tempel im Gehör.

Das Eingangsgedicht
in Rilkes Handschrift

dass der Gedichtband mit einem dreifachen O-Ausruf ansetzt, betont die Bedeutung des Klangs und hebt die lautliche Nähe zwischen ‚Ohr' und ‚Orpheus' hervor – beide Worte finden sich gemeinsam gleich im zweiten Vers:

> Da stieg ein Baum. O reine Übersteigung!
> O Orpheus singt. O hoher Baum im Ohr! (I.1; KA 2, 241)

Die vier kurzen Eingangssätze entwerfen in verdichteter Form das poetologische Programm des ganzen Bandes. Zunächst ruft der erste Satz den Mythos auf, der davon berichtet, dass Orpheus auf einer Anhöhe singt, auf die ihm auch die Bäume folgen. Schon der zweite Satz liefert dann aber keine Nacherzählung mehr, sondern eine ins Abstrakte weisende Deutung der mythischen Erzählung. Dass wir uns bereits hier in der nicht-mythischen Welt des Sprechers befinden, zeigt auch das ungewöhnliche Verbalsubstantiv ‚Übersteigung' an, eine Neuschöpfung Rilkes.

Mit seinem Wechsel ins Präsens etabliert der Text im dritten Satz dann endgültig eine zweite Zeitebene. Sie deutet in die Gegenwart des modernen Dichters, in welcher der orphische Gesang entweder noch immer vernehmbar ist oder – als inversive Aufforderung an die Leserinnen und Leser verstanden: ‚Singt Orpheus!' – weitergeführt werden soll (vgl. König 2016b, S. 24). Diese Bedeutungsoffenheit, die charakteristisch für viele der Sonette ist, wird von der irritierenden Bildlichkeit des vierten Satzes noch verstärkt. Für sich gelesen, scheint es sich um eine Katachrese, einen Bildbruch zu handeln: Ein Baum passt nicht ins Ohr. Allerdings weist der ‚*hohe* Baum' zurück auf den steigenden Baum des ersten Satzes. Kehrt das Gedicht also zur Handlungsebene des Mythos zurück und setzt mit der vermeintlich lokalen Präposition („im Ohr") ein Bild für den Zustand des Hörens, in dem sich der von Orpheus gebannte Baum befindet? Oder bezieht sich das ‚Ohr' auf einen (antiken oder modernen) Rezipienten, der Ohrenzeuge des (antiken oder modernen) Dichters ist, der wiederum aus zeitlicher Distanz vom steigenden Baum singt – stellt der Satz also eine „Wendung ins Er-innern" (Krämer 1999, S. 39) dar? Das unpassende Größenverhältnis von Ohr und Baum kann zudem als Bild für eine von Orpheus' Gesang bewirkte Weitung des Ohres verstanden werden, mithin als vergegenständlichendes Sinnbild einer intensivierten Wahrnehmungsfähigkeit. Nicht zuletzt besteht eine besondere Pointe darin, dass das Eröffnungsgedicht der *Sonette an Orpheus* mit seinem kurzen vierten Satz zurückverweist auf das Eröffnungsgedicht *Eingang* im *Buch der Bilder*: „Mit deinen Augen […] / […] / hebst du ganz langsam einen schwarzen Baum / und stellst ihn vor den Himmel: schlank, allein." (KA 1, 257) Wird dort das Auge auf programmatische Weise zum Baum-bewegenden Leitorgan erklärt (im Einklang mit den im Titel der Gedichtsammlung aufgerufenen ‚Bildern'), ist es nun das Ohr. Auf dieses wird im Titel des Bandes zumindest insofern angespielt, als der Begriff ‚Sonett' auf it. ‚sono', also ‚Ton' oder ‚Klang' zurückgeht; man bezeichnet das Sonett deshalb auch als Klinggedicht. Der kurze vierte Satz des Gedichtes I.1 ergibt somit in zahlreichen Perspektiven und Kontexten Sinn. Von hier ausgehend entwickelt sich der Baum zu einem Leitmotiv des ganzen Zyklus (vgl. Gerok-Reiter 1996, S. 264–272). Dabei löst er sich zunehmend von der mythischen Erzählung, wie überhaupt die Orpheus-Figur im zweiten Teil der Sonette deutlich in den Hintergrund tritt und nur noch an einer Stelle explizit genannt wird (vgl. II.28; KA 2, 271).

Mythos und Moderne

Dass der Horizont der Gedichte weit über den Mythos hinausgeht, zeigt sich auf motivischer Ebene am Auftreten von modernen Maschinen (vgl. I.18, II.10; KA 2, 249, 261), den „Antennen" (I.12; KA 2, 246) des gerade erfundenen Radios oder dem Bankwesen (vgl. II.19; KA 2, 267; dazu Unglaub 2004a). Und schon vor dem ersten Sonett verweist eine als Untertitel gesetzte Widmung in die Gegenwart des Autors: „Geschrieben als ein Grab-Mal / Für

Wera Ouckama Knoop, 1900–1919

Die tanzende Wera Ouckama Knoop, um 1915

Wera Ouckama Knoop" (KA 2, 237). Neben den ‚alten' Sänger Orpheus tritt damit eine junge Frau aus Rilkes Bekanntenkreis, die er als Tänzerin gesehen hatte, bevor sie 1919 mit 19 Jahren an Leukämie starb. Bereits die zahlreichen Komplementärverhältnisse der Doppeladressierung (Orpheus/Wera, Mythos/ Realität, Vergangenheit/Gegenwart, Mann/Frau, alt/jung) deuten das enorme Spannungsfeld an, das diese Gedichte entwerfen. Gemeinsam mit den letzten Versen des Zyklus bilden sie einen paradoxen, weil ausdrücklich instabilen Rahmen: „zu der stillen Erde sag: Ich rinne. / Zu dem raschen Wasser sprich: Ich bin." (II.29; KA 2, 272) Das Sein, auf das die 55 Sonette der Sammlung zulaufen, versteht sich als ein wandelbares, als eine ständige oppositionelle Ergänzung zum Status quo. Das letzte Gedicht hält die gegenläufigen Bewegungsformen ebenso zusammen, wie im vorletzten Gedicht die Komplementärfiguren Orpheus und Wera aneinandergebunden sind: Die junge Tänzerin erscheint dort als Orpheus' zeitgenössische Inkarnation, als eine „von damals her Bewegte" – die gleichzeitig in ihrer Tanzfigur versucht, den Gott nach *ihren* Vorstellungen „hinzudrehn" (II.28; KA 2, 271 f.). Darin ist sie dem modernen Dichter ein Vorbild.

Vernetzungspoetik

Für den Leser stellen die *Sonette an Orpheus* eine besondere Herausforderung dar. Charakteristisch für diese Gedichte ist eine „Widerständigkeit gegen ihre Deutung, ja gegen Lesbarkeit überhaupt" (Groddeck 2011, S. 139). Erzeugt wird die irritierende Vieldeutigkeit unter anderem von Analogieketten, paradoxen Denkfiguren sowie Engführungen von Sinnlich-Konkretem und Abstraktem, von Poesie und Poetologie. Die Texte bringen nichts ‚eigentlich' Gemeintes zum Ausdruck, sondern entwerfen eine poetische Welt, in der alles aufeinander bezogen ist. Jedes der Gedichte steht in formalen, klanglichen und/oder thematischen Verbindungen zu anderen Texten des Zyklus, in dem das Wort ‚Bezug' einen Leitbegriff darstellt. Trotz dieser vielfältigen Selbstbezüglichkeit der Gedichte wird hier keiner bloß selbstreferenziellen *L'art-pour-l'art*-Ästhetik das Wort geredet. Stattdessen binden die Texte das Dichten eng an menschliche, ja körperliche Grundfunktionen. Am radikalsten geschieht das im ersten Gedicht des zweiten Teils:

> Atmen, du unsichtbares Gedicht!
> Immerfort um das eigne
> Sein rein eingetauschter Weltraum. Gegengewicht,
> in dem ich mich rhythmisch ereigne. (II.1; KA 2, 257)

Kurzgeschlossen werden zum einen der Rhythmus von Atem und Gedicht – beide sind für das dichtende Ich von existenzieller Bedeutung. Zum anderen fokussiert der Text das Austauschverhältnis zwischen Ich und Welt: So wie man einatmend einen Teil der Umwelt in sich aufnimmt, fügt man ihr ausatmend etwas Eigenes hinzu. So heißt es denn auch: „Wie viele von diesen Stellen der Räume waren schon / innen in mir." (II.1; KA 2, 257) Während Goethes psychologisches Atem-Gedicht aus dem *West-östlichen Divan* das duale Prinzip des Atmens hervorhebt („Im Atemholen sind zweyerley Gnaden: / Die Luft einziehn, sich ihrer entladen"; Goethe 2010, S. 15), interessiert sich Rilkes poetologisches Gedicht stärker für die gegenseitige Durchdringung von Innen- und Außenwelt. Vermeintliche Polaritäten zusammenzubringen, wird zum Grundprinzip des Lebens wie der Kunst und insbesondere dieser Gedichtsammlung erklärt. Die sich daraus ergebende Vernetzungspoetik macht eine Interpretation des Einzelgedichts voraussetzungsreicher und damit schwieriger als in jedem anderen Werk Rilkes. Zwar gibt es einzelne Minizyklen von thematisch verwandten Gedichten (u. a. zu Blumen, Früchten und Spiegeln). Aber auch die dort verbundenen Texte sind zudem mit entfernteren verflochten; alle Versuche der Forschung, eine kohärente Gesamtstruktur des Zyklus herauszuarbeiten, können nicht restlos überzeugen.

In der Rilke-Philologie haben die Verständnisprobleme zu polemischen Aburteilungen sowohl einzelner Gedichte als auch bestimmter Forschungsrichtungen geführt. Selbst ihr Herausgeber Wolfram Groddeck tut sich mit einer Verortung „zwischen Gedankenkitsch und hoher Kunst" (Groddeck 2011, S. 137) schwer. Manfred Engel konstatiert einerseits, dass die Gedichte einer „Botschafts-orientierten Lektüre in der Tat [...] Vorschub leisten", um andererseits eine Deutungstradition, die dieser Stoßrichtung folgt, für völlig „desaströs" und „zutiefst banausisch" (Engel 2004a, S. 417 f.) zu halten. Aber auch Engels eigene Interpretation wird von Christoph König (dessen Buch über hundert

Deutungskontroversen

Seiten der Forschungsgeschichte widmet) als spekulative „Behauptung" (König 2014b, S. 259) verworfen. Das wiederum hat König den Vorwurf eingebracht, mit seinen von „Vorlieben und Idiosynkrasien des Verfassers" geprägten Ausführungen eine „autoritäre Geltung" zu beanspruchen und seinerseits „ins Ideologische" (Groddeck 2015, S. 359, 361) zu kippen. Offensichtlich hat der Zyklus das Potenzial, dauerhaft kontroverse Deutungsversuche hervorzurufen.

<small>Auktoriale Verständnishilfen</small>

Die *Sonette an Orpheus* geben bereits selbst Hinweise darauf, wie sie gelesen werden wollen. Rilke hat in einer Anmerkung erläutert, dass das Sonett II.23 „an den Leser" (KA 2, 760) gerichtet sei (die Erstausgabe von 1923 enthält zwei solcher Verständnishilfen, in späteren Ausgaben sind es zwölf). Folgt man dieser Lesart, handelt es sich beim Sprecher um den Dichter, der in den ersten beiden Strophen in direkter Anrede an den Leser eine für diesen Gedichtband ideale Rezeptionshaltung formuliert:

> Rufe mich zu jener deiner Stunden,
> die dir unaufhörlich widersteht:
> flehend nah wie das Gesicht von Hunden,
> aber immer wieder weggedreht,
>
> wenn du meinst, sie endlich zu erfassen.
> So Entzognes ist am meisten dein.
> Wir sind frei. Wir wurden dort entlassen,
> wo wir meinten, erst begrüßt zu sein. (II.23; KA 2, 269)

Der passende Zeitpunkt für die Begegnung mit diesem Dichter und seiner Dichtung wird an einen Zustand anhaltenden Scheiterns gebunden: Der Angesprochene sieht sich mit etwas Widerständigem, etwas nicht Fassbarem konfrontiert. Anstatt ihn dafür zu bemitleiden oder gar Abhilfe in Aussicht zu stellen, deutet der Sprecher das Misslingen kurzerhand in einen Gewinn um. Und zwar in einer paradoxen Setzung, wie sie sich auch an vielen anderen Stellen der Sonette findet: „So Entzognes ist am meisten dein" (wobei das Nomen seine Semantik mit dem ihm ‚entzogenen' Buchstaben ‚e' gleich selbst praktiziert). Zum persönlichsten, zum wichtigsten Besitz wird ausgerechnet dasjenige erklärt, das sich nicht besitzen lässt, weil es sich dem Besitzenwollen am entschiedensten verweigert. Überhaupt bezieht sich die Rühmung in Rilkes Spätwerk „nicht so sehr auf etwas Gegebenes, wie man oft meint, als vielmehr auf solches, das sich entzieht" (Eckel 1997, S. 269). Programmatisch auf den Begriff gebracht wird der Gedanke auch in Rilkes Briefen dieser Zeit: „[S]tatt des Besitzes erlernt man den Bezug" (B, 820). In der Bildlogik des Gedichtes öffnet sich zwischen dem Wollenden und dem Gewollten (das sich wegdreht und entzieht) ein Abstand, ein spannungsvoller Raum des Bezuges. Genau dort, in dieser schmerzhaften Lücke des Verstehens, scheint der Sprecher das größte Potenzial menschlicher Identitätsfindung zu verorten.

Bezieht man dies alles auf eine Lektürehaltung, wollen diese Gedichte nicht endgültig verstanden werden. Vorgeschlagen wird stattdessen, das auch und gerade beim mehrfachen Lesen Unfassliche zu bejahen. Gemeint ist damit kein resignativer Deutungsverzicht, sondern eine unabschließbare Verstehensbemühung. In der Logik des Textes stellt diese unabwendbare Vorläufigkeit jeder Interpretation keinen Mangel dar, sondern eröffnet erst die so schlicht wie markant konstatierte Freiheit der Lesenden („Wir sind frei."). Einen besonderen Nachdruck erfährt diese Haltung durch den Wechsel vom ‚Du' zum ‚Wir' im siebten Vers. Denn von nun an bis zum Ende des Gedichtes werden Leser und Dichter als Einheit vorgestellt (betont durch die gehäufte, achtmalige Verwendung der 1. Person Plural). Der Dichter tritt dem Lesenden also nicht als Wissender, genauer: als Besitzender gegenüber, sondern ist der Unendlichkeit des Verstehens nicht weniger ausgesetzt. Zwar sieht er sich in mehreren Gedichten des Zyklus – darin der siebten und neunten *Duineser Elegie* verwandt – dem Rühmen und Preisen verpflichtet, zugleich heißt es aber im letzten Terzett: „Wir, gerecht nur, wo wir dennoch preisen" (II.23; KA 2, 269; ähnlich schon II.2). Entscheidend ist wieder das Adverb: In den *Sonetten an Orpheus* wird nicht naiv begeistert, sondern „dennoch", also reflektiert und gebrochen gepriesen.

Die auffälligen Imperative vieler Gedichte bringen somit weniger eine Selbstgewissheit des Sprechenden zum Ausdruck, sondern sind vielmehr immer auch als Selbstaufforderungen des Dichters zu lesen (zumal sie nie an ein ‚Ich' gebunden sind, das sich vom adressierten ‚Du' abheben ließe). Die Texte entwerfen nicht nur einen idealen Leser, sondern auch einen idealen Dichter – ohne diesem Ideal je ganz zu genügen. Dabei ist die Differenz zwischen Dichter und Leser wie immer bei Rilke (mit Ausnahme des frühen *Florenzer Tagebuches*; vgl. dazu Hoffmann 2016b) als eine graduelle zu denken. Die poetische Rede ist für ihn nie „ein autonomes und autarkes Sonderhandeln, sondern immer Modell und Grenzfall eines existenziellen, also auch außerdichterisch lebbaren Weltverhaltens." (Engel 2004a, S. 409) Insofern meint das ‚Wir' der Sonette zwar in erster Linie den Dichter in der Nachfolge des Orpheus, letztlich ist es aber als ein inklusives, ein anthropologisches ‚Wir' angelegt. Wenn der Leser der Aufforderung des Gedichtes II.23 folgend den Dichter zu sich ruft, dann also nicht als belehrende Instanz, sondern als einen prinzipiell Gleichgestellten, der sich freilich ständig dort aufhält, wohin es den Leser nur in jenen besonderen Stunden verschlägt, von denen in den ersten beiden Versen die Rede ist. Das Gedicht schließt damit an ein Künstlerkonzept an, das sich schon in Rilkes frühesten poetologischen Texten findet und das den Künstler als Avantgarde des Menschen begreift: als den „Allerzukünftigsten" (KA 4, 119), der seinen Zeitgenossen immer einen Schritt voraus ist (nicht zuletzt durch seinen unausgesetzten Kontakt mit Vergangenem). Während dieser Gedanke allerdings vom jungen Rilke in dem Zeitschriftenaufsatz *Über Kunst* (1898) mit einiger

Emphase auf den realen Autor bezogen wurde, gilt er im Kontext der *Sonette an Orpheus* zunächst einmal nur für die textinterne Dichterfigur, die nicht umstandslos mit ihrem Verfasser gleichgesetzt werden kann.

Sind damit wenigstens die ersten beiden Strophen des Gedichtes II.23 ausgedeutet? Keineswegs. Denn die hier vorgeschlagene, auf den Leser bezogene Deutung folgt einem Paratext Rilkes. Dagegen gibt es im Gedichttext keine expliziten Hinweise darauf, wer in ihm angesprochen wird. Da die meisten ‚Du'-Anreden des Zyklus an Orpheus oder die jung gestorbene Tänzerin gerichtet sind, könnte das auch hier der Fall sein. So interpretiert denn auch Michael Th. Taylor den Anfangsvers als „Appell an Orpheus" (Taylor 2016, S. 262) und kommt davon ausgehend zu einem ganz anderen Textverständnis. Indem sie unterschiedliche, ja widersprüchliche Lesarten provozieren, erzeugen die Gedichte einen Rezeptionsmodus der Vorläufigkeit – das Leitmotiv der Verwandlung greift damit auch auf den Leseprozess über.

Das Sonett I.3 reflektiert diese Poetik des Unbegreifbaren und findet am Ende Bilder für sie:

> Ein Gott vermags. Wie aber, sag mir, soll
> ein Mann ihm folgen durch die schmale Leier?
> Sein Sinn ist Zwiespalt. An der Kreuzung zweier
> Herzwege steht kein Tempel für Apoll.
>
> Gesang, wie du ihn lehrst, ist nicht Begehr,
> nicht Werbung um ein endlich noch Erreichtes;
> Gesang ist Dasein. Für den Gott ein Leichtes.
> Wann aber *sind* wir? Und wann wendet *er*

Poetik des Unbegreifbaren

an unser Sein die Erde und die Sterne?
Dies *ists* nicht, Jüngling, daß du liebst, wenn auch
Die Stimme dann den Mund dir aufstößt, – lerne

vergessen, daß du aufsangst. Das verrinnt.
In Wahrheit singen, ist ein andrer Hauch.
Ein Hauch um nichts. Ein Wehn im Gott. Ein Wind. (I.3; KA 2, 242)

Es lässt sich nicht entscheiden, ob der dreimal erwähnte Gott Orpheus ist (wie in den anderen Gedichten des Zyklus) oder der hier zum einzigen Mal namentlich genannte Apollo, der eigentliche griechische Gott der Dichtkunst und des Gesangs (womit der Text zurückverweisen würde auf die berühmten Apollo-Gedichte, mit denen die beiden Teile der *Neuen Gedichte* eröffnet werden). Grundlegend für das Sonett ist in jedem Fall die in den Versen 1 f. und 7 f. doppelt betonte Differenz zwischen dem göttlichen und dem menschlichen Sänger bzw. Dichter. Mit der „schmerzlichen Frage, ob und wie der Mann dem singenden Gott folgen könne, steht das ganze Gedicht, sogar der gesamte Zyklus auf dem Spiel." (Dehrmann 2016, S. 33)

Von einer existenziellen Radikalität ist auch die Antwort geprägt, die das Gedicht in seinen mittleren Versen zunächst ganz knapp formuliert: „Gesang ist Dasein." Solche Gleichungen stellen eine Konstante in Rilkes Kunstauffassung dar. Man findet sie unter anderem in einem Brief an Lou Andreas-Salomé von 1903: „[I]n einem Gedicht, das mir gelingt, ist viel mehr Wirklichkeit als in jeder Beziehung oder Zuneigung, die ich fühle; wo ich schaffe bin ich wahr" (R/AS, 97). Lyrik ist Wirklichkeit, Kunst ist Wahrheit, Gesang ist Dasein – aber wie lassen sich diese Einsichten leben? Immer wieder scheitert der ästhetische Fundamentalismus an menschlichen Bedürfnissen, am „Zwiespalt", in dem sich der Mensch im Unterschied zum Gott befindet. Das Sonett

I.3 nähert sich seinem poetischen und gedanklichen Höhepunkt (der sich im leisen Anklang an Shakespeares Sonette in den letzten beiden Versen findet) über Negationen an. Der Kern der ‚wahren‘ Dichtung („In Wahrheit singen") wird herausgeschält, indem der Sprecher zunächst ‚falsche‘ Schreibmotivationen verwirft. Kritisiert wird eine Lyrik, in welcher der Dichter seine Konflikte verarbeitet, seine Wünsche formuliert oder sein Liebesglück zum Ausdruck bringt. Dichtung soll nicht im Dienst persönlicher Angelegenheiten stehen.

Dort, wo das Gemeinte positiv formuliert wird, greift der Text gleich zweimal auf eine paradoxe Konstellation zurück. Zunächst in der Formel „lerne // vergessen" – wobei das Widersprüchliche durch das zwischengeschaltete harte Strophenenjambement gleichzeitig optisch betont und akustisch verbunden erscheint. Sodann wird die abstrakt-definierende Setzung „Gesang ist Dasein" auch performativ, also als Sprechhandlung, umgesetzt. Denn die letzten beiden Verse fassen die Identität von Dichtung und Dasein in ein Bild, genauer: in eine Bilderreihe, die sich auf programmatische Weise einer fixierten Bildrahmung verweigert, indem sie sich mithilfe dreier Arten von Luftbewegung (Hauch, Wehen, Wind) selbst verwischt. Das menschliche kommt dem göttlichen Singen dort am nächsten, wo es sich zeitlich flüchtigen und materiell nicht greifbaren Naturphänomenen angleicht (womit auch der Dualismus von Natur und Kultur aufgehoben wird). Der letzte Vers eliminiert „die personale und damit die kommunikative sowie pragmatische Dimension des Sprechens" (Dehrmann 2016, S. 36) – folgerichtig enthält der letzte Satz („Ein Wind.") weder Subjekt noch Verb, sondern liefert ein sprachliches Äquivalent zu abstrakter Malerei und Minimal Music. Mit der Windmetapher wird gelingende Dichtung auf etwas Subtiles, nicht Greifbares verpflichtet, dessen Existenz dennoch außer Zweifel steht, weil sie gerade noch spürbar ist. Fassen lässt sich das Sein des Menschen und der Dichtung nur im Blick auf das Unfassliche.

Orpheus' schwankende Präsenz

Eine ganz ähnliche Existenz- und Bewegungsfigur wird in den Sonetten auch Orpheus zugeschrieben. Zwar steht jedes Dichten unter der Regie des mythischen Sängers. Aber auch Orpheus' überzeitliche Anwesenheit, sein Da-Sein verweht immer wieder. Zum einen „kommt und geht" (I.5; KA 2, 243) der vergöttlichte Sänger, kann mithin in seiner produktiven Präsenz vom modernen Nachfolger nicht kontrolliert werden. Zum anderen und vor allem ist ausgerechnet sein Sich-Entziehen erkenntnisfördernd für den Künstler: „O wie er schwinden muß, daß ihrs begrifft!" (I.5; KA 2, 243) Auch auf poetologischer Ebene gilt, dass die Sonette nicht einem ewigen Sein verpflichtet sind, sondern einen „Mythos der Zeitlichkeit" (Fülleborn 1996b, S. 725) erschaffen. Selbst der beste menschliche Dichter kann Orpheus nicht ‚besitzen', sondern steht in wechselhaftem ‚Bezug' zu ihm. Das gedankliche Leitprinzip der Metamorphose, der Verwandlung, prägt die Darstellung des Mythos ebenso wie die poetologischen Reflexionen, und zwar im Blick auf Dichter, Gedicht und Leser.

Wandlungs-Lehre

Die Verwandlung steht auch im Zentrum dessen, was man als die ‚poetische Lebenskunst-Lehre' dieser Gedichtsammlung bezeichnet hat. Dort verbinden sich eingängige Imperative mit immer neuen Bildern: „Wolle die Wandlung. O sei für die Flamme begeistert, / drin sich ein Ding dir entzieht, das mit Verwandlungen prunkt" (II.12; KA 2, 263). War es in Goethes *Selige Sehnsucht* ‚nur' der Schmetterling, dessen Verbrennen positiv konnotiert ist („Das Lebend'ge will ich preisen / Das nach Flammentod sich sehnet."; Goethe 2010, S. 24), wird in Rilkes Sonetten selbst das Töten (von Tieren) als *„eine Gestalt unseres wandernden Trauerns"* (II.11; KA 2, 262) gebilligt und gepriesen. Eine ethische Trennungslinie zwischen dem natürlichen Sterben und dem gewaltsamen Töten gibt es in Rilkes Sonetten nicht – Paul Celan wird nach dem Holocaust diese Vermischung von Todes- und Tötungsbejahung wieder zurücknehmen, obwohl ihm gerade der Todesbezug in Rilkes Werk bedeutsam ist (vgl. Graubner 2018, S. 42).

Rilkes Gedichte sind ganz grundsätzlich von der Absicht geprägt, die Verwandlung nicht nur als unausweichlich anzunehmen, sondern sich aktiv zu ihr zu verhalten: „Sei allem Abschied voran, als wäre er hinter / dir, wie der Winter, der eben geht." (II.13; KA 2, 263) Es sind Sequenzen wie diese, die sich als ‚geflügelte Worte' aus den Sonetten gelöst und Eingang gefunden haben in die Weltliteratur, so etwa fünfzig Jahre nach dem Erstdruck in Thomas Pynchons postmodernen Klassiker *Gravity's Rainbow* (1973), in dem sich ausgerechnet ein sadistischer und paranoider Soldat darauf beruft (vgl. Richter 2017, S. 281 f.). So wenig grundsätzlich gegen die lebensweltliche Nutzbarmachung von Lyrik spricht, kann eine literaturwissenschaftliche Lektüre aufzeigen, dass auch die dringlichsten Aufforderungssätze der *Sonette an Orpheus* nicht von der poetischen Verwandlungslogik ausgenommen sind. Charakteristisch für den Gedichtband ist das „paradoxe Nebeneinander von emphatisch überzeugter und von selbst-dekonstruktiver Rede" (Engel 2004a, S. 415). Auch die lebensanschaulichen Passagen sind poetische Figuren im Kosmos des Gedichtzyklus. Für sie gilt, was an ähnlicher Position im ersten Teil der Sonette über die Sternbilder gesagt wird, deren Sinnhaftigkeit so augenfällig wie konstruiert ist: „Auch die sternische Verbindung trügt. / Doch uns freue eine Weile nun / der Figur zu glauben. Das genügt." (I.11; KA 2, 246) Paul de Mans Lesart, nach der im letzten Satz „fast [...] ein Spott" (de Man 1988, S. 85) über die Wirkungskraft von Dichtung zum Ausdruck kommt, kann vor dem Hintergrund des Metamorphose-Gedankens nicht überzeugen. Denn länger als für eine kleine Weile lässt sich in den *Sonetten an Orpheus* kein Glaube erhalten. Bezeichnend ist vielmehr, dass das religiös konnotierte Verb ‚glauben' hier an eine ‚Figur', also an einen ästhetischen und dabei transmedial verwendbaren Grundbegriff gebunden wird: Von einer

‚Figur' kann in Bezug auf die bildende Kunst, auf den Tanz, auf die Musik und nicht zuletzt auf die Dichtung die Rede sein. Wer auf dem Terrain der Kunst ‚glaubt', muss sich mit der Flüchtigkeit seiner Gegenstände, Erfahrungen und Einsichten zufriedengeben. Doch diese genügsame Besitzlosigkeit wird in den *Sonetten* nicht als Defizit verbucht, sondern ausdrücklich als Quelle der ‚Freude' verstanden. Selbstreflexiv auf den Lektüreakt bezogen heißt das, dass das Lesen in Rilkes letztem deutschsprachigen Gedichtband an kein Ende kommen kann und soll.

VIII. Briefe

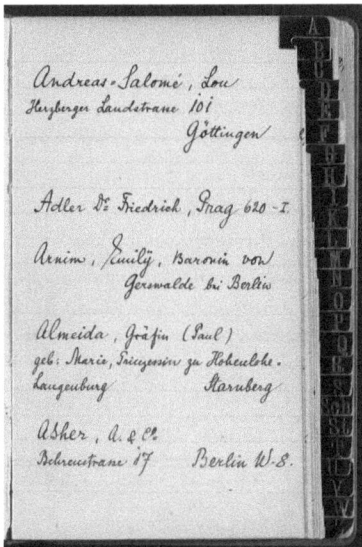
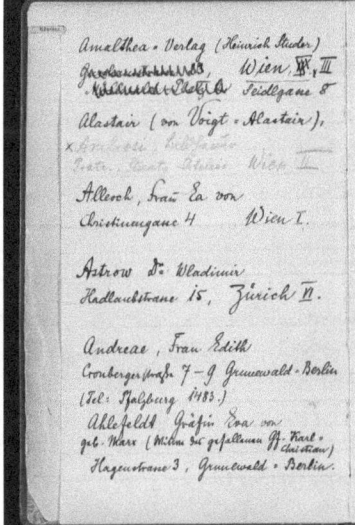

Die ersten beiden Seiten aus Rilkes Adressbuch

Rilkes Briefe sind in der deutschsprachigen Literatur ein Sonderfall. Von kaum einem anderen Schriftsteller des 20. Jahrhunderts existieren so viele, nämlich weit über 15.000 Briefe. Rilke hat mit rund 2.000 Personen Briefe gewechselt, sein rotes Adressbuch, das er um 1903 in München gekauft und bis zu seinem

Tod mit großer Sorgfalt geführt hat, umfasst mehr als 1.000 Einträge (vgl. Unglaub 2012). Es befindet sich heute in der Schweizerischen Nationalbibliothek in Bern und kann, wie alle dort befindlichen Rilke-Briefe, online eingesehen werden (www.e-manuscripta.ch; eine Briefkonkordanz findet man unter www.rilke.ch). Nicht nur ausnahmsweise verfasste er Anfang der zwanziger Jahre in einer Woche 184 Briefseiten, die er zeitweilig in Brieflisten dokumentierte (vgl. Rilke 1977, Bd. 1, S. 585). Da der Briefträger mit einem Streik drohte, musste sich Rilke, als er von 1921 bis 1926 in dem Muzot genannten Wohnturm oberhalb von Sierre im Wallis lebte, größere Sendungen selbst vom Postamt im Tal abholen.

Briefe als Existenzsicherung

Umfangreiche Briefwechsel führte er mit Familie und Freunden, mit Künstlerinnen und (oft adligen) Gönnerinnen, immer wieder aber auch mit Unbekannten, die sich brieflich an ihn wandten, ohne dass es je zu einer persönlichen Begegnung kam. Anders als der exklusive Kreis um den Lyriker Stefan George konstituierte sich die weit verstreute „Rilke-Gemeinde" (King 2009, S. 135), in der Frauen deutlich in der Überzahl waren (vgl. König 2019), vor allem über diese Form der Korrespondenz. Briefe dienten Rilke in materieller und psychischer Hinsicht zur „Existenzversicherung" (Schuster 2014, S. 218). Während feste Partnerschaften und Wohnorte für ihn die Ausnahme blieben, begriff er den Briefaustausch als „Ersatz für die Heimath" (Rilke 1977, Bd. 1, S. 105); gleichzeitig ist die Klage über seine ‚Briefschulden' ein feststehender Topos seiner Briefe.

Typen und Ästhetik von Rilkes Briefen

Charakteristisch für Rilkes Briefe sind ihre Variationsbreite sowie ein hohes Maß an Adressatenorientierung und ästhetischer Ambition. Unabhängig davon, ob Rilke „Bekenntnisbriefe, Ratgeberbriefe, Liebesbriefe, Reisebriefe, Bittbriefe, ästhetische Briefe, lebensphilosophische Briefe oder Geschäftsbriefe" (Storck 2004, S. 498) schrieb – fast immer handelt es sich im Blick auf Papier und versiegelten Umschlag, auf kalligrafische Handschrift, Rhetorik und Inhalt um eine „sorgfältige handwerklich-künstlerische Arbeit", ja um ein „*Gesamtkunstwerk*" (Schuster 2014, S. 215 f.; zur Materialität der Briefe auch Giuriato 2010). Eher unmotiviert-pflichtschuldig wirkende Sendungen (wie die meisten der über 1.100 Briefe, Karten und Telegramme an seine Mutter) bleiben die Ausnahme. So verwundert es nicht, dass Rilke mit einer postumen Publikation völlig einverstanden war und sie selbst in die Nähe seines literarischen Werks rückt: „Da ich", so heißt es in seinem Testament, „einen Theil der Ergiebigkeit meiner Natur gelegentlich in Briefe zu leiten pflegte, steht der Veröffentlichung meiner […] Correspondenzen […] nichts im Wege" (Rilke 1977, Bd. 2, S. 1193). In der Brief-Forschung gelten Rilkes Briefe als einer der letzten Höhepunkte der epistolaren Kultur (vgl. Nickisch 1991, S. 61 f.), und die Rilke-Philologie nimmt sie zunehmend als „hochartistische Gebilde" (Busch 2003, S. 166) wahr. Für den Schriftsteller Michael Lentz haben Rilkes Briefe „zuweilen den Gehalt von ganzen Büchern", weshalb er vorschlägt, „die Briefe als ein Hauptwerk des Dichters" (Lentz 2011b, S. 399) anzusehen.

Zumindest in ihrem Umfang haben die Briefausgaben das restliche Werk des Dichters längst überholt – mittlerweile sind es über siebzig. Schon wenige Monate nach Rilkes Tod erschienen 1927 in einer kleinen Auflage Rilkes Briefe an Auguste Rodin, ab 1929 brachte der Insel Verlag eine vielbändige Briefauswahl heraus. Auch die bis heute erfolgreichste Briefsammlung, die *Briefe an einen jungen Dichter*, kam bereits 1929 auf den Buchmarkt und ist seit 2019 erstmals mit den Gegenbriefen des Adressaten erhältlich. Zahlreiche Briefe sind erst im 21. Jahrhundert ediert worden, darunter die Briefe an seine Mutter (2009) sowie die vollständigen Briefwechsel mit Auguste Rodin (2001) und Eva Cassirer (2009). Zu den bisher unveröffentlichten Briefen zählen unter anderem die nur in Auszügen gedruckten an seine Frau Clara. Vier Briefsammlungen werden im Folgenden exemplarisch vorgestellt: die

Editionsgeschichte

wirkungsmächtigen *Briefe an einen jungen Dichter* (entstanden 1902 bis 1909), der im Blick auf Rilkes Persönlichkeit besonders aufschlussreiche Briefwechsel mit Lou Andreas-Salomé (mit Briefen von 1897 bis 1926), die poetologisch bedeutsame Sammlung *Briefe über Cézanne* (1907) sowie – als ein Höhepunkt von Rilkes zahlreichen Liebesbriefwechseln – die Briefe an und von Marina Zwetajewa (1926).

Briefe an einen jungen Dichter (1903–1909)

Rilkes sogenannte *Briefe an einen jungen Dichter* sind einer der größten Brieferfolge (wenn nicht der größte) der deutschen Literaturgeschichte. Schon 1950 waren 300.000 Exemplare verkauft, dazu kommen wirkungsmächtige Übersetzungen insbesondere ins Englische und Französische. Während selbst die so poetischen wie aufschlussreichen Briefe eines Franz Kafka in der Regel *nach* seinen genuin literarischen Werken gelesen werden, stellen die *Briefe an einen jungen Dichter* in vielen Leserbiografien den ersten (und manchmal auch einzigen) Kontakt zu Rilke her. Wie lässt sich der anhaltende Kultstatus dieser Briefe erklären?

Radikale Künstlerschaft

Franz Xaver Kappus (1883–1966), der später als Journalist, Schriftsteller und Lektor seinen Lebensunterhalt verdienen sollte, richtete sich 1902 mit eigenen Gedichten an den damals erst 26-jährigen (und kaum über Insiderkreise hinaus bekannten) Rilke. Nur die ersten drei der insgesamt elf an Kappus adressierten Rilke-Briefe (von denen der zehnte nur in Bruchstücken bekannt ist; vgl. Rilke 2019, S. 80) sprechen den acht Jahre jüngeren Briefempfänger als Dichter an. Über Kappus' Gedichte äußert Rilke sich nur knapp und zurückhaltend, da sie seiner Ansicht nach „keine eigene Art haben, wohl aber stille und verdeckte Ansätze zu Persönlichem" (KA 4, 514). Er empfiehlt die Lektüre des dänischen Autors Jens Peter Jacobsen und rät ansonsten, sich in literarischen Angelegenheiten nicht auf fremde Urteile, sondern ganz auf die Introspektion zu verlassen:

Niemand kann Ihnen raten und helfen, niemand. Es gibt nur ein einziges Mittel. Gehen Sie in sich. Erforschen Sie den Grund, der Sie schreiben heißt; […] gestehen Sie sich ein, ob Sie sterben müßten, wenn es Ihnen versagt würde zu schreiben. […] Graben Sie in sich nach einer tiefen Antwort. Und wenn diese zustimmend lauten sollte […], dann bauen Sie Ihr Leben nach dieser Notwendigkeit […]. (KA 4, 515)

Franz Xaver Kappus, Radierung von Josef Fellner, um 1930

Dieses radikal-existenzielle Autorschaftskonzept hat es insbesondere in angloamerikanischen Künstlerkreisen zu enormer Berühmtheit gebracht. Der Schauspieler Dennis Hopper kommentierte seine Lesung aus den Briefen mit dem Hinweis, dass ihn Rilkes Credo der Kreativität zu seinem Beruf geführt habe, Dustin Hoffman bezeichnete die Briefe gar als seine Bibel, und die Musikerin Lady Gaga ließ sich Teile der zitierten Passage auf den Oberarm tätowieren – gelegentlich unterbrach sie ihre Konzerte für eine Rezitation einzelner Briefpassagen (vgl. Unglaub 2019, S. 134–136). Die literarische Wirkungsgeschichte reicht bis zu Lutz Seilers preisgekröntem Roman *Stern 111* von 2020, dessen Protagonist im Ost-Berlin der Wendezeit von Rilkes Briefen zur Suche nach einem ‚poetischen Dasein' angeregt wird (vgl. Seiler 2020, S. 52).

Für Rilke waren die Ratschläge mit ihren eindringlichen Suggestivformeln in erheblichem Maße Selbstermahnung. Denn wie die kurz darauf an Lou Andreas-Salomé gerichteten Bekenntnisbriefe zeigen, zweifelte er 1903 erheblich an seinem Künstlertum, sah seine Ästhetik den Großstadteindrücken in Paris nicht gewachsen und fühlte sich vom eigenen Anspruch überfordert, das ganze

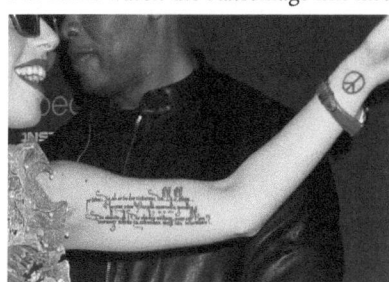

Lady Gaga mit Rilke-Tattoo

Leben an der Kunst auszurichten. Wenn er Kappus mehrfach dazu rät, sich als Künstler ganz auf den „Alltag" und „die Dinge Ihrer Umgebung" zu konzentrieren, den „Dingen nahe zu sein" (KA 4, 515, 531), weist auch das in Richtung seiner zukünftigen Poetik: Parallel entstehen die ersten Dinggedichte der *Neuen Gedichte* (1907). In anderen Lebens- und Werkphasen gab Rilke andere Ratschläge – so wies er 1922 den 19-jährigen Rudolf Bodländer darauf hin, dass man durchaus berufstätig *und* Künstler sein könne: „[D]enken Sie daran, daß der sublimste, der ‚dichteste' Dichter unserer Zeit, Stéphane Mallarmé, sein bürgerliches Leben als englischer Sprachlehrer zubringen konnte" (B, 781).

|Psychologischer Ratgeber| Ab dem vierten Brief an Kappus agiert Rilke weniger als poetologischer denn als psychologischer Berater – dieser zweite Teil des Briefwechsels ist für dessen enorme Verbreitung der entscheidende und spielt zahlreiche Leitmotive aus Rilkes späterem Werk an. Wie nur wenige andere versprechen Rilkes Texte (so Paul de Man) „eine Form existenzieller Rettung, die innerhalb und mithilfe der Dichtung stattfinden werde" (de Man 1988, S. 55). Viele, insbesondere junge Menschen wurden von Rilkes Werk ermutigt, sich mit ihren persönlichen Fragen und Krisen an den Dichter zu wenden. Rilkes fast immer ausführliche Reaktionen sind zugleich „Beantwortung von ‚Fan-Post' und dichterische Seelsorge" (Schuster 2014, S. 286). Nicht nur Kappus, sondern auch viele andere beschwört Rilke, Vertrauen zu den eigenen Ängsten und Traurigkeiten zu haben, da sie der Persönlichkeitsentwicklung zuträglicher als jede Freude seien. „Das Leben hat recht, auf alle Fälle" (KA 4, 545), lautet sein optimistisches Credo.

Akzeptanz von Einsamkeit und Unsicherheit

Zum positiv besetzten Leitbegriff wird dabei die Einsamkeit umgedeutet. Einsam zu sein, sei keine Entscheidung, sondern *conditio humana*: „Wir *sind* einsam." (KA 4, 541) Nur wer die damit verbundenen Unsicherheiten akzeptiere, könne dem Leben offen begegnen und in einem emphatischen Sinne Mensch werden:

> Wir müssen unser Dasein so *weit*, als irgend geht, annehmen; alles, auch das Unerhörte, muß darin möglich sein. Das ist im Grunde der einzige Mut, den man von uns verlangt: mutig zu sein zu dem Seltsamsten, Wunderlichsten und Unaufklärbarsten, das uns begegnen kann. Daß die Menschen in diesem Sinne feige waren, hat dem Leben unendlichen Schaden getan [...]. (KA 4, 541 f.)

Vorbereitet werden damit ähnlich lautende Reflexionen über Liebe, Gott und Tod im Malte-Roman, in denen der Protagonist beispielsweise die menschliche Todesfurcht verstanden wissen will als „*unsere* Kraft [...], alle unsere Kraft, die noch zu stark ist für uns" (KA 3, 571). Und so wie Malte am ‚Großen' verzweifelt, gesteht auch Rilke am Ende dieses besonders eindringlichen Briefs an Kappus (vom 12. August 1904), dass seine Lebenspraxis weit hinter seinen Einsichten zurückbleibe – mit der für Rilkes Briefwerk bezeichnenden Pointe: „Wäre es aber anders, so hätte er [= der Briefschreiber Rilke] jene Worte nie finden können" (KA 4, 545). Immer wieder warnt Rilke seine Adressaten davor, den souveränen und zugewandten Briefschreiber mit der realen Person zu verwechseln – ein Treffen mit ihm bringe nichts als „Enttäuschungen und Kümmernisse" (Rilke/Forrer 1982, S. 61), schreibt er 1920 an die 19-jährige Anita Forrer. Sein so zeitloser wie paradoxer Rat an Kappus besteht letztlich darin, keinen Rat anzunehmen. Anstatt allgemeine Antworten zu suchen, komme es darauf an, geduldig und zuversichtlich die individuellen Fragen zu *leben*: „Vielleicht leben Sie dann allmählich, ohne es zu merken, eines fernen Tages in die Antwort hinein." (KA 4, 524)

Geschlechterdiskurs Immer wieder warnt Rilke deshalb davor, sich auf Konventionen zu verlassen. Das gilt insbesondere in Bezug auf Liebe, Sexualität und Geschlechtervorstellungen. So wertet er – gegen Kappus' Bedenken – die Sexualität dadurch auf, dass er sie in die Nähe der Kunstproduktion rückt. Problematisch sei allein die zeitgenössische Tendenz, eine „Geschlechtswelt" zu propagieren, die „nicht *menschlich* genug, die nur *männlich* ist" (KA 4, 522). Mann und Frau seien sich viel ähnlicher, als behauptet werde – deshalb zielt Rilkes Liebesideal auf eine Verbindung, „die von Mensch zu Mensch gemeint ist, nicht mehr von Mann zu Weib" (KA 4, 538). In anderen Briefen (und als Unterzeichner eines Aufrufs gegen die bestehende Form des § 175 des Strafgesetzbuches) widerspricht Rilke einer Stigmatisierung der Homosexualität.

Während der österreichische Philosoph Otto Weininger in seinem zeitgenössischen Erfolgsbuch *Geschlecht und Charakter* (1903) die Frau als seelenloses, amoralisches Wesen beschreibt, das nur ‚Materie', mithin kein vollständiger Mensch sei, vertritt Rilke in den *Briefen an einen jungen Dichter* die gegenteilige Ansicht: Der gegenwärtige Mann erscheine ihm „dünkelhaft" und unterschätze die Frauen, bei denen es sich doch längst um „menschlichere Menschen" (KA 4, 537) handele. Anders als Weininger oder der Nervenarzt Paul Julius Möbius (*Über den physiologischen Schwachsinn des Weibes*, 1900), aber auch im Unterschied zu einem Großteil der Frauenbewegung um 1900 verhandelt Rilke die Geschlechterrollen nicht als physiologische oder anthropologische Konstanten, sondern betont ihre Wandelbarkeit.

Liebe und Individualität Einfacher wird das Zusammenleben dadurch freilich nicht. Ohne seine im Scheitern begriffene Ehe zu Clara gegenüber Kappus explizit zu erwähnen (implizit klingt sie z. B. dort an, wo Rilke mit einiger Ratlosigkeit schreibt, dass „sogar Trennung […] ein konventioneller", mithin falscher Schritt sein könne), äußert sich Rilke in den Briefen ausführlich über die „schwere Arbeit der Liebe": Ein Missverständnis sei es, wenn junge Menschen „einfach hingebend und uneinsam lieben" – verkennend, dass man die Liebe „als Last und Lehrzeit" (KA 4, 536 f.) auf sich nehmen müsse. Das erstrebenswerte Maximum der Zweisamkeit besteht in seinen Augen darin, „daß zwei Einsamkeiten einander schützen, grenzen und grüßen"; gelinge das, dann sei die Liebe ein „erhabener Anlaß für den Einzelnen, zu reifen, in sich etwas zu werden." (KA 4, 538, 535) Rilke schwebt eine Liebe vor, die den geliebten Menschen nicht vereinnahmt und auch die eigene Individualität nicht aufs Spiel setzt.

Briefwechsel mit Lou Andreas-Salomé (1897–1926)

Wie breit das Spektrum an brieflichen Selbstdarstellungen bei Rilke reicht, zeigt besonders eindrücklich eine parallele Lektüre der *Briefe an einen jungen Dichter* und des Briefwechsels mit Lou Andreas-Salomé. Denn während Rilke in den Briefen von 1903/04 an Kappus fast durchgängig als souveräner Lebensberater auftritt, sucht er in den gleichzeitig an die ältere Freundin geschriebenen und zum Teil verzweifelten Briefen selbst Rat. Wie oft und wie fundamental Rilke mit seinem Leben gehadert hat, offenbart kein zweiter Briefwechsel so radikal wie der mit Lou Andreas-Salomé (vgl. Hoffmann 2019a). Nachdem die – brieflich nur spärlich dokumentierte – Liebesbeziehung zwischen den beiden um 1901 ausgelaufen und eine von der Freundin verordnete Kontaktsperre zwei Jahre später beendet ist, richtet er bis zu seinem Tod die im Blick auf die eigene Psyche differenziertesten und schonungslosesten Briefe an sie. Stellen meistens nicht „Subjektivität und Intimität", sondern „Textualität, Poetizität und Intensität" (Schuster 2014, S. 220) die entscheidenden Charakteristika von Rilkes Briefen dar, so trifft hier alles zugleich zu.

Lou Andreas-Salomé, 1894

Krisenbriefe Besonders hoch ist die Brieffrequenz in Rilkes Krisenzeiten 1903/04 sowie zwischen 1911 und 1914. Hier entwirft er sich als einen in jeder Hinsicht Scheiternden. Er sei ein „Ungeschickter des Lebens" (R/AS, 108), konstatiert er 1903 – überfordert als Ehemann, Vater und Liebhaber, in Schach gehalten von zahllosen körperlichen Symptomen, unzulänglich als Intellektueller und ständig abgelenkt als Autor. Sein wachsender Erfolg als Schriftsteller ändert an der Grundsätzlichkeit seiner Selbstzweifel wenig. So schreibt der 38-Jährige 1914: „Zu sagen: *Ich* und damit eine Konstante zu meinen […], diese Konstante einen einzigen Tag unkontrolliert und unzersetzt durchzubringen, sie über eine (selbst die günstigste) Nacht heil hinüberzuretten: das ist mir nun schon seit Jahren nicht mehr geglückt." (R/AS, 345)

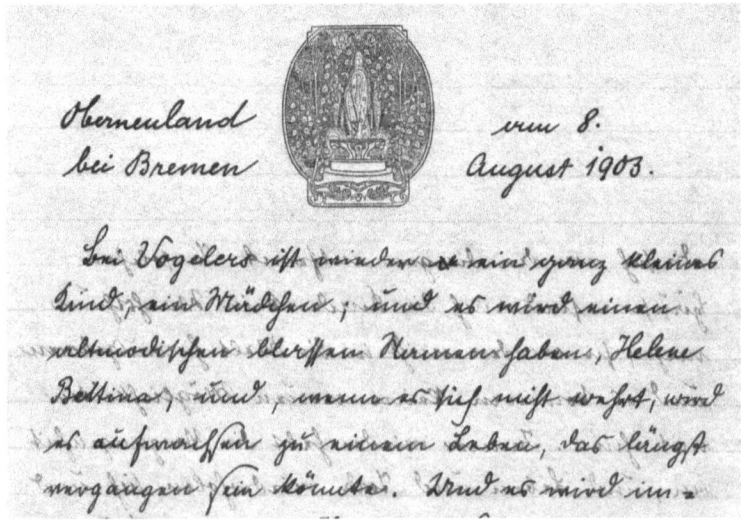

Brief Rilkes an Lou Andreas-Salomé vom 8.8.1903, Briefpapier mit Zeichnung von Heinrich Vogeler

Auch wenn er die Briefempfängerin immer wieder konkret um Rat bittet, besteht ihre wichtigste Funktion darin, ihm solche Briefe überhaupt zu ermöglichen. Früh hatte sie ihm ihre Überzeugung mitgeteilt, dass sein Briefschreiben „schon an sich selbst etwas Helfekraft" (R/AS, 62) entwickeln werde. Bestärkend wirken ihre Antworten, weil Andreas-Salomé (die sich 1912/13 bei Sigmund Freud zur Psychoanalytikerin ausbilden lässt) auch seine ihm peinlichsten Geständnisse – darunter seine zeitweilige Besessenheit von der Onanie (vgl. R/AS, 476 f.) – nicht bewertet und sein Leiden stets als Ausdruck eines psychischen oder ästhetischen Fortschritts deutet. Seine Neurosen sind in ihren Augen „Wertzeichen" (R/AS, 464).

Rilke hat Andreas-Salomé nahezu unbegrenzt vertraut und sie bisweilen als Deuterin und Richterin über sein Leben eingesetzt. Adressiert er sie in seinen frühen Liebesbriefen als Heilige, schreibt er sie später als „Wahrsagerin", ‚Weise', oder „heller Stern" an; lebenslang ist ihm der Kontakt zu ihr – so heißt es 1913 – „mein Halt, mein Alles" (R/AS, 103, 109, 117, 280). Als er ab 1911 mehrfach eine psychoanalytische Behandlung erwägt, rät sie entschieden ab – und bekräftigt ihn in seiner Auffassung, am Ende sei die Analyse „eine zu gründliche Hülfe für mich […], sie räumt auf, und mich aufgeräumt zu finden eines Tages, wäre vielleicht noch aussichtsloser als diese Unordnung" (R/AS, 240). Stattdessen entwickeln sich die Briefe an Andreas-Salomé in dieser Zeit zu einer Art „Behandlungsmedium" (Fiedler 2004, 168), auch wenn er ihre zunehmend an Freud geschulten und bisweilen recht spekulativen Deutungen oft nur verhalten aufnimmt. Noch kurz vor seinem Tod, an den schmerzhaften Symptomen seiner ihm auf eigenen Wunsch nicht mitgeteilten Leukämie leidend, ist Rilke der festen Überzeugung, dass als einzige Lou Andreas-Salomé eventuell begreifen könne, „woran es [= sein Leiden] gelegen hat" (zit. n. Salis 1975, S. 280). Die letzten Briefe, die sie ihm im Wissen um seinen bevorstehenden Tod geschrieben hat, sind nicht erhalten (auch einige ihrer frühen

Briefe als „Behandlungsmedium"

Liebesbriefe hat sie vernichtet, zudem besonders intime Stellen aus Rilkes Briefen unleserlich gemacht oder ausgeschnitten).

Poetologische Reflexionen

Bedeutsam ist dieser Briefwechsel darüber hinaus aufgrund seiner poetischen und poetologischen Passagen (vgl. Pelloni 2014). So berichtet Rilke nach seinem ersten Paris-Aufenthalt seitenlang von irritierenden Straßenerlebnissen, darunter die Begegnung mit dem sogenannten Veitstänzer – fast wörtlich werden Teile aus diesem Brief vom 18. Juli 1903 später in den 21. Abschnitt der *Aufzeichnungen des Malte Laurids Brigge* übernommen und gehören damit zu den frühesten Quellen des Romans. Bezeichnenderweise empfindet sich Rilke als Mensch wie als Dichter von seinen Eindrücken zunächst hoffnungslos überfordert:

> Hätte ich die Ängste, die ich so erlebte, *machen* können, hätte ich Dinge bilden können aus ihnen, wirkliche stille Dinge, […] so wäre mir nichts geschehen. Aber diese Ängste, die mir aus jedem Tage zufielen, rührten hundert andere Ängste an […] und ich kam nicht über sie hinaus. […] Hätte ich es besser gehabt, stiller und freundlicher, hätte meine Stube zu mir gehalten und wäre ich gesund geblieben, vielleicht hätte ich es doch gekonnt: Dinge machen aus Angst. (R/AS, 74 f.)

Aus dem Gefühl des Scheiterns heraus entwickelt der Brief eine zukünftige Ästhetik: „Dinge machen aus Angst". Mit dieser verdichteten Formel findet Rilke „endgültig Anschluß an eine Poetik der Moderne" (Koch 2004, S. 493) und zudem die Essenz des Malte-Romans. Während Rilke die poetologische Formel an keiner anderen Stelle wieder aufgreift, wird sie in Andreas-Salomés Erinnerungsbuch an Rilke, das sie in den Monaten nach seinem Tod verfasst, ebenso wie später in ihrem *Lebensrückblick* ausführlich gewürdigt (vgl. Andreas-Salomé 1988, S. 40). Fest verankert ist in Rilkes Briefen von nun an das

„Modell des *poeta dolens*, der gerade aus schlimmstem Leid höchste Dichtung gebiert." (Koch 2019, S. 161)

Briefe über Cézanne (1907)

Paul Cézanne, 1906

Die im Blick auf Rilkes Poetik aufschlussreichste Briefsammlung sind die sogenannten *Briefe über Cézanne* von 1907, zu denen eine umfangreiche Forschung existiert (darunter die Monografien von Imm 1986, Köhnen 1995 und Kurz 2003). Die Briefempfängerin, Rilkes Ehefrau Clara, gab die Sammlung erstmals 1952 heraus, und zwar in der bis heute nachgedruckten, philologisch problematischen Form: Es handelt sich durchweg nur um Briefausschnitte, in denen Rilke aus Paris über Werke Rodins, Vincent van Goghs und vor allem Paul Cézannes schreibt. Im Zentrum stehen die Berichte von einer Gedenkausstellung im Grand Palais für den im Vorjahr verstorbenen Cézanne, die Rilke im Oktober 1907 über zwei Wochen fast täglich besucht (die ausgestellten Bilder und Rilkes Briefe finden sich erstmals gemeinsam abgedruckt in Schirmer 2018). Die Genauigkeit und der Umfang seiner Ausführungen verdanken sich zum einen dem (später aufgegebenen) Plan, ein Buch über Cézanne zu verfassen (vgl. dazu Kurz 2003, S. 233–239). Zum anderen wird Rilke von der Auseinandersetzung mit Cézannes Gemälden zum

Nachdenken über sein eigenes Werk angeregt – das, wie er schreibt, mit Cézanne „an hundert Stellen zusammen[hängt]" (KA 4, 612). Da Rilke ab 1905 keine Rezensionen und nach dem 1907 veröffentlichten Rodin-Vortrag (der im Wesentlichen 1905 entstanden ist) keine Texte zur bildenden Kunst mehr veröffentlicht, werden die Briefe von nun an zur wichtigsten Quelle für seine ästhetischen Reflexionen.

Cézanne als Anlass zur Selbstreflexion

Cézanne hatte sich – wie Rilke wusste – in einigen Briefen durchaus über sein Malen geäußert. Dennoch stilisiert Rilke ihn zu einem intuitiven Künstler, der „nicht zum Bewußtsein seiner Einsichten" (KA 4, 628) gekommen sei. Rilke bewundert diese Haltung – und nutzt das stundenlange Anschauen einzelner Cézanne-Bilder als „Schule des Sehens" (Wilke 2008, S. 155) sowie zur künstlerischen Selbsterkenntnis. Nach einigen Tagen in der Cézanne-Ausstellung wird ihm bewusst, dass es „gar nicht die Malerei [ist], die ich studiere", sondern eine „Wendung in dieser Malerei, die ich erkannte, weil ich sie selbst eben in meiner Arbeit erreicht hatte" (KA 4, 622). Dies bezieht sich auf seine Lyrik ebenso wie auf den Malte-Roman, mit dem er von 1904 bis 1910 beschäftigt ist.

In der Auseinandersetzung mit Cézanne (und in Bezug auf die von Rilke und Cézanne gleichermaßen geschätzte Lyrik Charles Baudelaires) entwickelt Rilke die Überzeugung, dass der Blick des Künstlers „auch im Schrecklichen und scheinbar nur Widerwärtigen das Seiende zu sehen [habe], das, mit allem anderen Seienden, *gilt*" (KA 4, 624). Zum ersten Mal begreife er dadurch den Kern seines Malte-Projekts, denn Malte Laurids Brigge sei an genau dieser „Prüfung" gescheitert – der Roman werde „nichts als das Buch dieser Einsicht sein" (KA 4, 625).

Als gemeinsames Grundprinzip von Cézannes Gemälden und den *Neuen Gedichten*, deren ersten Band Rilke gerade abgeschlossen hat, macht er eine „Entwicklung zum sachlichen Sagen" (KA 4, 624) aus. Im selbstkritischen Rückblick auf seine ältere Lyrik spricht sich Rilke gegen eine Kunstproduktion aus, die sich auf eine gefühlte Verbundenheit mit der Natur gründet. Die Liebe zum Material sei für den Künstler hinderlich, denn „man *beurteilt* es, statt es zu *sagen*. Man hört auf unparteiisch zu sein" (KA 4, 616). Einen produktiven Nachklang findet der Brief einige Monate später im *Requiem für Wolf Graf von Kalkreuth*: „O alter Fluch der Dichter, / die sich beklagen, wo sie sagen sollten, / die immer urteiln über ihr Gefühl / statt es zu bilden" (KA 1, 425). In der Forschung findet sich zudem die These, dass noch die Raumgestaltung und Perspektivierung in Rilkes Spätwerk eine Parallele zur Ästhetik Cézannes darstelle (vgl. Gerok-Reiter 1993).

Fasziniert ist Rilke von Cézanne, weil sich der Künstler aus seinen Werken konsequent heraushalte. An seinen Bildern lasse sich lernen, „wie sehr das Malen unter den Farben vor sich geht, wie man sie ganz allein lassen muß […]. Ihr Verkehr untereinander: das ist die ganze Malerei" (KA 4, 627 f.). Einer ‚sachlichen' Kunst in Rilkes Sinn geht es nicht um die realistische Abbildung der Außenwelt, sondern um die Verwandlung realer Dinge in autonome Kunstdinge. Male Cézanne etwa einen Sessel, so verliere dessen „bürgerliche Realität an ein endgültiges Bild-Dasein alle Schwere" (KA 4, 631).

Aus den *Briefen über Cézanne* geht hervor, dass Rilkes Beschäftigung mit bildender Kunst zu einem nicht unerheblichen Teil über einen medialen Umweg, nämlich vermittelt über Texte, stattfindet. Mehrfach beruft er sich auf die Cézanne-Artikel des Malers und Kunstkritikers Émile Bernard (1868–1941), die parallel zur Cézanne-Retrospektive im *Mercure de France* erscheinen. Wenn Rilke vor den Bildern Cézannes, denen er 1900 in Berlin noch ratlos gegen-

— marginalia —
„Sachliches Sagen"

Rilkes Quellen

überstand, nun „neu und anders sehen" (KA 4, 615) lernt, verdankt sich das auch Bernards Texten. Ebenso eine Rolle spielen die Gespräche mit dem Kunsthistoriker Julius Meier-Graefe, dem Kunstsammler und Schriftsteller Harry Graf Kessler sowie der Malerin Mathilde Vollmoeller, die Rilke allesamt an verschiedenen Tagen in der Ausstellung trifft. Die Briefe dokumentieren nicht zuletzt Rilkes um 1907 bereits gut ausgebaute kulturbetriebliche Vernetzung. Welche Bedeutung Paula Modersohn-Becker als „wichtigste Vermittlungsinstanz beim Erfassen Cézannescher Stillleben" (Kurz 2003, S. 292) für Rilke hat, lässt der von 1900 bis zu ihrem Tod 1907 reichende Briefwechsel mit der Worpsweder Künstlerin erahnen – bisweilen übt er sich hier darin, „mit den Augen der Malerin" (Stamm 2003, S. 109) zu sehen.

Bildbeschreibung als Prosagedicht

Ihren poetischen Höhepunkt erreichen die *Briefe über Cézanne* am letzten Tag der Ausstellung, als Rilke mit *Madame Cézanne im roten Fauteuil* zum ersten Mal ausführlicher auf ein einzelnes Bild eingeht. Während Bernard pauschal die „Unmöglichkeit für den Schriftsteller, den Maler zu verstehen" (Bernard 1982, S. 85), behauptet, deutet Rilke die Mediendifferenz als produktive Herausforderung. In deutlicher Distanz zu wissenschaftlichen Bildbeschreibungen (aber durchaus im Einklang mit zeitgenössischen Sehtheorien von Wilhelm Worringer oder Conrad Fiedler; vgl. Scharnow-

Paul Cézanne: Madame Cézanne im roten Fauteuil, um 1877

ski 2000) entsteht eine Art Prosagedicht, in dem das Gemälde synästhetisch dynamisiert und verlebendigt wird. Über mehrere Seiten vergleicht Rilke das Zusammenspiel der Farben mit der Drüsenaktivität im Mund eines Hundes, schreibt den Farben verschiedene Klänge zu, erklärt nicht etwa die dargestellte Frau, sondern den roten Sessel zu einer Persönlichkeit und kommt zu dem Schluss:

> *Es ist, als wüßte jede Stelle von allen.* So sehr nimmt sie teil; so sehr geht auf ihr Anpassung und Ablehnung vor sich; so sehr sorgt jede in ihrer Weise für das Gleichgewicht und stellt es her: wie das ganze Bild schließlich die Wirklichkeit im Gleichgewicht hält. (KA 4, 630)

Ein halbes Jahr später wird Rilke die für ihn existenzielle Bedeutung von Kunstbetrachtungen in dem Skulptur-Gedicht *Archaïscher Torso Apollos* auf die bündige Formel bringen: „Du mußt dein Leben ändern" (KA 1, 513). Dass Cézannes Gemälde *Madame Cézanne im roten Fauteuil* heute „zu seinen berühmtesten Portraits" zählt, hängt – wie die kunstwissenschaftliche Forschung konstatiert – auch damit zusammen, dass Rilke „das Sitzmöbel in so beredten Worten gefeiert hat" (Held 2006, S. 140).

Briefwechsel mit Marina Zwetajewa (1926)

So ertragreich die Briefe an Clara Rilke in poetischer und poetologischer Hinsicht sind – ausgesprochene Liebesbriefe hat Rilke an seine Ehefrau nicht geschrieben. Seine rauschhaftesten Liebesbriefwechsel entstehen mit Frauen, denen er nie oder erst nach einem längeren Briefvorlauf persönlich begegnet ist. Das gilt zum Beispiel für die über 150 Druckseiten füllenden Briefffluten allein aus dem Februar 1914 an und von Magda von Hattingberg sowie für den ausschließlich aus Gedichten bestehenden Briefkontakt mit Erika Mitterer zwischen 1924 und 1926. Rilke führt aus einer „auratische[n] Nahferne" (King 2009, S. 117) über die Jahre zahlreiche solcher intensiven und zumeist kurzen Korrespondenzen. Meisterhaft gelang es ihm dabei, ein „*textuelles Substitut* für die im Medium Schrift notwendiger Weise abwesende eigene Person" (Schuster 2014, S. 223) zu erzeugen.

Phasenmodell der Liebesbriefwechsel

Marina Zwetajewa, um 1926

Einen besonders markanten Beleg dafür (und zugleich für die sich daraus ergebenden Irritationen) stellt der in seinem Todesjahr entstandene Briefwechsel mit der 33-jährigen russischen Dichterin Marina Zwetajewa dar. In komprimierter Form entfaltet sich in den nur 16 ausgetauschten Sendungen die Rilke-typische epistolare Liebesdynamik: Auf leidenschaftlichen Liebesjubel folgt nach einigen Briefen die Bitte, sich auch von seinen zu erwartenden Schweigephasen nicht vom Briefeschreiben abhalten zu lassen (so schon am 11. Dezember 1900 an Clara Westhoff, die er kurz darauf heiraten wird), bevor dann von der Briefpartnerin eingeforderte oder realisierte Treffen dazu führen, dass Rilke im Ton sachlicher wird, die Brieffrequenz deutlich senkt oder ganz verstummt. Rilke war „ein Meister des Rückzugs" (Schwilk 2015, S. 15).

Briefe als poetisches Medium

Obwohl das Muster auch gegenüber Zwetajewa eingehalten wird, handelt es sich um einen Sonderfall. Von seinem russischen Bekannten Boris Pasternak um einen Brief an die Rilke weder als Person noch als Autorin bekannte Zwetajewa gebeten, schreibt er sie als „Liebe Dichterin" an und eröffnet damit einen poetischen Dialog. In keiner zweiten Korrespondenz Rilkes ist „die Sprache ähnlich verdichtet, nähert sich das Briefschreiben so sehr der Poesie" (Schuster 2014, S. 267; zur umfangreichen Forschung zu diesem Briefwechsel vgl. die Übersicht ebd., S. 266 f.). Und während in den anderen Liebesbriefwechseln (und auch im Austausch mit Lou Andreas-Salomé) zumeist Rilke die Tonlage und Themen vorgibt, sieht er sich nun einer forschen und fordernden Briefschreiberin gegenüber. Begünstigt von ihrer kunstreligiösen Verehrung („Du allein hast Gott etwas Neues gesagt"; R/Z, 54), die seinem Entwurf „heiliger Autorschaft" sowie einer gelegentlichen Tendenz zur „Selbstsakralisierung" (King 2009, S. 131) entgegenkommt, zeigt er sich beeindruckt von der sprachlichen wie inhaltlichen Intensität ihrer Briefe. „Sooft ich Dir schreibe, möchte ich schreiben wie Du, *mich sagen auf Du*" (R/Z, 80), heißt es noch in seinem vorletzten Brief.

Und tatsächlich passt Rilke seinen Briefstil an ihren an. Er formuliert ungewohnt kurze Sätze, imitiert die sprunghafte, von zahlreichen Ellipsen und Einschüben in Klammern geprägte Gedankenführung Zwetajewas und folgt ihr schon im zweiten Brief ins intime Duzen. Bemerkenswert ist Letzteres vor allem, wenn man weiß, dass Rilke nicht nur in den Briefen an die mütterlichen Vertrauten Marie von Thurn und Taxis sowie Nanny Wunderly-Volkart (diese Briefwechsel umfassen jeweils ca. 450 Briefe) durchweg beim ‚Sie' geblieben ist, sondern selbst seine langjährige Geliebte und Lebenspartnerin Baladine Klossowska zwar mit dem Kosenamen ‚Merline' versieht, aber in Briefen nur phasenweise duzt.

Interaktiver Briefstil

Und dennoch ist es wieder Rilke, der allmählich auf Distanz zu ihren immer enthusiastischeren Briefen geht. Inwiefern dafür auch seine Schwächung durch die Leukämie verantwortlich ist, lässt sich nicht eindeutig entscheiden. In jedem Fall fühlt er sich von der Briefpartnerin überfordert und schreibt ihr etwas abstrakt von seinen Ängsten, „es könnte ein Liebes, Leistung oder Wendung von mir erwarten, und ich versagen, hinter dem Erwarteten zurückbleiben" (R/Z, 70). Auch aus der *Elegie an Marina Zwetajewa-Efron*, die er diesem Brief beilegt, lässt sich ein Wandel der Briefbeziehung herauslesen: „Wir beginnens als Jubel, schon übertrifft es uns völlig; / plötzlich, unser Gewicht dreht zur Klage abwärts den Sang" (R/Z, 71).

Vagheit als Schreibprinzip

Was genau Zwetajewa von Rilke erwartet, lässt sie gleich in ihrem ersten Brief auf programmatische Weise im Dunkeln: „Was ich von Dir will, Rainer? Nichts. Alles." (R/Z, 49) Zwar gesteht sie ihm sofort ihre Liebe, bezieht diese zunächst aber nicht auf den „Mensch-Rilke", sondern allein auf den „Geist-Rilke" (R/Z, 47). Rilke lässt sich das gerne gefallen, zumal er ihr im ersten Brief seine *Duineser Elegien* mit einem Widmungsgedicht geschickt hatte, das ihre zukünftige Beziehung in die Sphäre der Engel projizierte („Wir rühren uns. Womit? Mit Flügelschlägen, / mit Fernen selber rühren wir uns an."; R/Z, 59). Doch Zwetajewa gibt sich mit Rilkes entferntem Flügelschlagen nicht zufrieden. „Rainer, ich hab Dich lieb und will zu Dir" (R/Z, 75), schreibt sie ihm im Juni und forciert die körperliche Nähe auch nach dem Ausbleiben seiner Antwort. „Darf ich Dich küssen?", fragt sie Anfang Juli (ohne eine Reaktion Rilkes), Anfang August heißt es dann: „[I]ch will mit Dir schlafen – einschlafen und schlafen" (R/Z, 79, 82).

Wo die poetischen Fantasiespiele enden und reale Pläne beginnen, wird durch die daran anschließenden Reflexionen über die Liebe und das Wort ‚schlafen' in der Schwebe gehalten. Und vage bleibt auch Rilkes postwendende Antwort: „Ja und Ja und Ja, Marina, alle Ja zu was Du willst und bist, so groß, zusammen, wie das Ja zum Leben selbst ... aber in dem sind ja auch alle die zehntausend Nein, die unvorhersehbaren." (R/Z, 87) Mit größerem Nachdruck ist selten ‚Jein' gesagt worden. „Aufgelehnt gegen jede Ausschließung", verbittet sich Rilke zwar Zwetajewas Eifersucht gegenüber anderen Frauen in seinem Leben, geht erstaunlicherweise (und anders als in früheren Briefwechseln) aber weiter auf ihre Sprachbilder ein, darunter auch das des gemeinsamen „Schlaf-

St. Gilles-sur-Vie, am 9. May 1926

Rainer Maria Rilke!

Darf ich Sie so nennen? Sie, die verkörperte Dichtung, müssen doch wissen, daß Ihr Name allein – ein Gedicht ist. Rainer Maria, das klingt kirchlich – und kindlich – und ritterlich. Ihr Name reimt nicht mit der Zeit – kommt von früher oder von später – von jeher. Ihr Name hat es gewollt, und Sie haben den Namen gewählt. (Unsre Namen wählen wir selbst, was kommt – das folgt).

Ihre Taufe war der Prolog zum ganzen Ihnen, und der Priester, der Sie taufte, wußte wahrlich nicht, was er that.

———

Sie sind nicht mein liebster Dichter („liebster"-Stufe), Sie sind eine Naturerscheinung, die nicht mein sein kann und die man nicht liebt, sondern besteht, oder (noch zu wenig!) das verkörperte fünfte Element: die Dichtung selbst, oder (noch zu wenig) das, woraus die Dichtung entsteht und das größer ist als sie (Sie).

Es handelt sich nicht um den Mensch-Rilke (Mensch: das wozu wir gezwungen sind!), – um den Geist-Rilke, der noch größer ist als der Dichter und der eigentlich für mich Rilke heißt – Rilke von übermorgen.

Sie müssen sich aus meinen Augen sehen: Ihre Grösse durch ihre mit Grösse, wenn ich Sie anseh, Ihre Grösse – durch die ganze Ferne.

Erster Brief Zwetajewas an Rilke vom 9.5.1926

Nests" (R/Z, 87 f.). Gleichwohl reagiert Zwetajewa enttäuscht, verteidigt den Ausschließlichkeitsanspruch der Liebe – und fordert Rilke dazu auf, ihre Liebesbriefe nicht wörtlich, sondern als „Redensart" (R/Z, 89) zu verstehen. Aber womöglich ist auch das nur eine Redensart, denn wenige Absätze später treibt sie wieder ein reales Treffen voran, für das Rilke (aufgrund ihrer prekären finanziellen Situation) ihre Reisekosten zu übernehmen habe. Eine Antwort bleibt aus.

Als sie vier Monate später die Nachricht von Rilkes Tod erreicht, richtet sie einen postumen Brief an ihn, in dem sie weiter nach Ort und Zeitpunkt ihrer Begegnung fragt. Dass damit zuletzt auch die Trennung von Leben und Tod aufgehoben wird, ist poetisch nur konsequent. In seinem Brief vom 10. Mai 1926 hatte Rilke eine Art Zeitreise angekündigt, wenn er in Lausanne die zehnjährige Zwetajewa suchen wollte, die 1903 durch diese Stadt gelaufen war (wovon sie ihm im vorangehenden Brief berichtet hatte). Radikaler als in jedem anderen Briefwechsel Rilkes werden hier durchweg räumliche und zeitliche Strukturen aufgelöst – in der Briefwelt verschwimmen Realität und Imagination (vgl. Schuster 2014, S. 276).

Zwischen autobiografischem und fiktionalem Schreiben

Der Briefwechsel mit Marina Zwetajewa führt nachdrücklich vor Augen, was für Rilkes Briefe grundsätzlich gilt: dass sie sich im Grenzgebiet zwischen Autobiografie und Fiktion bewegen. Denn nicht nur Stil und Ansprache, sondern auch die Selbstdarstellungen sind extrem adressatenorientiert. So schreibt er an Zwetajewa, dass er mit seinem Körper in den Jahrzehnten vor seiner Krankheit „in einer so vollkommenen Übereinstimmung zu leben gewohnt war, daß ich ihn oft für ein Kind meiner Seele hätte halten können: leicht und brauchbar" (R/Z, 65). Das entspricht der beschwingten Grundhaltung des Briefwechsels mit ihr, steht aber in völligem Kontrast zu den Briefen an Lou Andreas-Salomé, die (wie er 1924 selbstironisch schreibt) ganze „Wörterbücher meiner Klagensprache" (R/AS, 478) enthalten. Immer wieder berichtet er Andreas-Salomé, „daß ich mir rein körperlich recht unerträglich bin [...]. Mein Körperliches läuft Gefahr, die Karrikatur meiner Geistigkeit zu werden" (R/AS, 250 f.). Funktional sind die gegensätzlichen Selbstbeschreibungen, um den epistolarischen Austausch mit so unterschiedlichen Briefempfängerinnen in Gang zu halten, auf den Rilke sich existenziell angewiesen fühlt. Die Grenze zum literarischen Werk überschreiten Rilkes Briefe nicht zuletzt deshalb, weil der briefliche Selbstentwurf oft nur in lockerem Kontakt mit der Lebensrealität ihres Verfassers steht.

IX. Wirkung

Rilke wirkt. Kein anderer Autor der deutschsprachigen Literaturgeschichte wird bis in die Gegenwart so breit und so kontrovers rezipiert wie Rainer Maria Rilke. Die philosophische Auseinandersetzung reicht von Hannah Arendt und Martin Heidegger bis zu Martin Seel und Peter Sloterdijk. Gleichzeitig finden sich Rilke-Zitate auf dem Oberarm-Tattoo der Musikerin Lady Gaga (siehe S. 219) und in den Innentaschen einer vom U2-Sänger Bono Vox gestalteten Designerjeans. Rilke wird als Mystiker gelesen, war „almost a cult figure for ‚New Age' thinkers" (Komar 2014, S. 87) und die psychologische Kreativitätsforschung spricht in Bezug auf „Momente des Beeindrucktseins oder Ergriffenseins, die zu eigenem Schaffen führen", von „*Rilke*-Effekte[n]" (Petzold/Orth 2019, S. 945). Auch politische Pragmatiker fühlen sich zu ihm hingezogen: 2019 rezitierte der Präsident der EU-Kommission Jean-Claude Juncker vor ARD-Kameras den *Panther*, der deutsche Bundeskanzler Gerhard Schröder wurde aufgrund seiner wiederholten Rilke-Vorträge gar zum „Rilke-Kanzler" (Karasek 2004) erklärt, nachdem schon sein Vorgänger Helmut Kohl 1989 Rilkes Grab besucht hatte. Dass Rilke knapp einhundert Jahre nach seinem Tod noch ein Publikum hat, führt auch das *Rilke-Projekt* vor: Angelica Fleer und Richard Schönherz haben seit 2001 mittlerweile vier Alben produziert (drei davon erreichten Gold-Status), auf denen bekannte Schauspielerinnen und Musiker wie Nina Hagen, Udo Lindenberg, Wolfgang Niedecken oder Clueso Rilke-Gedichte vertonen. Während ein von dem enormen Erfolg angeregtes Hermann-Hesse-Projekt nach einer CD wieder eingestellt wurde, laufen die Tourneen des Rilke-Projekts weiter und sind von über 100.000 Menschen besucht worden.

Internationale Rezeption

Die Verbreitung von Übersetzungen in fast alle Weltsprachen „ist ein Phänomen" (Richter 2017, S. 277 f.). Nach dem Zerfall der Sowjetunion entstand in Russland eine regelrechte „Rilke-Welle" (ebd., S. 278). Selbst von den schwer verständlichen *Duineser Elegien* sind gegenwärtig fünfzehn Übersetzungen allein ins Englische im Buchhandel erhältlich. Auf Rilke-Spuren stößt man unter anderem in den Werken von Boris Pasternak, René Char, J. D. Salinger, Thomas Pynchon, Milan Kundera, Amitav Gosh und Karl Ove Knausgård, in Filmen von Woody Allen (*Another Woman*) und mit Whoopi Goldberg (*Sister Act 2*), in den Kompositionen von Dmitri Schostakowitsch und den Popsongs von Anne Clark (in Bibliografien werden zudem ca. 1.000 Rilke-Vertonungen aufgeführt; vgl. Riemer 2013) sowie in der bildenden Kunst etwa bei Cy Twombly (vgl. dazu Heidelmann 2016; zum Rest Leeder 2010, Komar 2014 und Richter 2017, S. 275–286).

Der russische Schriftsteller Boris Pasternak liest Rilkes *Neue Gedichte*, 1933

Das kosmopolitische Leben des mehrsprachigen Autors findet in seiner weltweiten Rezeption ein vielstimmiges Echo. Erklärungsversuche berufen sich zum einen auf die sprachliche Virtuosität seiner Texte. Drei Wochen nach Rilkes Tod hat Robert Musil ihn in einer langen Rede dafür gewürdigt, dass er „das deutsche Gedicht zum erstenmal vollkommen gemacht hat" (Musil

1978, S. 1230). Außergewöhnlich – und für die internationale Rezeption entscheidender – ist zum anderen Rilkes dualistischer Wirklichkeitszugriff, die Kombination von einem äußerst differenzierten Blick auf die gegenständliche Welt mit einer feinsinnigen Intuition für Spirituelles. Die Literaturwissenschaftlerin Kathleen L. Komar erklärt seine Attraktivität aus einem „refusal to give up on the possibility of a transcendent realm while at the same time intensely interacting with the limited physical world" (Komar 2014, S. 100). Auf Rilkes Vermeidung von Einseitigkeiten beruft sich auch der Schriftsteller Michael Lentz: „Kein anderer Autor [...] fordert Intellekt und Emotion so paritätisch heraus wie er" (Lentz 2011b, S. 369).

Fast ebenso verbreitet wie die Rilke-Verehrung ist allerdings die Rilke-Verachtung. Während Michael Lentz seine Rilke-Begeisterung unter anderem damit begründet, dass er „was Existenzielles im Gedicht [will]" (Lentz 2011a, S. 94), besagt ein hartnäckiges Rilke-Klischee genau umgekehrt, dass dieser Autor bloß für „blumige, parfümvollendete Harmlosigkeiten steht" (Beyer 2017, S. 66). Marcel Beyer hat *Die Sonette an Orpheus* noch unlängst als ein „von keinem Dichter je wieder erreichtes Wunder der Reimkunst" (Beyer 2017, S. 85) gepriesen, nachdem Ann Cotten, Daniel Falb und andere in ihrer Kollektivpoetologie *Helm aus Phlonx* von einem „Virus Rilke" geschrieben haben, der „bis zum Erbrechen perfekte Reime" (Cotten/Falb/Jackson und andere 2011, S. 317, 69) produziere. Dass Rilke von vielen Lesenden als der „geheime König der deutschen Seele" (Demetz 1998, S. 9) angesehen wird, macht ihn für ungefähr ebenso viele verdächtig. Den einen gilt der Autor als Heiliger und sein Werk „als die Heilige Schrift der zusammenbrechenden Moderne" (Koch 1996, S. 171), andere amüsieren sich – so der Protagonist in Wolfgang Herrndorfs Roman *In Plüschgewittern* (2002) – über die „Pimmelgedichte", in denen „Rilke seinen Pimmel besingt in dem gleichen Tonfall, den er sonst für Engel, Blumen und notleidende Tiere draufhat" (Herrndorf 2012, S. 22).

Verehrung und Verachtung

Rilke-Häme Ein Großteil der Rilke-Häme gilt weniger dem Werk als vielmehr der Person. Gleich zwei Bestseller der letzten Jahre entwerfen ein peinliches bis desaströses Bild des Dichters. In Florian Illies' Erfolgsbuch *1913. Der Sommer des Jahrhunderts* (2012) ist der leidende Rilke eine Art *running gag*, der als ein „das zarte Unglück so leidenschaftlich Liebende[r]" (Illies 2012, S. 195) mehr als ein Dutzend Auftritte bekommt. Klaus Modicks Roman *Konzert ohne Dichter* von 2015, der 48 Wochen auf der *Spiegel*-Bestsellerliste stand, widmet sich Rilkes Freundschaft mit dem Worpsweder Künstler Heinrich Vogeler und lenkt seine Sympathien vollständig auf Letzteren – der Roman liefert ein „hämisches Zerrbild" (Stenzig 2015, S. 6) Rilkes, der von Modick in Interviews als „Kotzbrocken" und „notgeiler Schürzenjäger" (zit. nach Hagemann 2016, S. 287, der auch weitere Rilke-Romane verhandelt) bezeichnet wird. Ein differenzierteres Porträt, auch im Blick auf das lange übersehene politische Interesse Rilkes, liefert Volker Weidermanns Doku-Fiktion *Träumer. Als die Dichter die Macht übernahmen* (2017) über die Münchner Räterepublik von 1918/19 (vgl. zu Rilke insbesondere Weidermann 2017, S. 30–38, 54, 96–99, 195 f., 269–272).

Klaus Modicks Rilke-Bashing schreibt eine Tendenz fort, die der Schriftsteller Durs Grünbein schon in einem Essay von 2006 resümiert: „Rainer Maria Rilke: manchmal scheint es, als ob allein schon der Name zu Provokationen reizte. Seit langem rätsele ich, woher der Widerwille gegen ihn rührt, das Gemisch aus blasierter Brutalität und einer merkwürdig sexistischen Gehässigkeit, das regelmäßig aufschäumt unter deutschen Autoren, sobald sein Name fällt." (Grünbein 2007, S. 135) Rilkes Androgynität, von der viele Zeitgenossen berichten, scheint insbesondere männliche Autoren erheblich irritiert und zu schillernden Verbindungen von Leben und Werk animiert zu haben: Bertolt Brecht hält Rilkes lyrische Auseinandersetzung mit Gott für „absolut schwul" (Brecht 1992, S. 158), Rainald Goetz nennt ihn „eine Nutte" (Goetz 2012, S. 38), und Peter Rühmkorf bringt Rilkes Werk auf den Begriff „Transvestitentum", äußert sich ansonsten aber zwiespältig: „Ich schätze ihn hoch, aber ich kann ihn nicht leiden" (Rühmkorf 1992).

Rilke-Leser: Gottfried Benn

Wie nah sich die Verachtung und die Verehrung Rilkes kommen können, zeigt sich besonders pointiert bei Gottfried Benn (vgl. dazu Hoffmann 2019b). In dem kurzen Essay *Rilke* von 1936 erklärt Benn den Autor zum „Gemisch von männlichem Schmutz und lyrischer Tiefe" (Benn 1989, S. 261). Benns Briefe der folgenden Jahre enthalten ein ganzes Arsenal an Rilke-Beleidigungen: Rilke sei – so heißt es 1941 und 1944 – eine „entartete Existenz", ein „Wurm, der sich zwar ohne Absetzen einzigartig gliedern und bewegen kann, aber zu den ganz fairen Tieren nicht gehört" (Benn/Oelze 2016, Bd. 1, S. 352; Bd. 2, S. 62 f.). Im unmittelbaren Anschluss an das letzte Zitat vertraut Benn seinem Briefpartner gleichwohl an: „[I]hn am wenigsten im 20. Jahrhundert könnte ich aus der Lyrik entbehren"; dem Benn des Jahres 1946 erscheint Rilke dann gar „einzigartig innerhalb der deutschen Lyrik dieses Jahrhunderts" (Benn/Oelze 2016, Bd. 2, S. 63, 192). In Benns vielbeachteter Rede *Probleme der Lyrik* von 1951 wird Rilke schließlich häufiger als jeder andere Dichter erwähnt und gelobt unter anderem für eines „seiner schönsten Gedichte ‚Archaischer Torso Apollos'" (Benn 2001, S. 18)

Gottfried Benns ambivalentes Rilke-Bild

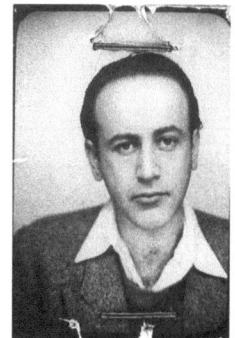

Rilke-Leser: Paul Celan

– das gleiche Gedicht erschien Benn zehn Jahre zuvor noch geprägt von einem „entmannten Gestammel", von „zarten, kränklichen, kindischen, unverschämten Ausflüchten" des „Männchen[s]" Rilke (Benn/Oelze 2016, Bd. 1, S. 352). Dass Benn seine Begeisterung für den Rilke-Vers „Überstehn ist alles" aus dem *Requiem für Wolf Graf von Kalkreuth* nicht „mit eigenem Lebensatem verantwortet" (Celan 1999, S. 156), hat der Holocaust-Überlebende Paul Celan eingewendet. In Celans Lyrik finden sich zahlreiche Rilke-Spuren, so klingt etwa im Titel seines Gedichtbandes *Die Niemandsrose* (1963) der Spruch von Rilkes Grabstein an, vor dem Celan mehrfach und u. a. am Karfreitag 1961 stand (zu Celans Rilke-Rezeption vgl. Fülleborn 1975, zur Nähe der beiden Autoren u. a. Günther 2018).

Rezeption in Nationalsozialismus und Holocaust

Schon Gottfried Benn hat sich über die Popularität gewundert, die der ‚weiche' Rilke auch während des Zweiten Weltkriegs genoss. Die nationalsozialistische Kulturpolitik war sich im Umgang mit Rilke uneins. Während der *Völkische Beobachter* den Autor an dessen zehntem Todestag als „Erfüllung und Vorbild" für die Gegenwart verstanden wissen wollte, wurde 1939 in der Zeitschrift *Der SA-Mann* nachdrücklich vor Rilke gewarnt: „Die nationalsozialistische Jugend […] und mit ihr das neue Deutschland lehnen […] weltfremde Stimmungsmacher, rassisch minderwertige Typen und deutschfeindliche Pazifisten und Judenfreunde wie Rainer Maria Rilke ab" (zit. nach Fülleborn/Engel 1982, S. 109, 111). In ihrer Dankrede zum Rilke-Preis 1976 berichtet Hilde Domin nicht nur von ihrer eigenen Rilke-Lektüre, sondern auch von dem Druck, dem ein „glühender Rilke-Verehrer" (zit. n. Fülleborn/Engel 1982, S. 293) als Mitglied eines Rilke-Lesekreises im Nationalsozialismus ausgesetzt war. Während viele Soldaten im Zweiten Weltkrieg (wie schon 1914–1918) Rilkes Frühwerk *Die Weise von Liebe und Tod des Cornets Christoph Rilke* im Tornister trugen, arbeitete der österreichische Komponist Viktor Ullmann als Häftling im Konzentrationslager Theresienstadt an einer Vertonung des *Cor-*

nets; auch Paul Celan hat produktiv auf den *Cornet* reagiert (vgl. Bollack 2006, insb. S. 223–231). Rilke ist ein inklusiver Autor: Für Menschen mit unterschiedlichster Weltanschauung und in gegensätzlichsten Lebenssituationen gilt offensichtlich, was die niederländische Jüdin Etty Hillesum vor ihrer Deportation in ihrem Tagebuch notiert, nachdem sie am 27. Juli 1942 in Amsterdam auf einem Mülleimer sitzend Rilke gelesen hatte: „[I]ch fand eine Stelle, die mir viele Tage weiterhelfen kann" (Hillesum 2016, S. 165). Paul de Man erklärt das Wagnis von Rilkes Dichtung daraus, sich „fundierten philosophischen oder theologischen Gewißheiten oder einem Rückhalt bei ethischen Imperativen" zu versagen und trotzdem „eine Form existenzieller Rettung" zu versprechen, die „innerhalb und mithilfe der Dichtung stattfinden werde" (de Man 1988, S. 55).

Rilke-Leserin: Etty Hillesum

Die Aggressivität, mit der Rilke immer wieder geschmäht wurde und wird, lässt sich zumindest partiell als Reaktion auf eine bisweilen ausufernde Rilke-Schwärmerei erklären. Sie erreichte einen Höhepunkt in den fünfziger Jahren und brachte es 1956 bis auf ein *Spiegel*-Cover. Die Rilke gewidmete Titelstory *Lyrik als Religionsersatz* geht dem Phänomen nach, dass die „Rilke-Legende" in einer „glaubensschwachen Zeit einen pseudoreligiösen Kult begründen konnte" (zit. nach Fülleborn/Engel 1982, S. 132). Aus Anlass von Rilkes 100. Geburtstag 1975 beschreibt der Schriftsteller Jürgen Becker, für den der *Malte* „eines meiner liebsten Bücher" ist, seine Wut über „bestimmte Typen von Schöngeistern, die ein Beben in der Stimme bekamen, wenn sie den Namen Rilke nannten" – man könne Rilke gegenwärtig nur „[g]egen seine Leser lesen" (zit. n. Fülleborn/Engel 1982, S. 280).

Rilke-Schwärmerei

Spiegel-Cover vom 28.3.1956

Rilke-Komik   Wie sich die Rilke-Anhimmelung literarisch produktiv machen lässt (nämlich in einer gegenläufigen ‚Erdung' der Autorperson), zeigt im gleichen Jahr Ernst Jandls 17-teiliger Gedichtzyklus *Der gewöhnliche Rilke* mit Texten wie *rilkes schuh*:

rilkes schuh

rilkes schuh
war einer
von zweien

jeder schuh rilkes
war einer
von zweien

rilke in schuhen
trug immer
zwei

wade an wade
stand rilke
aus den beiden schuhen heraus
(Jandl 2016, S. 18)

Der Loriot-Sketch *Flugessen*, der 1978 erstmals im Fernsehen zu sehen war, bezieht seine Komik daraus, dass sich in einem Flugzeug zufällig zwei Rilke-Enthusiasten begegnen (gespielt von Loriot und Evelyn Hamann), sich ihrer gemeinsamen Leidenschaft versichern („Rilke. Etwas Schöneres ist in deutscher Sprache wohl nie geschrieben worden"; Loriot 2007, 08:00–08:08) und dann minutenlang ihre Lieblingsgedichte rezitieren, während sie mit dem unappetitlichen und umständlich verpackten Essen kämpfen. Rilke-Parodien (u. a. von F. W. Bernstein und Werner Schneyder) sind mittlerweile Legion und beziehen neben der Lyrik auch die Briefe mit ein (vgl. Cotten u. a 2011, S. 317–319).

Loriot: Flugessen, 1978

Wenn Jandl, Loriot und andere Mitte der siebziger Jahre auf distanziert-humorvolle Weise den Rilke-Kult aufgreifen, ist das insofern symptomatisch, als auch die Rilke-Forschung in dieser Zeit eine Wende nimmt. Während in den ersten fünfzig Jahren nach Rilkes Tod zunächst das Frühwerk im Fokus der Forschung stand und dabei oft weniger analysiert als vielmehr für religiöse und weltanschauliche Deutungen vereinnahmt wurde, konzentrierte man sich ab den sechziger Jahren vermehrt auf das mittlere und spätere Werk. Die auch die Literaturwissenschaft erfassende Politisierung der siebziger Jahre führte

Rilke-Forschung

zu einer sozialgeschichtlich ausgerichteten Rilke-Kritik (etwa bei Grimm 1981) und einer deutlich erlahmenden Erforschung dieses Autors (Ausnahmen bilden die Arbeiten u. a. von Jacob Steiner und Ulrich Fülleborn). Wie intensiv Rilke sich mit politischen Dingen beschäftigt hat, wurde erstmals in Joachim W. Storcks knapp 500 Briefseiten umfassender und ausführlich kommentierter Sammlung *Briefe zur Politik* von 1992 dokumentiert (in die gleiche Richtung wies allerdings schon 1975 eine von Storck kuratierte Marbacher Rilke-Ausstellung). Im Ganzen bewegt sich die Rilke-Forschung seit den neunziger Jahren aber weg von der Person und Weltanschauung Rilkes, hin zu stärker poetologisch ausgerichteten Fragen. So wie Ernst Zinns Werkausgabe in den fünfziger Jahren die Rilke-Philologie befeuert hat, gehen das Erscheinen der kommentierten Werkausgabe von 1996 sowie des Rilke-Handbuches von 2004 mit einer markanten Expansion der Rilke-Forschung einher, die bis heute anhält (zur Forschungsgeschichte vgl. u. a. Engel 1999b; König 2014b, S. 155–263; Klima 2018, S. 6–16; sowie die zahlreichen Forschungsreferate von August Stahl in den *Blättern der Rilke-Gesellschaft*). In den letzten vierzig Jahren sind fast 4.000 Forschungsbeiträge zu Rilke veröffentlicht worden. Größere Rilke-Bestände befinden sich heute im (von der Familie geführten) Rilke-Archiv Gernsbach, im DLA Marbach und in der Schweizerischen Nationalbibliothek Bern; eine kontinuierliche Beschäftigung mit Rilke betreiben die Internationale Rilke-Gesellschaft (www.rilke.ch) sowie die Fondation Rilke mit Sitz in Sierre im Wallis (www.fondationrilke.ch).

Produktive Rezeption

Die Rilke-Rezeption in anderen Texten und Medienformaten ist nicht mehr annähernd zu überblicken. Allein die nicht akademischen Reaktionen auf die *Duineser Elegien* füllten schon 1982 ein ganzes Buch (Fülleborn/Engel 1982), in dem von den Elegien-Anspielungen in Werken wie Botho Strauß' Langgedicht *Diese Erinnerung an einen, der nur einen Tag zu Gast war* (1985), Gerhard Falkners Buch *Ignatien. Elegien am Rande des Nervenzusammenbruchs*

Katalog zur Ausstellung in der Kunsthalle Bremen, 2003

(2014), Karl Ove Knausgårds Roman *Kämpfen* (Knausgård 2017, S. 467 f.), Christian Uetz' Gedichtband *Engel der Illusion* (2018) und Peter Handkes Erzählung *Das zweite Schwert* (Handke 2020, S. 126) oder in Reden von Navid Kermani (Kermani 2019, S. 28 f.) und Felicitas Hoppe (Hoppe 2020) noch gar nicht die Rede sein konnte. Bemerkenswert ist ferner die für einen Autor ungewöhnlich hohe Zahl an Ausstellungen, darunter *Rilke und die bildende Kunst seiner Zeit* (Bremen und Berlin, 1997), *Rilke. Worpswede* (Bremen, 2003), *Rilke und Russland* (Marbach, Bern/Zürich und Moskau 2017/18), *Rodin, Rilke, Hofmannsthal* (Berlin, 2017) und *Rilke in Bremen* (Bremen, 2018). Welch vielfältigen Nachhall Rilkes Werke in den letzten Jahrzehnten im Kulturbetrieb gefunden haben, soll zum Abschluss exemplarisch an seinem populärsten Text ausgeführt werden: *Der Panther* aus den *Neuen Gedichten* von 1907.

Als der vor allem für seine handlungsstarken Romane bekannte Schriftsteller Helmut Krausser 2010 zum ersten Mal einige seiner *Coverversionen* veröffentlicht, in denen er kanonisierte Gedichte unter anderem von Goethe, Hölderlin und Brecht einer aktualisierenden Aneignung unterzieht, beginnt er die Reihe mit Rilkes *Der Panther* – für Krausser ein „*nahezu perfektes Gedicht*" (Krausser 2010, S. 3). Rilkes selbsterklärte Absicht war es, in diesem Text, „wie ein Maler

Der Panther bei Helmut Krausser

Rilke für das 21. Jahrhundert?
Helmut Krausser

oder Bildhauer, *vor der Natur* zu arbeiten" (B, 929) – er war mit einer ansonsten nur Malern vorbehaltenen Sondergenehmigung für den Vormittagsbesuch des Pariser Tierparks *Jardin des Plantes* ausgestattet (siehe S. 160). Auch Krausser überträgt ein fremdmediales, in diesem Fall ein aus der Popmusik bekanntes Verfahren auf lyrische Texte. Seine Coverversion des *Panthers* greift passend dazu vor allem in die Metrik und den Rhythmus ein. Während das Wortmaterial weitgehend erhalten bleibt, wird der fünfhebige in einen vierhebigen Jambus verwandelt.

[Rilke:]

    Sein Blick ist vom Vorübergehn der Stäbe
    so müd geworden, daß er nichts mehr hält.
    Ihm ist, als ob es tausend Stäbe gäbe
    und hinter tausend Stäben keine Welt. (KA 1, 469)

[Krausser:]

    Sein Blick, von vierzig Gitterstäben
    müde, trägt kein Bild, zerfällt.
    Als würde es nur Stäbe geben,
    dahinter aber keine Welt. (Krausser 2010, S. 3)

Kraussers Silbenverknappung entsprechen weitere Reduktionsverfahren, so etwa in der Häufigkeit der ä-Assonanzen. In beiden Versionen findet sich der Vokal in den Endreimen der Verse 1 und 2, obwohl sich die Verse im Kreuzreim nicht reimen. Nur bei Rilke bereitet diese ungewöhnliche ä-Doppelung aber das noch auffälligere dreifache ä in den Versen 3 und 4 vor: die „Stäbe" in Vers 3 lassen dabei einen (nicht ganz reinen) dreifachen Binnenreim anklingen. Die Vielzahl der Stäbe wird bei Rilke also nicht nur iterativ benannt (und zwar mit dem auf Unendliches zielenden Wort ‚tausend', das Krausser auf exakt ‚vierzig' kürzt), sondern auch in der repetitiven Wortwahl und Lautlichkeit materiell hergestellt. Bei Krausser kommt das Wort Stäbe statt dreimal nur einmal vor: Einmal wird es leicht variiert zu „Gitterstäben", einmal getilgt; zudem klingt Rilkes prägnanter Binnenreim „Stäbe gäbe" bei Krausser mit dem Wechsel vom ä zum e in „Stäbe geben" nur noch aus der Ferne an. Informationen gehen dabei nicht verloren, aber der ‚Sound' des Textes verändert sich: Der eintönige, träge Klang, der die betäubte Vitalität des Panthers hörbar macht, findet sich bei Krausser nicht mehr. Krausser beschleunigt damit nicht nur den Text, sondern auch das dargestellte Tier.

Dessen Dynamisierung kommt auch darin zum Ausdruck, dass der Panther nur bei Rilke seine Bewegung nicht mehr als eigenes Tun begreift: Das Bild vom „Vorübergehn der Stäbe" verschiebt die Aktivität vom Subjekt auf das Objekt. Krausser verzichtet auf diese markante Subjektschwächung und arbeitet stattdessen auf semantischer Ebene mit einer Kräftigung des Panthers. In der zweiten Strophe geschieht das durch minimalinvasive Methoden: Zum einen wird das Adjektiv ‚geschmeidig' durch das ungleich mächtigere ‚dämonisch' ersetzt. Zum anderen: Während in Rilkes Version der Wille des Panthers grammatisch von seinem Besitzer gelöst wurde (im Zentrum des Panthers steht „betäubt ein großer Wille"), fügt Krausser das erwartbare Possessivpronomen ein: „sein Wille". Die Pointe von Kraussers Version besteht im Ganzen darin, die Betäubtheit des gefangenen Zootieres in eine Dynamik zu verwandeln, die man mit freilebenden Raubkatzen assoziiert. Kraussers erklärtes Ziel, *„dem Tier mehr Spannkraft und Geschwindigkeit"* (Krausser 2010, S. 3) zu verleihen, wird damit zweifellos erreicht. Allerdings vermag dieses Umschreibverfahren nicht restlos zu überzeugen, da auch Kraussers Panther ein Zootier ist. Letztlich bleibt es bei einer lyrischen Fingerübung.

Der Panther und Oliver Kahn

Produktiver ist die Aneignung von Rilkes Gedicht dort, wo man sie viel weniger vermuten würde. So zum Beispiel in dem Dokumentarfilm *Oliver Kahn und die Dinge des Lebens* von Marin Martschewski, der im Mai 2006 – kurz vor der Fußball-WM in Deutschland – auf 3sat gezeigt wurde. Der damals noch aktive Fußballtorwart wird in einem Café sitzend darum gebeten, den *Panther* vorzulesen (was Kahn recht stilsicher erledigt) und anschließend über Rilkes Gedicht zu reflektieren. Nach einem Moment der Irritation lässt sich Kahn auf den Text ein und überträgt den Käfig in einer symbolischen Lesart auf die Unfreiheit seines Lebens als Fußballprofi. Angeregt vom Gedicht formuliert Kahn die bemerkenswerte Einsicht, kaum einmal „bei dem, was ich tue, wirklich echte Freiheit erlebt" zu haben. Er fährt fort: „Insofern passt dieses Gedicht natürlich wundervoll. […] Schöner Satz: ‚in der betäubt ein großer Wille steht'" (Oliver Kahn und die Dinge des Lebens 2014, 56:54–57:26).

Oliver Kahn liest *Der Panther*, Fernseh-Doku 2006

Der Panther im Kino

Auf Kinoleinwänden ist Rilkes Text schon einige Jahre früher gleich mehrfach genutzt worden, von Woody Allens amerikanischem Krisenfilm *Another Woman* (1988) bis zu Helmut Dietls deutscher Komödie *Late Show* (1999). Eine Schlüsselposition nimmt das Gedicht in der amerikanischen Produktion *Awakenings* (1990; dt. *Zeit des Erwachens*) in der Regie von Penny Marshall ein. Der an der Europäischen Schlafkrankheit leidende Lennart (gespielt von Robert de Niro) nutzt dort nach einem langjährigen komaartigen Zustand seine neu erlangte Beweglichkeit der Hand, um seinem Arzt Dr. Sayer (Robin Williams) die Botschaft ‚Rilke Panther' zu übermitteln. Dr. Sayer recherchiert den ihm unbekannten Text, der ihn nach einer längeren Meditation über das Gedicht zu weiteren Experimenten mit dem Medikament Dopamin motiviert. Es ermöglicht den jahrzehntelang erstarrten Patienten zumindest für einige Monate ein nahezu unbeeinträchtigtes Leben. Rilkes Text liefert im fiktionalen Filmplot, der locker an eine wahre Begebenheit anschließt, die Aktivierungsenergie für ein medizinisches Wunder und markiert im Handlungsverlauf den entscheidenden Wendepunkt. Schon in Oliver Sacks populär-medizinischem Buch *Awakenings* (1973), das dem Film als Grundlage dient, kommt der *Panther* in einer Fallbeschreibung vor, dort allerdings mit größerer Beiläufigkeit und anderer Stoßrichtung (vgl. Sacks 2012, S. 255).

Filmplakat der deutschen Fassung, 1991

Beispiele für eine Identifikation mit Rilkes Panther finden sich gleich mehrfach auch in der Popmusik. Udo Lindenberg hat das Gedicht auf seinem Album *Der Exzessor* adaptiert, das im Jahr 2000 kurz vor dem Beginn des *Rilke-Projekts* erscheint (in dem der Schauspieler Otto Sander den *Panther* 2001 rezitiert, während Lindenberg gemeinsam mit Till Brönner 2002 das Gedicht *Einsamkeit* vertont). Da der Autorname Rilke im Songtitel *Der Panther*, in der Tracklist des Albums und im Umfeld des im Booklet abgedruckten Songtextes nicht erwähnt wird (man findet ihn nur im Kleingedruckten bei den Rechteangaben), reiht sich das Gedicht unauffällig in die von Lindenberg verfassten *lyrics* ein. Gemeinsam mit dem Sound, der bruchlos an Lindenbergs oft autobiografisch geprägte Balladen anschließt, legt die Präsentation nahe, den Song als ein allegorisches Selbstporträt des Sängers zu deuten. Das ergibt vor allem deshalb Sinn, weil Lindenberg sich früher selbst als Panther inszeniert hat, und zwar

Der Panther bei Udo Lindenberg

Lindenberg als Panik-Panther, Cover von 1992

im Anklang an sein berühmtes Panikorchester als *Panik-Panther* (so der Titel eines Songs und Albums von 1992). Parallel zum Wechsel der Selbstdarstellung auf dem Cover, das den Sänger nun nicht mehr frontal mit Punkfrisur, sondern ungleich verschlossener mit Hut und Sonnenbrille zur Seite blickend zeigt, markiert Rilkes Text den Wandel vom vitalen Panik-Panther zum ‚müd gewordenen' Zootier – es entsteht der Eindruck, dass der alternde Sänger in eine Phase der biologischen und kreativen Erschlaffung geraten ist (Lindenbergs großes Comeback folgt erst einige Jahre später). Lindenberg vertont also nicht einfach Rilkes Gedicht, sondern macht es dadurch produktiv, dass er es im eigenen Werkkontext mit biografischer Bedeutung auflädt.

Der Panther bei AnnenMayKantereit

Eine noch offensivere Anverwandlung des *Panthers* findet sich in dem 2018 veröffentlichten Song *Marie* auf dem zweiten Album der Band *AnnenMayKantereit*. In die zweite Strophe des Songs hat der 1992 geborene Sänger und Texter Henning May eine leicht bearbeitete Version der ersten Strophe aus Rilkes Gedicht integriert:

Rilke-Sänger: AnnenMayKantereit, 2018

> Ich glaub', mein Blick ist vom Vorüberziehen der Städte
> So müde, dass er nichts mehr hält
> Mir ist, als ob es tausend Städte gäbe
> Und hinter tausend Städten keine Welt (AnnenMayKantereit 2018)

Während Oliver Kahn, die Filmfigur Lennart und Udo Lindenberg den gefangenen Panther als Allegorie für den Zustand eines Menschen deuten, streicht May aus seiner Version Tier und Käfig kurzerhand heraus. An die Stelle der dritten Person tritt die erste („Ich glaub', mein Blick"), aus dem Dinggedicht wird die Beschreibung einer menschlichen Wahrnehmung. Erhalten bleiben – davon scheint das Zitat vor allem motiviert zu sein – die Bilder der Betäubtheit und des Gefangenseins: Der Subjekt-Objekt-Tausch im ersten und der Weltverlust im vierten Vers sind aus dem Original übernommen. Durch die kleine lautliche und semantische Verschiebung von ‚Stäbe' zu ‚Städte' werden die Krisensymptome aber anders hergeleitet als in Rilkes Gedicht. Da fast alle Songs des Albums einen autobiografischen Hintergrund suggerieren, liegt es nahe, die Anonymität vorbeirauschender Städte auf die erste Tournee-Erfahrung der Band nach dem enormen Erfolg ihres Debütalbums zu beziehen. Der plötzlich prominente Sänger scheint sich so gefangen und so ausgestellt zu fühlen wie Rilkes Zootier. In jedem Fall geht die Identifikation des Ichs mit Rilkes Text weiter als in allen anderen zitierten Fällen: Es imaginiert sich so vollständig in den Panther hinein, dass es ihn zum Verschwinden bringt. Mit Rilkes Tiergedicht verbunden bleibt der Song *Marie* freilich dadurch, dass auch er mit einer Tierbeobachtung einsetzt („Die Vögel scheißen vom Himmel / und ich schau dabei zu").

„Rilke, das ist passé, das ist 19. Jahrhundert" (zit. n. Fülleborn/Engel 1982, S. 272), schrieb der Schriftsteller Horst Bingel 1966. Er hat sich getäuscht. Am Gedicht *Der Panther* zeigt sich besonders deutlich, wie tief Rilkes Werk in der Kultur auch des 21. Jahrhunderts verwurzelt ist. Während allenthalben der Verfall des Lesens und des literarischen Wissens beklagt wird, wirkt Rilke auch außerhalb der bildungsbürgerlichen Hochkultur nach. Die außergewöhnliche Intensität von Verehrung und Verachtung ist nicht zuletzt eine Einladung, sich ein eigenes Bild zu machen, also: Rilke zu lesen.

Rilke heute

X. Literatur

Werke

Rilke, Rainer Maria: *Die Weise von Liebe und Tod. Texte und Dokumente*. Hg. von Walter Simon. Frankfurt am Main 1974

Rilke, Rainer Maria: *Sämtliche Werke*. 6 Bde. Hg. von Ernst Zinn. Frankfurt am Main 1987 (= SW 1–6)

Rilke, Rainer Maria: *„Haßzellen, stark im größten Liebeskreise …" Verse für Oskar Kokoschka*. Hg. v. Joachim W. Storck. Marbach am Neckar 1988

Rilke, Rainer Maria: Werke. *Kommentierte Ausgabe*. 4 Bde. und Supplementband. Hg. von Manfred Engel, Ulrich Fülleborn, Horst Nalewski und August Stahl. Frankfurt am Main und Leipzig 1996 (= KA 1–4)

Rilke, Rainer Maria: *Schriften zur Literatur und Kunst*. Hg. von Torsten Hoffmann. Stuttgart 2009

Rilke, Rainer Maria: *Die Aufzeichnungen des Malte Laurids Brigge. Das Manuskript des „Berner Taschenbuchs"*. Faksimile und Textgenetische Edition. Hg. von Thomas Richter und Franziska Kolp. Göttingen 2012

Rilke, Rainer Maria: *Gesammelte Werke*. Hg. von Annemarie Post-Martens und Gunter Martens. Stuttgart 2015

Briefe und Tagebücher

Hofmannsthal, Hugo von/Rainer Maria Rilke: *Briefwechsel 1899–1925*. Hg. von Rudolf Hirsch und Ingeborg Schnack. Frankfurt am Main 1978

Rilke, Rainer Maria: *Briefe aus den Jahren 1906 bis 1907*. Hg. von Ruth Sieber-Rilke und Carl Sieber. Leipzig 1930

Rilke, Rainer Maria: *Briefe aus den Jahren 1914 bis 1921*. Hg. von Ruth Sieber-Rilke und Carl Sieber. Leipzig 1937 (= 1937a)

Rilke, Rainer Maria: *Briefe aus Muzot. 1921–1926*. Hg. von Ruth Sieber-Rilke und Carl Sieber. 9.–11. Tsd. Leipzig 1937 (= 1937b)

Rilke, Rainer Maria: *Briefe aus den Jahren 1892 bis 1904*. Hg. von Ruth Sieber-Rilke und Carl Sieber. Leipzig 1939 (= 1939a)

Rilke, Rainer Maria: *Briefe aus den Jahren 1904 bis 1907*. Hg. von Ruth Sieber-Rilke und Carl Sieber. Leipzig 1939 (= 1939b)

Rilke, Rainer Maria: *Tagebücher aus der Frühzeit*. Hg. von Ruth Sieber-Rilke und Carl Sieber. Leipzig 1942 (= TF)

Rilke, Rainer Maria: *Briefe an seinen Verleger*. 2 Bde. Neue, erweiterte Ausgabe. Wiesbaden 1949

Rilke, Rainer Maria: *Briefe an Nanny Wunderly-Volkart*. Hg. von Rätus Luck. 2 Bde. Frankfurt am Main 1977

Rilke, Rainer Maria: *Briefe an Axel Juncker*. Hg. von Renate Scharffenberg. Frankfurt am Main 1979

Rilke, Rainer Maria: *Briefe*. Hg. vom Rilke-Archiv in Weimar. 14.–15. Tsd. Frankfurt am Main 1980 (= B)

Rilke, Rainer Maria: *Briefe an Gräfin Sizzo. 1921–1926*. Hg. von Ingeborg Schnack. Frankfurt am Main 1985

Rilke, Rainer Maria: *Briefe an Karl und Elisabeth von der Heydt. 1905–1922*. Hg. von Ingeborg Schnack und Renate Scharffenberg. Frankfurt am Main 1986

Rilke, Rainer Maria: *Briefe an Schweizer Freunde*. Hg. von Rätus Luck. Frankfurt am Main 1990

Rilke, Rainer Maria: *Briefe in zwei Bänden*. Hg. von Horst Nalewski. Frankfurt am Main und Leipzig 1991 (= B 1–2)

Rilke, Rainer Maria: *Briefe zur Politik*. Hg. von Joachim W. Storck. Frankfurt am Main 1992

Rilke, Rainer Maria: *Briefwechsel mit Magda von Hattingberg*. Hg. von Ingeborg Schnack und Renate Scharffenberg. Frankfurt am Main 2000

Rilke, Rainer Maria: *Briefe an die Mutter. 1896–1926*. 2 Bde. Hg. von Hella Sieber-Rilke. Frankfurt am Main und Leipzig 2009

Rilke, Rainer Maria: *Briefe an einen jungen Dichter. Mit den Briefen von Franz Xaver Kappus*. Hg. von Erich Unglaub. Göttingen 2019

Rilke, Rainer Maria/Andreas-Salomé, Lou: *Briefwechsel*. Hg. von Ernst Pfeiffer. Frankfurt am Main 1989 (= R/AS)

Rilke, Rainer Maria/Forrer, Anita: *Briefwechsel*. Hg. von Magda Kerényi. Frankfurt am Main 1982

Rilke, Rainer Maria/Key, Ellen: *Briefwechsel*. Hg. von Theodore Fiedler. Frankfurt am Main und Leipzig 1993

Rilke, Rainer Maria/Kippenberg, Katharina: *Briefwechsel*. Wiesbaden 1954

Rilke, Rainer Maria/Mitterer, Erika: *Besitzlose Liebe. Der poetische Briefwechsel*. Hg. von Katrin Kohl. Berlin 2018

Rilke, Rainer Maria/Nádherný von Borutin, Sidonie: *Briefwechsel 1906–1926*. Hg. von Joachim W. Storck. Göttingen 2007

Rilke, Rainer Maria/Rodin, Auguste: *Der Briefwechsel*. Hg. von Rätus Luck. Frankfurt am Main und Leipzig 2001

Rilke, Rainer Maria/Thurn und Taxis, Marie von: *Briefwechsel*. 2 Bde. Hg. von Ernst Zinn. Frankfurt am Main 1986

Rilke, Rainer Maria/Zweig, Stefan: *Briefe und Dokumente*. Hg. von Donald A. Prater. Frankfurt am Main und Leipzig 2017

Rilke, Rainer Maria/Zwetajewa, Marina: *Ein Gespräch in Briefen*. Hg. von Konstantin M. Asadowski. Frankfurt am Main und Leipzig 1998 (= R/Z)

Schirmer, Lothar (Hg.): *Paul Cézanne. Die Bilder seiner Ausstellung Paris 1907 besucht, betrachtet und beschrieben von Rainer Maria Rilke*. Zusammengestellt und eingeleitet von Bettina Kaufmann. München 2018

Biografisches

Albert-Lasard, Lou: *Wege mit Rilke*. Frankfurt am Main 1952

Andreas-Salomé, Lou: *Rainer Maria Rilke*. Hg. von Ernst Pfeiffer. Frankfurt am Main 1988

Betz, Maurice: *Rilke in Frankreich. Erinnerungen, Briefe, Dokumente*. Aus dem Französischen von Willi Reich. Wien, Leipzig und Zürich 1938

Freedman, Ralph: *Rainer Maria Rilke. Der junge Dichter. 1875–1906*. Aus dem Amerikanischen von Curdin Ebneter. Frankfurt am Main und Leipzig 2001

Freedman, Ralph: *Rainer Maria Rilke. Der Meister. 1906–1926*. Aus dem Amerikanischen von Curdin Ebneter. Frankfurt am Main und Leipzig 2002

Hattingberg, Magda von: *Rilke und Benvenuta. Ein Buch des Dankes*. Wien 1947

Kassner, Rudolf: *Rilke. Gesammelte Erinnerungen 1926–1956*. Hg. von Klaus E. Bohnenkamp. Pfullingen 1976

Martens, Gunter/Post-Martens, Annemarie: *Rainer Maria Rilke*. Reinbek ²2015

Raddatz, Fritz J.: *Rainer Maria Rilke. Überzähliges Dasein. Eine Biographie*. Reinbek ²2017

Salis, Jean Rudolf von: *Rilkes Schweizer Jahre. Ein Beitrag zur Biographie von Rilkes Spätzeit*. Frankfurt am Main 1975

Schank, Stefan: *Rainer Maria Rilke*. München 1998

Schnack, Ingeborg: *Rainer Maria Rilke. Chronik seines Lebens und seines Werkes 1875–1926*. Erweiterte Neuausgabe. Hg. von Renate Scharffenberg. Frankfurt am Main und Leipzig 2009 (= RCh)

Schwilk, Heimo: *Rilke und die Frauen. Biographie eines Liebenden*. München und Berlin 2015

Storck, Joachim W.: Leben und Persönlichkeit. In: *Rilke-Handbuch. Leben – Werk – Wirkung*. Hg. von Manfred Engel unter Mitarbeit von Dorothea Lauterbach. Stuttgart und Weimar 2004, S. 1–25

Anthologien

Rilke, Rainer Maria: *„Im ersten Augenblick". Bildbetrachtungen*. Hg. von Rainer Stamm. Berlin 2015

Schmidt, Thomas (Hg.): *„Meine geheimnisvolle Heimat". Rilke und Russland*. Berlin 2020

Sonstige Quellen

AnnenMayKantereit: *Schlagschatten*. Berlin Vertigo, 2018 [CD]

Benn, Gottfried: *Rilke*. In: ders.: *Sämtliche Werke*. Bd. IV: *Prosa 2: 1933–1945*. Hg. von Gerhard Schuster. Stuttgart 1989, S. 260–261

Benn, Gottfried: *Probleme der Lyrik*. In: ders.: *Sämtliche Werke*. Bd. VI: *Prosa 4: 1951–1956*. Hg. von Holger Hof. Stuttgart 2001, S. 9–44

Benn, Gottfried/Oelze, Friedrich Wilhelm: *Briefwechsel 1932–1956*. 4 Bde. Hg. von Harald Steinhagen, Stephan Kraft und Holger Hof. Göttingen 2016

Bernard, Émile: *Erinnerungen an Paul Cézanne*. In: *Gespräche mit Cézanne*. Hg. von Michael Doran. Zürich 1982, S. 68–106

Beyer, Marcel: *Das blindgeweinte Jahrhundert. Bild und Ton*. Berlin 2017

Brecht, Bertolt: [*Rilke*]. In: ders.: *Werke. Große kommentierte Berliner und Frankfurter Ausgabe*. Hg. von Werner Hecht u. a. Bd. 21: *Schriften 1*. Berlin, Weimar und Frankfurt am Main 1992, S. 158

Celan, Paul: *Der Meridian. Endfassung – Entwürfe – Materialien*. Hg. von Bernhard Böschenstein und Heino Schmull. Frankfurt am Main 1999

Cotten, Ann/Falb, Daniel/Jackson, Hendrik/Popp, Steffen/Rinck, Monika: *Helm aus Phlonx. Zur Theorie des schlechtesten Werkzeugs*. Berlin 2011

Freud, Sigmund: *Drei Abhandlungen zur Sexualtheorie*. In: ders.: *Studienausgabe*. Bd. 5: *Sexualleben*. Hg. von Alexander Mitscherlich u. a. Frankfurt am Main 2000, S. 37–145

Goethe, Johann Wolfgang: *West-östlicher Divan*. Neue, völlig revidierte Ausgabe. Teilband 1. Hg. von Hendrik Birus. Berlin 2010

Goetz, Rainald: *loslabern*. Frankfurt am Main 2012

Grünbein, Durs: *Ein kleines blaues Mädchen. Zu Rainer Maria Rilkes ‚Das Karussell'*. In: ders.: *Gedicht und Geheimnis. Aufsätze 1990–2006*. Frankfurt am Main 2007, S. 135–154

Handke, Peter: *Die Lehre der Sainte-Victoire*. Frankfurt am Main 1996

Handke, Peter: *Das zweite Schwert. Eine Maigeschichte*. Berlin 2020

Herrndorf, Wolfgang: *In Plüschgewittern*. Reinbek [3]2012

Hillesum, Etty: *Das denkende Herz. Die Tagebücher 1941–1943*. Hg. von J. G. Gaarlandt. Aus dem Niederländischen von Maria Csollány. Reinbek [27]2016

Hölderlin, Friedrich: *Sämtliche Werke und Briefe*. 3 Bde. Bd. 1: *Gedichte*. Hg. von Jochen Schmidt. Frankfurt am Main 1992

Hoppe, Felicitas: *Zwischen Rilke. Rede zur Eröffnung der 38. Tagung der Internationalen Rilke-Gesellschaft*. In: *Blätter der Rilke-Gesellschaft* 35 (2020), S. 20–27

Illies, Florian: *1913. Der Sommer des Jahrhunderts*. Frankfurt am Main 2012

Jandl, Ernst: *Werke in sechs Bänden*. Bd. 3. Hg. von Klaus Siblewski. München 2016

Kermani, Navid: *Morgen ist da. Reden*. München 2019

Kessler, Harry Graf: *Das Tagebuch*. Bd. 4: *1906–1914*. Hg. von Jörg Schuster. Stuttgart 2005

Knausgård, Karl Ove: *Kämpfen*. Aus dem Norwegischen von Paul Berf und Ulrich Sonnenberg. München 2017

Knausgård, Karl Ove: *Im Sommer*. Mit Aquarellen von Anselm Kiefer. Aus dem Nowegischen von Paul Berf. München 2018

Krausser, Helmut: *Coverversionen*. In: *Text+Kritik*, H. 187 (2010), S. 3–12

Lentz, Michael: *Infekt. Über Poetik und Poesie*. In: ders.: *Textleben. Über Literatur, woraus sie gemacht ist, was ihr vorausgeht und was aus ihr folgt*. Hg. von Hubert Winkels. Frankfurt am Main 2011, S. 72–96 (= 2011a)

Lentz, Michael: *Nicht auszulesen. Rainer Maria Rilke*. In: ders.: *Textleben. Über Literatur, woraus sie gemacht ist, was ihr vorausgeht und was aus ihr folgt*. Hg. von Hubert Winkels. Frankfurt am Main 2011, S. 369–406 (= 2011b)

Lindenberg, Udo: *Der Exzessor*. Sony, 2000 [CD]

Loriot: *Die vollständige Fernseh-Edition*. 6 DVDs. Disc 4: *Loriot V: Flugessen*. Warner, 2007 [DVD]

Martschewski, Marin: *Oliver Kahn und die Dinge des Lebens*. Great Movies, 2014 [DVD]

Musil, Robert: *Rede zur Rilke-Feier in Berlin am 16. Januar 1927*. In: ders.: *Gesammelte Werke. Bd. 2: Prosa und Stücke. Kleine Prosa, Aphorismen. Autobiographisches. Essays und Reden. Kritik*. Hg. von Adolf Frisé. Reinbek 1978, S. 1229–1242

Rühmkorf, Peter: o. T. [*Ich schätze ihn hoch*]. In: *Dichter beschimpfen Dichter II. Ein zweites Alphabet harter Urteile*. Zusammengestellt von Jörg Drews & Co. Zürich 1992, S. 90

Sacks, Oliver: *Awakenings / Zeit des Erwachens*. Reinbek [14]2012

Seel, Martin: *Eine Ästhetik der Natur*. Frankfurt am Main 1996

Seiler, Lutz: *Stern 111*. Berlin 2020

Sloterdijk, Peter: *Du mußt dein Leben ändern. Über Anthropotechnik*. Frankfurt am Main 2009

Uexküll, Jakob von: *Umwelt und Innenwelt der Tiere*. Berlin [2]1921

Weidermann, Volker: *Träumer. Als die Dichter die Macht übernahmen*. Köln 2017

Forschung

Allemann, Beda: *Zeit und Figur beim späten Rilke. Ein Beitrag zur Poetik des modernen Gedichtes*. Pfullingen 1961

Allemann, Beda: *Rilke und der Mythos*. In: *Rilke heute. Beziehungen und Wirkungen*. Bd. 2. Hg. von Ingeborg H. Solbrig. Frankfurt am Main 1976, S. 7–17

Arendt, Hannah/Anders, Günther: *Rilkes ‚Duineser Elegien'*. In: *Rilkes ‚Duineser Elegien'. Bd. 2: Forschungsgeschichte*. Hg. von Ulrich Fülleborn und Manfred Engel. Frankfurt am Main 1982, S. 45–65

Arndal, Steffen: *Sehenlernen und Pseudoskopie. Zur visuellen Verarbeitung des Pariserlebnisses in R. M. Rilkes ‚Die Aufzeichnungen des Malte Laurids Brigge'*. In: *Orbis Litterarum* 62 (2007), S. 210–229

Baer, Ulrich: *Das Rilke-Alphabet*. Frankfurt am Main 2006

Baßler, Moritz: *Maltes Gespenster*. In: *Mystique, mysticisme et modernité en Allemagne autour de 1900 / Mystik, Mystizismus und Moderne in Deutschland um 1900*. Hg. von Moritz Baßler und Hildegard Châtellier. Préface de Antoine Faivre. Straßburg 1998, S. 239–253

Becker, Sabina: *Der Beginn der Moderne im Roman. Rainer Maria Rilkes ‚Aufzeichnungen des Malte Laurids Brigge'*. In: *Deutschsprachige Romane der klassischen Moderne*. Hg. von Matthias Luserke-Jaqui und Monika Lippke. Berlin 2008, S. 87–109

Bishop, Paul: Rilke: *Thought and mysticism*. In: *The Cambridge Companion to Rilke*. Hg. von Karen Leeder und Robert Vilain. Cambridge 2010, S. 159–173

Böckmann, Paul: *Der Strukturwandel der modernen Lyrik in Rilkes ,Neuen Gedichten'*. In: ders.: *Dichterische Wege der Subjektivierung. Studien zur deutschen Literatur im 19. und 20. Jahrhundert*. Hg. von der Deutschen Schillergesellschaft. Tübingen 1999, S. 317–346

Bollack, Jean: *Dichtung wider Dichtung. Paul Celan und die Literatur*. Hg. von Werner Wögerbauer. Göttingen 2006

Böschenstein, Bernhard: *Rilkes ,Geburt der Venus'*. In: *Blätter der Rilke-Gesellschaft* 33 (2016), S. 125–132

Braungart, Wolfgang: *Das Stunden-Buch*. In: *Rilke-Handbuch. Leben – Werk – Wirkung*. Hg. von Manfred Engel unter Mitarbeit von Dorothea Lauterbach. Stuttgart und Weimar 2004, S. 216–227 (= 2004a)

Braungart, Wolfgang: *Die Weise von Liebe und Tod des Cornets Christoph Rilke*. In: *Rilke-Handbuch. Leben – Werk – Wirkung*. Hg. von Manfred Engel unter Mitarbeit von Dorothea Lauterbach. Stuttgart und Weimar 2004, S. 210–216 (= 2004b)

Braungart, Wolfgang: *Der Maler ist ein Schreiber. Zur Theo-Poetik von Rilkes ,Stunden-Buch'*. In: *Blätter der Rilke-Gesellschaft* 27 (2007), S. 49–75

Braungart, Wolfgang: *Das Schweigen der Engel und der Hinweg des Subjekts. Sprachsuche, Selbstsuche, Gottsuche in Rilkes ,Duineser Elegien'*. In: *,Gott' in der Dichtung Rainer Maria Rilkes*. Hg. von Norbert Fischer. Hamburg 2014, S. 257–296

Brittnacher, Hans Richard: *Die Frau, die Insel und das Meer. Zu Rainer Maria Rilkes „Die weiße Fürstin"*. In: *Das Schöne und das Triviale*. Hg. von Gert Theile. München 2003, S. 93–114

Brittnacher, Hans Richard/Porombka, Stephan/Strömer, Fabian: *Einleitung.* In: *Poetik der Krise. Rilkes Rettung der Dinge in den ‚Weltinnenraum'.* Hg. von dens. Würzburg 2000, S. 7–20

Brück, Michael von: *Weltinnenraum. Rainer Maria Rilkes ‚Duineser Elegien' in Resonanz mit dem Buddha.* Freiburg 2015

Brunkhorst, Katja: *„Verwandt – Verwandelt". Nietzsche's Presence in Rilke.* München 2006

Busch, Walter: *Bild – Gebärde – Zeugenschaft. Studien zur Poetik von Rainer Maria Rilke.* Bozen 2003

Büssgen, Antje: *Bildende Kunst.* In: *Rilke-Handbuch. Leben – Werk – Wirkung.* Hg. von Manfred Engel unter Mitarbeit von Dorothea Lauterbach. Stuttgart und Weimar 2004, S. 130–150

Büssgen, Antje: *Versachlichung bei Rilke.* In: *Sache / Ding. Eine ästhetische Leitdifferenz in der Medienkultur der Weimarer Republik.* Hg. von Oliver Jahraus, Michaela Nicole Raß und Simon Eberle. München 2017, S. 107–126

Catani, Stephanie: *Das fiktive Geschlecht. Weiblichkeit in anthropologischen Entwürfen und literarischen Texten zwischen 1885 und 1925.* Würzburg 2005

Catania, Laura: *Die Unverständlichkeit der ‚Duineser Elegien' und ihr ‚lyrisches Ich'.* In: *Grundfragen der Lyrikologie 1. Lyrisches Ich, Textsubjekt, Sprecher?* Hg. von Claudia Hillebrandt u. a. Berlin 2019, S. 286–305

Dehrmann, Mark-Georg: *I.3.* In: *Über ‚Die Sonette an Orpheus' von Rilke. Lektüren.* Hg. von Christoph König und Kai Bremer. Göttingen 2016, S. 32–36

Demetz, Peter: *Noch einmal: ‚René Rilkes Prager Jahre'.* In: *Rilke – ein europäischer Dichter aus Prag.* Hg. von Peter Demetz, Joachim W. Storck und Hans Dieter Zimmermann. Würzburg 1998, S. 9–18

Detering, Heinrich: *Brigges Brüder. Rilkes Malte Laurids Brigge, die skandinavische Literatur und der fremde Blick.* In: *Literarische Transnationalität.* Hg. von Karin Hoff, Anna Sandberg und Udo Schöning. Würzburg 2015, S. 173–196

Detering, Heinrich/Sina, Kai: *Der deutschsprachige Roman 1900–1950.* In: *Geschichte des deutschsprachigen Romans.* Hg. von Volker Meid. Stuttgart 2013, S. 445–623

Dieterle, Bernard: *Erzählungen.* In: *Rilke-Handbuch. Leben – Werk – Wirkung.* Hg. von Manfred Engel unter Mitarbeit von Dorothea Lauterbach. Stuttgart und Weimar 2004, S. 239–263

Ebneter, Curdin (Hg.): *Rilke. Les jours d'Italie / Die italienischen Tage.* Sierre 2009

Eckel, Winfried: *Wendung. Zum Prozeß der poetischen Reflexion im Werk Rilkes.* Würzburg 1994

Eckel, Winfried: *Die Figur der Reflexion im Werk Rilkes. Eine Skizze.* In: *Rilke heute. Der Ort des Dichters in der Moderne.* Redaktion: Vera Hauschild. Frankfurt am Main 1997, S. 263–274

Eckel, Winfried: *Musik, Architektur, Tanz. Zur Konzeption nicht-mimetischer Kunst bei Rilke und Valéry.* In: *Rilke und die Weltliteratur.* Hg. von Manfred Engel und Dieter Lamping. Düsseldorf und Zürich 1999, S. 236–259

Eckel, Winfried: *Rilkes Begriff der Welt.* In: *Rilkes Welt. Festschrift für August Stahl zum 75. Geburtstag.* Hg. von Andrea Hübener, Rätus Luck, Renate Scharffenberg, Erich Unglaub und William Waters. Frankfurt am Main u. a. 2009, S. 17–30

Engel, Manfred: *Das Frühwerk.* In: Rainer Maria Rilke: *Werke. Kommentierte Ausgabe.* 4 Bde. und Supplementband. Bd. 1: *Gedichte 1895 bis 1910.* Hg. von Manfred Engel und Ulrich Fülleborn. Frankfurt am Main und Leipzig 1996, S. 612–840 (= 1996a)

Engel, Manfred: *Das späte Werk*. In: Rainer Maria Rilke: *Werke. Kommentierte Ausgabe*. 4 Bde. und Supplementband. Bd. 2: *Gedichte 1910–1926*. Hg. von Manfred Engel und Ulrich Fülleborn. Frankfurt am Main und Leipzig 1996, S. 415–702 (= 1996b)

Engel, Manfred: *Nachwort*. In: Rainer Maria Rilke: *Die Aufzeichnungen des Malte Laurids Brigge. Kommentierte Ausgabe*. Stuttgart 1997, S. 319–350 (= 1997a)

Engel, Manfred: *"Weder Seiende, noch Schauspieler". Zum Subjektivitätsentwurf in Rilkes ‚Malte Laurids Brigge'*. In: *Rilke heute. Der Ort des Dichters in der Moderne*. Redaktion: Vera Hauschild. Frankfurt am Main 1997, S. 181–200 (= 1997b)

Engel, Manfred: *Lyrische Formel und Innovation in Rilkes Gedichtzyklen. Am Beispiel von "Stunden-Buch" und "Neuen Gedichten"*. In: *Die Formel und das Unverwechselbare. Interdisziplinäre Beiträge zu Topik, Rhetorik und Individualität*. Hg. von Iris Denneler. Frankfurt am Main u.a. 1999, S. 115–127 (= 1999a)

Engel, Manfred: *Rilke-Forschung heute. Einige Überlegungen zum Verhältnis von Autoren-Forschung und Fachgeschichte anläßlich einer Sammelrezension*. In: *Internationales Archiv für Sozialgeschichte der deutschen Literatur* 24 (1999), S. 106–131 (= 1999b)

Engel, Manfred: *Die Sonette an Orpheus*. In: *Rilke-Handbuch. Leben – Werk – Wirkung*. Hg. von Manfred Engel unter Mitarbeit von Dorothea Lauterbach. Stuttgart und Weimar 2004, S. 405–424 (= 2004a)

Engel, Manfred: *Rilke als Autor der literarischen Moderne*. In: *Rilke-Handbuch. Leben – Werk – Wirkung*. Hg. von Manfred Engel unter Mitarbeit von Dorothea Lauterbach. Stuttgart und Weimar 2004, S. 507–528 (= 2004b)

Engel, Manfred: *Vier Werkphasen*. In: *Rilke-Handbuch. Leben – Werk – Wirkung*. Hg. von Manfred Engel unter Mitarbeit von Dorothea Lauterbach. Stuttgart und Weimar 2004, S. 175–181 (= 2004c)

Engel, Manfred/Lauterbach, Dorothea: *Französische Gedichte*. In: *Rilke-Handbuch. Leben – Werk – Wirkung*. Hg. von Manfred Engel unter Mitarbeit von Dorothea Lauterbach. Stuttgart und Weimar 2004, S. 434–453

Fiedler, Theodore: *Psychoanalyse*. In: *Rilke-Handbuch. Leben – Werk – Wirkung*. Hg. von Manfred Engel unter Mitarbeit von Dorothea Lauterbach. Stuttgart und Weimar 2004, S. 165–174

Fischer, Luke: *The Poet as Phenomenologist. Rilke and the ‚New Poems'*. New York und London 2015

Fischer, Norbert (Hg.): *‚Gott' in der Dichtung Rainer Maria Rilkes*. Hamburg 2014 (= 2014a)

Fischer, Norbert: *Rilkes Zugang zur Religion. Gegen die Hypothese seiner ‚Immanenz-Gläubigkeit'*. In: *‚Gott' in der Dichtung Rainer Maria Rilkes*. Hg. von dems. Hamburg 2014, S. 69–105 (= 2014b)

Fischer, Norbert: *„Mein Gott, fiel es mir mit Ungestüm ein, so bist du also". Sämtliche Fundstellen zum Wort ‚Gott' in ‚Die Aufzeichnungen des Malte Laurids Brigge' mit kurzem Kontext und erläuternden Anmerkungen*. In: *‚Gott' in der Dichtung Rainer Maria Rilkes*. Hg. von dems. Hamburg 2014, S. 223–256 (= 2014c)

Flaskamp, Christoph: *Rainer Maria Rilke*. In: *Hochland* 4 (1906/07), S. 373–375

Freedman, Ralph: *‚Das Stunden-Buch' und ‚Das Buch der Bilder' – Harbingers of Rilke's Maturity*. In: *A Companion to the Works of Rainer Maria Rilke*. Hg. von Erika A. Metzger u. a. Rochester u. a. 2004, S. 90–127

Fuchs, Britta A.: *Poetologie elegischen Sprechens. Das lyrische Ich und der Engel in Rilkes „Duineser Elegien"*. Würzburg 2009

Fülleborn, Ulrich: *Form und Sinn der ‚Aufzeichnungen des Malte Laurids Brigge'. Rilkes Prosabuch und der moderne Roman*. In: *Unterscheidung und Bewahrung*. Hg. von Klaus Lazarowicz und Wolfgang Kron. Berlin 1961, S. 147–169

Fülleborn, Ulrich: *Rilke und Celan*. In: *Rilke heute. Beziehungen und Wirkungen*. Hg. von Ingeborg H. Solbrig und Joachim W. Storck. Frankfurt am Main 1975, S. 49–70

Fülleborn, Ulrich: *Rilkes Weg ins 20. Jahrhundert*. In: *Zu Rainer Maria Rilke*. Hg. von Egon Schwarz. Stuttgart 1983, S. 55–68

Fülleborn, Ulrich: *Das mittlere Werk*. In: Rainer Maria Rilke: *Werke. Kommentierte Ausgabe*. 4 Bde. und Supplementband. Bd. 1: *Gedichte 1895 bis 1910*. Hg. von Manfred Engel und Ulrich Fülleborn. Frankfurt am Main und Leipzig 1996, S. 841–1005 (= 1996a)

Fülleborn, Ulrich: *Die Sonette an Orpheus und späteste Gedichte*. In: Rainer Maria Rilke: *Werke. Kommentierte Ausgabe*. 4 Bde. und Supplementband. Bd. 2: *Gedichte 1910–1926*. Hg. von Manfred Engel und Ulrich Fülleborn. Frankfurt am Main und Leipzig 1996, S. 703–873 (= 1996b)

Fülleborn, Ulrich/Manfred Engel (Hg.): *Rilkes ‚Duineser Elegien'*. Bd. 3: *Rezeptionsgeschichte*. Frankfurt am Main 1982

Gerok-Reiter, Annette: *Perspektivität bei Rilke und Cézanne*. In: *Deutsche Vierteljahresschrift für Literaturwissenschaft und Geistesgeschichte* 67 (1993), S. 484–520

Gerok-Reiter, Annette: *Wink und Wandlung. Komposition und Poetik in Rilkes ‚Sonette an Orpheus'*. Tübingen 1996

Giuriato, Davide: *„Die unwirthlichen Blätter". Rilke, das Papier, die Post und die Briefe an Benvenuta*. In: *Der Brief. Ereignis & Objekt*. Hg. von Waltraud Wiethölter und Anne Bohnenkamp. Basel und Frankfurt am Main 2010, S. 134–146

Görner, Rüdiger: *Rainer Maria Rilke. Im Herzwerk der Sprache*. Wien 2004

Graubner, Hans: *Rilkes Christus und das Erhabene der Zeit*. In: *Monatshefte für deutschsprachige Literatur und Kultur* 95 (2003), S. 583–602

Graubner, Hans: *„Unter dem Neigungswinkel". Celans biographische Poetologie*. Würzburg 2018

Grimm, Gunter E.: *Herzworte. Deutsche Lyrik im Porträt*. Darmstadt 2012

Grimm, Reinhold: *Von der Armut und vom Regen. Rilkes Antwort auf die soziale Frage*. Königstein/Ts. 1981

Groddeck, Wolfram: *Nachwort*. In: Rainer Maria Rilke: *Duineser Elegien. Die Sonette an Orpheus*. Nach den Erstdrucken von 1923 kritisch hg. von Wolfram Groddeck. Stuttgart 2011, S. 137–155

Groddeck, Wolfram: [Rez.] *Christoph König: „O komm und geh"*. In: *Arbitrium* 33 (2015), S. 359–362

Guardini, Romano: *Rainer Maria Rilkes Deutung des Daseins. Eine Interpretation der Duineser Elegien*. München ²1961

Günther, Friederike Felicitas: *Cézanne als dionysischer Künstler. Rilkes Weg von Rodin zu Cézanne*. In: *Lehrer ohne Lehre. Zur Rezeption Paul Cézannes in Künsten, Wissenschaften und Kultur (1906–2006)*. Hg. von Torsten Hoffmann. Freiburg, Berlin und Wien 2008, S. 123–149

Günther, Friederike Felicitas: *Grenzgänge zum Anorganischen bei Rilke und Celan*. Heidelberg 2018

Günther, Friederike Felicitas/Hoffmann, Torsten: *Literarische Anthropologien der Endlichkeit. Zur Einführung*. In: *Anthropologien der Endlichkeit. Stationen einer literarischen Denkfigur seit der Aufklärung. Für Hans Graubner zum 75. Geburtstag*. Hg. von dens. Göttingen 2011, S. 9–34

Hagemann, Alfred: *Rilke erzählen*. In: *Blätter der Rilke-Gesellschaft* 33 (2016), S. 282–290

Hamburger, Käte: *Die phänomenologische Struktur der Dichtung Rilkes*. In: dies.: *Philosophie der Dichter*. Stuttgart 1966, S. 179–275

Hamburger, Käte: *Die Geschichte des verlorenen Sohnes bei Rilke*. In: *Rice University Studies* 574 (1971), H. 4, S. 55–71

Hamburger, Käte: *Rilke. Eine Einführung*. Stuttgart 1976

Heidelmann, Hilde: *Rilke und Twombly*. In: *Blätter der Rilke-Gesellschaft* 33 (2016), S. 273–281

Heinz, Jutta: *Das Buch der Bilder (1. Fassung, 1902)*. In: *Rilke-Handbuch. Leben – Werk – Wirkung*. Hg. von Manfred Engel unter Mitarbeit von Dorothea Lauterbach. Stuttgart und Weimar 2004, S. 227–237 (= 2004a)

Heinz, Jutta: *Das Buch der Bilder (2. Fassung, 1906)*. In: *Rilke-Handbuch. Leben – Werk – Wirkung*. Hg. von Manfred Engel unter Mitarbeit von Dorothea Lauterbach. Stuttgart und Weimar 2004, S. 290–296 (= 2004b)

Heinz, Jutta: *Die frühen Gedichtsammlungen*. In: *Rilke-Handbuch. Leben – Werk – Wirkung*. Hg. von Manfred Engel unter Mitarbeit von Dorothea Lauterbach. Stuttgart und Weimar 2004, S. 182–210 (= 2004c)

Heinz, Jutta: *Rollenlyrik im ‚Buch der Bilder'. Zum Verwandlungspotential einer unterschätzten lyrischen Gattung*. In: *Blätter der Rilke-Gesellschaft* 26 (2008), S. 168–192

Held, Heinz-Georg: *Cézanne. Die Entstehung der modernen Kunstbetrachtung*. Köln 2006

Hermann, Ruth: *Im Zwischenraum zwischen Welt und Spielzeug. Eine Poetik der Kindheit bei Rilke*. Würzburg 2002

Hoffmann, Ernst Fedor: *Zum dichterischen Verfahren in Rilkes ‚Aufzeichnungen des Malte Laurids Brigge'*. In: *Deutsche Vierteljahresschrift für Literaturwissenschaft und Geistesgeschichte* 42 (1968), S. 202–230

Hoffmann, Torsten: *Lehrer ohne Lehre. Einführung*. In: *Lehrer ohne Lehre. Zur Rezeption Paul Cézannes in Künsten, Wissenschaften und Kultur (1906–2006)*. Hg. von dems. Freiburg, Berlin und Wien 2008, S. 9–28

Hoffmann, Torsten: *Kunsterfahrung als Icherschließung. Rilkes anthropologische Ästhetik in seinen Vorträgen über Kunst und Literatur*. In: *Kunsterfahrung als Welterschließung. Die Kunst- und Lebensphilosophie Rainer Maria Rilkes*. Hg. von Thomas Schmaus und Günter Seubold. Bonn 2012, S. 273–299 (= 2012a)

Hoffmann, Torsten: *„Zugehn lernen über Unendlichem". Zur Typologie und Poetik von Rilkes verstreuten Widmungsgedichten 1906-1911*. In: *Blätter der Rilke-Gesellschaft* 31 (2012), S. 201–227 (= 2012b)

Hoffmann, Torsten: *Busfahrt mit Rilke*. In: *Blätter der Rilke-Gesellschaft* 33 (2016), S. 146 (= 2016a)

Hoffmann, Torsten: *Im Schreiblabor. Zur ausprobierenden Poetik von Rilkes ‚Florenzer Tagebuch'*. In: *Blätter der Rilke-Gesellschaft* 33 (2016), S. 44–63 (= 2016b)

Hoffmann, Torsten: *Flüchtige Nähe. Rilkes ‚Nike' und Rodin*. In: *Rodin – Rilke – Hofmannsthal. Der Mensch und sein Genius. Katalog zur Ausstellung in der Alten Nationalgalerie Berlin*. Hg. von Maria Obenaus und Ralph Gleis. Berlin 2017, S. 53–65

Hoffmann, Torsten: *Frei schwimmen. Rilkes poetologischer Sommer 1898*. In: *Blätter der Rilke-Gesellschaft* 34 (2018), S. 58–74

Hoffmann, Torsten: *„Aber ich bin ein Ungeschickter des Lebens"*. *Figuren des Scheiterns in Rilkes Briefwechsel mit Lou Andreas-Salomé*. In: *Rilkes Korrespondenzen*. Hg. von Alexander Honold und Irmgard M. Wirtz. Göttingen und Zürich 2019, S. 107–125 (= 2019a)

Hoffmann, Torsten: *Spöttische Bewunderung. Die Rilke-Diskussionen im Briefwechsel Benn-Oelze*. In: *Benn-Forum* 6 (2018/2019), S. 113–134 (= 2019b)

Hutchinson, Ben: *Rilke's Poetics of Becoming*. London 2006

Huyssen, Andreas: *The Notebooks of Malte Laurids Brigge*. In: *The Cambridge Companion to Rilke*. Hg. von Karen Leeder und Robert Vilain. Cambridge 2010, S. 74–79

Imhof, Heinrich: *Rilkes ‚Gott'. Rainer Maria Rilkes Gottesbild als Spiegelung des Unbewußten*. Heidelberg 1983

Imm, Konstantin: *Rilkes ‚Briefe über Cézanne'*. Frankfurt am Main und New York 1986

Karasek, Hellmuth: *Der Rilke-Kanzler*. In: *Berliner Morgenpost* vom 28.11.2004

Kauffmann, Kai: *Fragmentarische Totalität. Zur Genese und Struktur von Rilkes ‚Duineser Elegien'*. In: *Edition und Interpretation moderner Lyrik seit Hölderlin*. Hg. von Dieter Burdorf. Berlin und New York 2010, S. 129–140

Kimmich, Dorothee/Wilke, Tobias: *Einführung in die Literatur der Jahrhundertwende.* Darmstadt 2006

King, Martina: *Pilger und Prophet. Heilige Autorschaft bei Rainer Maria Rilke.* Göttingen 2009

Klima, Hannah Milena: *Rainer Maria Rilkes Kunstmetaphysik. Entwicklung und Subversion eines ästhetischen Konstrukts in der poetologischen Reflexion.* Stuttgart 2018

Koch, Manfred: „*Alles ist nicht es selbst" – Das Chaos des modernen Bewußtseins in Rilkes ‚Duineser Elegien'.* In: *Apokalyptische Visionen in der deutschen Literatur.* Hg. von Joanna Jabłkowska. Łódź 1996, S. 170–179

Koch, Manfred: *Der Gott des innersten Gefühls. Zu Rilkes ästhetischer Theologie.* In: *Der Deutschunterricht* 5 (1998), S. 49–59

Koch, Manfred: *Schriften zu Literatur und Kunst.* In: *Rilke-Handbuch. Leben – Werk – Wirkung.* Hg. von Manfred Engel unter Mitarbeit von Dorothea Lauterbach. Stuttgart und Weimar 2004, S. 480–497

Koch, Manfred: *Vom Werk des Gesichts zum Herzwerk. Rilkes Briefwechsel mit Magda von Hattingberg.* In: *Rilkes Korrespondenzen.* Hg. von Alexander Honold und Irmgard M. Wirtz. Göttingen und Zürich 2019, S. 149–162

Köhnen, Ralph: *Sehen als Textkultur. Intermediale Beziehungen zwischen Rilke und Cézanne.* Bielefeld 1995

Köhnen, Ralph: [Art.] *Dinggedicht.* In: *Metzler Lexikon Literatur.* 3., völlig neu bearb. Aufl. Hg. von Dieter Burdorf, Christoph Fasbender und Burkhard Moennighoff. Stuttgart und Weimar 2007, S. 158 f.

Köhnen, Ralph: *Wahrnehmung wahrnehmen. Die Poetik der ‚Neuen Gedichte' zwischen Biologie und Phänomenologie: von Uexküll, Husserl und Rilke.* In: *Blätter der Rilke-Gesellschaft* 30 (2010), S. 196–211

Komar, Kathleen L.: *Rainer Maria Rilke: German Speaker, World Author.* In: *German Literature as World Literature.* Hg. von Thomas O. Beebee. New York u. a. 2014, S. 85–100

König, Christoph: *„Die Zeit der anderen Auslegung wird kommen". Rilkes ‚Malte' reflektiert über die Vorzukunft als Möglichkeitsbedingungen des Romans.* In: *Euphorion* 108 (2014), S. 1–11 (= 2014a)

König, Christoph: *„O komm und geh". Skeptische Lektüren der ‚Sonette an Orpheus' von Rilke.* Göttingen 2014 (= 2014b)

König, Christoph: *Einleitung.* In: *Über ‚Die Sonette an Orpheus' von Rilke. Lektüren.* Hg. von Christoph König und Kai Bremer. Göttingen 2016, S. 9–16 (= 2016a)

König, Christoph: *I.1.* In: *Über ‚Die Sonette an Orpheus' von Rilke. Lektüren.* Hg. von Christoph König und Kai Bremer. Göttingen 2016, S. 19–27 (= 2016b)

König, Christoph: *„Faites la récolte, la première récolte d'Amour". Rilkes Korrespondenz mit Frauen und deren Niederschlag in seinen Gedichten.* In: *Rilkes Korrespondenzen.* Hg. von Alexander Honold und Irmgard M. Wirtz. Göttingen und Zürich 2019, S. 179–202

König, Christoph/Bremer, Kai (Hg.): *Über ‚Die Sonette an Orpheus' von Rilke. Lektüren.* Göttingen 2016

Krämer, Thomas: *Rilkes ‚Sonette an Orpheus'. Erster Teil. Ein Interpretationsgang.* Würzburg 1999

Krutzky, Benjamin: *Edition und Interpretation der ‚Weise von Liebe und Tod des Cornets Christoph Rilke' von Rainer Maria Rilke.* Osnabrück 2018 (Masterarbeit)

Kurz, Martina: *Bild-Verdichtungen. Cézannes Realisation als poetisches Prinzip bei Rilke und Handke.* Göttingen 2003

Laermann, Klaus: *„Oder daß ein Tier, / ein stummes aufschaut, ruhig durch uns durch." Überlegungen zum Blick der Tiere in einigen Gedichten Rilkes.* In: *Poetik der Krise. Rilkes Rettung der Dinge in den ‚Weltinnenraum'.* Hg. von Hans Richard Brittnacher, Stephan Porombka und Fabian Strömer. Würzburg 2000, S. 123–139

Lauterbach, Dorothea: *Die Aufzeichnungen des Malte Laurids Brigge*. In: *Rilke-Handbuch. Leben – Werk – Wirkung*. Hg. von Manfred Engel unter Mitarbeit von Dorothea Lauterbach. Stuttgart und Weimar 2004, S. 318–336

Leeder, Karen: *Rilkes's legacy in the English-speaking world*. In: *The Cambridge Companion to Rilke*. Hg. von Karen Leeder und Robert Vilain. Cambridge 2010, S. 189–205

Lönker, Fred: „*Der Tod ist groß. Wir sind die Seinen*". *Leben und Sterben bei Rainer Maria Rilke*. In: *Der Tod und die Künste. Würzburger Ringvorlesungen*. Hg. von Friederike Felicitas Günther und Wolfgang Riedel. Würzburg 2016, S. 251–268

Löwenstein, Sascha: *Poetik und dichterisches Selbstverständnis. Eine Einführung in Rainer Maria Rilkes frühe Dichtungen (1884–1906)*. Würzburg 2004

Löwenstein, Sascha: „*Gebete können nicht zur Diskussion gestellt werden.*" *Abriß einer Forschungsgeschichte zum ‚Stunden-Buch' anläßlich der Erstveröffentlichung vor 100 Jahren*. In: *Blätter der Rilke-Gesellschaft* 26 (2005), S. 235–256

Luck, Rätus: *Rilkes Rodin-Vortrag in Dresden*. In: *Blätter der Rilke-Gesellschaft* 29 (2008), S. 51–65

Lukács, Georg: *Die Theorie des Romans. Ein geschichtsphilosophischer Versuch über die Formen großer Epik*. München 1994

Mackowiak, Klaus: *Genauigkeit und Seele. Robert Musils Kunstauffassung als Kritik der instrumentellen Vernunft*. Marburg 1995

Magnússon, Gísli: *Dichtung als Erfahrungsmetaphysik. Esoterische und okkultische Modernität bei R. M. Rilke*. Würzburg 2009

Magnússon, Gísli: *Skandinavische Geister in Rainer Maria Rilkes ‚Die Aufzeichnungen des Malte Laurids Brigge'*. In: *Influx. Der deutsch-skandinavische Kulturaustausch um 1900*. Hg. von Søren R. Fauth und Gísli Magnússon. Würzburg 2014, S. 85–100

de Man, Paul: *Allegorien des Lesens*. Frankfurt am Main 1988

May, John Claude: *The God Image of Nietzsche's ‚Also sprach Zarathustra' as reflected in Rilke's ‚Stunden-Buch'.* Louisiana 1971

McCombs, Nancy: *Earth, Spirit, Victim, or Whore? The Prostitute in German Literature 1880–1925.* Bern, Frankfurt am Main u. a. 1986

Meineke, Eva-Tabea: *„Halb Wissende", „halb Unbewußte". Die Mädchen im ‚Buch der Bilder' und die „Kunstlehre des Schauens".* In: *Blätter der Rilke-Gesellschaft* 29 (2008), S. 193–199

Metz, Joseph: *Stories about Stories. Rilke's ‚Geschichten vom lieben Gott' as Criti-Fiction.* In: *Seminar* 35 (1999), S. 207–219

Meyer, Hermann: *Rilkes Cézanne-Erlebnis.* In: ders.: *Zarte Empirie.* Stuttgart 1963, S. 244–286

Müller, Wolfgang G.: *Rainer Maria Rilkes ‚Neue Gedichte'. Vielfältigkeit eines Gedichttypus.* Meisenheim 1971

Müller: Wolfgang G.: *Neue Gedichte / Der Neuen Gedichte anderer Teil.* In: *Rilke-Handbuch. Leben – Werk – Wirkung.* Hg. von Manfred Engel unter Mitarbeit von Dorothea Lauterbach. Stuttgart und Weimar 2004, S. 296–318

Müller, Wolfgang G.: *Rilkes ‚Neue Gedichte' und der Imagismus.* In: *Blätter der Rilke-Gesellschaft* 30 (2010), S. 231–244

Nalewski, Horst: *Rilkes ‚Stunden-Buch' im Spiegel der Zeitgeschichte – ein Spiegel der Zeitgeschichte.* In: *Blätter der Rilke-Gesellschaft* 27/28 (2006/2007), S. 32–48

Nickisch, Reinhard M. G.: *Brief.* Stuttgart 1991

Oppert, Kurt: *Das Dinggedicht. Eine Kunstform bei Mörike, Meyer und Rilke.* In: *Deutsche Vierteljahresschrift für Literaturwissenschaft und Geistesgeschichte* 4 (1926), S. 747–783

Pagni, Andrea: *Rilke um 1900. Ästhetik und Selbstverständnis im lyrischen Werk.* Nürnberg 1984

Pasewalck, Silke: *„Die fünffingrige Hand". Die Bedeutung der sinnlichen Wahrnehmung beim späten Rilke.* Berlin und New York 2002

Pelloni, Gabriella: *Ein Aufräumen bis weit ins Gemüt hinein. Zum Briefwechsel zwischen Rainer Maria Rilke und Lou Andreas-Salomé.* In: *Briefkultur. Transformationen epistolaren Schreibens in der deutschen Literatur.* Hg. von Isolde Schiffermüller und Chiara Conterno. Würzburg 2015, S. 105–124

Petzold, Hilarion G./Orth, Ilse: *Polyloge in der Integrativen Therapie.* In: *Wenn Sprache heilt. Handbuch für Poesie- und Bibliotherapie, Biographiearbeit und Kreatives Schreiben.* Hg. von Hilarion G. Petzold, Brigitte Leeser und Elisabeth Klempnauer. Bielefeld ²2019, S. 885–971

Pittrof, Thomas: *Rilkes ‚Gott' und der Polytheismus der modernen Kultur.* In: *‚Gott' in der Dichtung Rainer Maria Rilkes.* Hg. von Norbert Fischer. Hamburg 2014, S. 401–412

Por, Peter: *„Als wärst du ein Zeichen". Zur Poetik von Rilkes Spätlyrik.* Bd. 2. Heidelberg 2016

Porombka, Stephan: *„Wer jetzt lacht […] lacht mich aus." Lachen mit Rilke.* In: *Poetik der Krise. Rilkes Rettung der Dinge in den ‚Weltinnenraum'.* Hg. von Hans Richard Brittnacher, Stephan Porombka und Fabian Strömer. Würzburg 2000, S. 63–83

Rahn, Thomas: *„Wunderliche Dinge stehn". Schriftwahl und Schrift-Bilder in den frühen Drucken von Rilkes ‚Buch der Bilder'.* In: *Typographie & Literatur.* Hg. von Rainer Falk und Thomas Rahn. Frankfurt am Main 2016, S. 165–196

Rapic, Smail: *Einleitung.* In: Edmund Husserl: *Ding und Raum. Vorlesungen 1907.* Hg. von Karl-Heinz Hahnengress und Smail Rapic. Hamburg 1991, S. XI–LVVVIII

Reynolds, Nicholas: *Echoes of the Absolute. Rainer Maria Rilke's ‚Buch der Bilder'.* In: *Studia Austriaca* 24 (2016), S. 109–130

Richter, Sandra: *Eine Weltgeschichte der deutschsprachigen Literatur.* München 2017

Riedel, Sven: *„In deinem Anschaun steh es gerettet zuletzt". Rainer Maria Rilkes ‚Duineser Elegien' in systematischer Darstellung.* Marburg 2005

Riemer, Jessica: *Bibliographie der Rilke-Vertonungen.* 2013. URL: http://www.rilke.ch/wordpress/wp-content/uploads/2013/08/Vertonungen.pdf (letzter Abruf: 1.9.2020)

Ritzer, Monika: *Die weiße Fürstin.* In: *Rilke-Handbuch. Leben – Werk – Wirkung.* Hg. von Manfred Engel unter Mitarbeit von Dorothea Lauterbach. Stuttgart und Weimar 2004, S. 283–290 (= 2004a)

Ritzer, Monika: *Dramatische Dichtungen.* In: *Rilke-Handbuch. Leben – Werk – Wirkung.* Hg. von Manfred Engel unter Mitarbeit von Dorothea Lauterbach. Stuttgart und Weimar 2004, S. 264–282 (= 2004b)

Rolleston, James: *The Poetry and the Poetics of the Young Rilke, 1895–1902.* In: *A Companion to the Works of Rainer Maria Rilke.* Hg. von Erika A. Metzger u. a. Rochester u. a. 2004, S. 40–66

Rösch, Pedita: *Die Hermeneutik des Boten. Der Engel als Denkfigur bei Paul Klee und Rainer Maria Rilke.* München 2009

Ryan, Judith: *„Hypothetisches Erzählen". Zur Funktion von Phantasie und Einbildung in Rilkes ‚Malte Laurids Brigge'.* In: *Jahrbuch der deutschen Schillergesellschaft* 15 (1971), S. 341–374

Scharnowski, Susanne: *Rilkes Poetik des Blicks zwischen Einfühlung und Abstraktion: Die Bildbeschreibungen in den ‚Briefen über Cézanne'.* In: *Poetik der Krise. Rilkes Rettung der Dinge in den ‚Weltinnenraum'.* Hg. von Hans Richard Brittnacher, Stephan Porombka und Fabian Strömer. Würzburg 2000, S. 250–261

Schings, Hans-Jürgen: *Intransitive Liebe. Herkunft und Wege eines Rilkeschen Motivs.* In: ders.: *Gesammelte Aufsätze.* Als Festgabe zum 80. Geburtstag hg. von Wolfgang Riedel. Würzburg 2017, S. 445–461

Schirnding, Albert von: *Weich, wogend. Rilkes ‚Cornet' im Bilderbuch.* In: *Süddeutsche Zeitung* vom 13. Oktober 1994, S. VI

Schiwy, Günther: *Rilke und die Religion*. Frankfurt am Main und Leipzig 2006

Schmidt, Thomas: *Bilder von Rilke und Russland*. In: *Rilke und Russland. Marbacher Katalog 69*. Hg. von dems. Marbach am Neckar 2017, S. 10–22

Schmidt-Pauli, Elisabeth von: *Rainer Maria Rilke – Ein Gedenkbuch*. Basel 1940

Schrader, Monika: [Art.] *Rilke*. In: *Theologische Realenzyklopädie*. Bd. 29. Hg. von Gerhard Müller u. a. Berlin und New York 1998, S. 208–214

Schröder, Werner: *Der Versbau der ‚Duineser Elegien'. Versuch einer metrischen Beschreibung*. Stuttgart 1992

Schulz, Georg-Michael: *Rainer Maria Rilke: Die Aufzeichnungen des Malte Laurids Brigge*. In: *Erzählungen des 20. Jahrhunderts*. Bd. 1. Stuttgart 1996, S. 120–138

Schuster, Jörg: *Erfundene Evidenz. Rilkes ‚Neue Gedichte'*. In: „Historische Gedächtnisse sind Palimpseste". *Hermeneutik, Historismus, New Historicism, Cultural Studies. Festschrift zum 70. Geburtstag von Gotthart Wunberg*. Hg. von Roland S. Kamzelak. Paderborn 2001, S. 115–125

Schuster, Jörg: *„Kunstleben". Zur Kulturpoetik des Briefs um 1900 – Korrespondenzen Hugo von Hofmannsthals und Rainer Maria Rilkes*. Paderborn 2014

Seifert, Walter: *Das epische Werk Rainer Maria Rilkes*. Bonn 1969

Seifert, Walter: *Der Ich-Zerfall und seine Kompensationen bei Nietzsche und Rilke*. In: *Die Modernisierung des Ich. Studien zur Subjektkonstitution in der Vor- und Frühmoderne*. Hg. von Manfred Pfister. Passau 1989, S. 229–239

Siebenhaar, Klaus: *„Die neue dramatische Schulung". Rainer Maria Rilke und das Berliner Theater um 1900*. In: *Blätter der Rilke-Gesellschaft* 23 (2000), S. 26–33

Simon, Tina: *Rilke als Leser. Untersuchungen zum Rezeptionsverhalten*. Frankfurt am Main u. a. 2001

Simon, Tina: *"in Gefahr gewesen ... und bis ans Ende gegangen"*. *Rilke als Mentor junger Künstlerinnen*. Frankfurt am Main und Leipzig 2007

Singer, Herbert: *Rilke und Hölderlin*. Köln 1957

Sprengel, Peter: *Geschichte der deutschsprachigen Literatur 1900–1918. Von der Jahrhundertwende bis zum Ende des Ersten Weltkriegs*. München 2004

Stahl, August: *Rilke-Kommentar. Zu den "Aufzeichnungen des Malte Laurids Brigge", zur erzählerischen Prosa, zu den essayistischen Schriften und zum dramatischen Werk*. München 1979

Stahl, August: *Rilkes Rede über den Tod*. In: *Perspektiven des Todes. Interdisziplinäres Symposium I*. Hg. von Reiner Marx und Gerhard Stebner. Heidelberg 1990, S. 91–111

Stahl, August: *Kommentar*. In: Rainer Maria Rilke: *Werke. Kommentierte Ausgabe*. 4 Bde. und Supplementband. Bd. 3: *Prosa und Dramen*. Hg. von August Stahl. Frankfurt am Main und Leipzig 1996, S. 777–1078

Stahl, August: *Rilkes Franz von Assisi. Spuren, Kontext, Ethik*. In: *Blätter der Rilke-Gesellschaft* 27/28 (2006/2007), S. 76–107

Stamm, Rainer: *Nachwort*. In: Paula Modersohn-Becker: *Briefwechsel mit Rainer Maria Rilke*. Hg. von Rainer Stamm. Frankfurt am Main und Leipzig 2003, S. 99–111

Steiner, Jacob: *Rilkes "Duineser Elegien"*. Bern 1962

Stenzig, Bernd: *Rilke und Vogeler. Irreführungen in Klaus Modicks Roman ‚Konzert ohne Dichter'*. Berlin 2015

Stephens, Anthony: *Rilkes ‚Malte Laurids Brigge'. Strukturanalyse des erzählerischen Bewußtseins*. Bern 1974

Stephens, Anthony: *"Alles ist nicht es selbst". Zu den ‚Duineser Elegien'*. In: *Rilkes ‚Duineser Elegien'*. Bd. 2: *Forschungsgeschichte*. Hg. von Ulrich Fülleborn und Manfred Engel. Frankfurt am Main 1982, S. 308–348

Stephens, Anthony: *Das Janusgesicht des Momentanen: Rilkes Einakter „Die weiße Fürstin".* In: *Rilke heute. Der Ort des Dichters in der Moderne.* Redaktion: Vera Hauschild. Frankfurt am Main 1997, S. 115–139

Storck, Joachim W.: *Das Buch der Bilder.* In: *Kindlers Neues Literatur Lexikon. Studienausgabe.* Bd. 14. Hg. von Walter Jens. München 1988, S. 140–142

Storck, Joachim W.: *Politisches Bewußtsein bei Rilke.* In: Rainer Maria Rilke: *Briefe zur Politik.* Hg. von Joachim W. Storck. Frankfurt am Main 1992, S. 697–725

Storck, Joachim W.: *Das Briefwerk.* In: *Rilke-Handbuch. Leben – Werk – Wirkung.* Hg. von Manfred Engel unter Mitarbeit von Dorothea Lauterbach. Stuttgart und Weimar 2004, S. 498–506

Storck, Joachim W.: *„Masken! Masken! Daß man Eros blende". Die Liebeslyrik Rainer Maria Rilkes.* In: *Die Poesie der Liebe. Aufsätze zur deutschen Liebeslyrik.* Hg. von Ulrich Kittstein. Frankfurt am Main u.a. 2006, S. 235–266

Szendi, Zoltán: *Ritter, Mädchen, Dichter – in doppelter Perspektivierung in dem ‚Buch der Bilder' Rilkes.* In: *Textualität und Rhetorizität.* Hg. von Kálmán Kovács. Frankfurt am Main u. a. 2003, S. 113–126

Taylor, Michael Th.: *II.23.* In: *Über ‚Die Sonette an Orpheus' von Rilke. Lektüren.* Hg. von Christoph König und Kai Bremer. Göttingen 2016, S. 262–265

Theel, Robert: *„Analphabet des Unheils". Rilke, der Krieg, die „poetische Mobilmachung" und der* Cornet. In: *Blätter der Rilke-Gesellschaft* 20 (1993), S. 87–114

Theele, Ivo: *Frauen / gestalten. Inszenierte Weiblichkeit in Rainer Maria Rilkes Frühwerk.* Berlin 2015

Torra-Mattenklott, Caroline: *Das Sternbild als ‚Pathosformel'. Zur Poetik der Abstraktion in Rilkes zehnter Duineser Elegie.* In: *Gestirn und Literatur im 20. Jahrhundert.* Hg. von Maximilian Bergengruen, Davide Giuriato und Sandro Zanetti. Frankfurt am Main 2006, S. 191–208

Unglaub, Erich: *Flugzeug und Maschine in Rilkes „Die Sonette an Orpheus".* In: *Lectures d'une œuvre. Œuvres poétiques. Gedichte von Rainer Maria Rilke.* Hg. von Marie-Hélène Quéval. Nantes 2004, S. 203–209 (= 2004a)

Unglaub, Erich: *Rilke und die Münchner Räterepublik.* In: *Die Rote Republik. Anarchie- und Aktivismuskonzept der Schriftsteller 1918/19 und das Nachleben der Räte – Erich Mühsam, Ernst Toller, Oskar Maria Graf u. a.* Lübeck 2004, S. 132–165 (= 2004b)

Unglaub, Erich: *Brecht, Rilke und der Streit um die Armut.* In: *„Denn wovon lebt der Mensch?" Literatur und Wirtschaft – eine Bestandsaufnahme.* Hg. von Dirk Hempel und Christine Künzel. Frankfurt am Main u. a. 2009, S. 137–167

Unglaub, Erich: *Ein Blick in diskrete Netzwerke: Rilkes Adressen.* In: *Quarto. Zeitschrift des Schweizerischen Literaturarchivs* 35 (2012), S. 26–32

Unglaub, Erich: *Der Mittler als Missverständnis. Die Christus-Figur in Rilkes Lyrik.* In: *Jesus in der Literatur. Tradition, Transformation, Tendenzen. Vom Mittelalter bis zur Gegenwart.* Hg. von Yvonne Nilges. Heidelberg 2016, S. 177–190 (= 2016a)

Unglaub, Erich: *Liebe und Kunst? Neue Lebens- und Arbeitskonzepte für Paarbeziehungen in Biographie und Werk von Rainer Maria Rilke.* In: *Die Literatur der Lebensreform. Kulturkritik und Aufbruchstimmung um 1900.* Hg. von Thorsten Carstensen und Marcel Schmid. Bielefeld 2016, S. 251–273 (= 2016b)

Unglaub, Erich: *Briefe wechseln.* In: Rainer Maria Rilke: *Briefe an einen jungen Dichter. Mit den Briefen von Franz Xaver Kappus.* Hg. von Erich Unglaub. Göttingen 2019, S. 113–145

Unseld, Siegfried: *„Das Tagebuch" Goethes und Rilkes „Sieben Gedichte".* Frankfurt am Main 1978

Urbich, Jan: *Ästhetischer Widerstand. Rilkes Inszenierung poetischer Subjektivität in ‚Die Aufzeichnungen des Malte Laurids Brigge' im Kontext philosophischer Subjektivitätskonzepte.* In: *Weimarer Beiträge* 55 (2009), S. 357–379

Wagner-Egelhaaf, Martina: *Kultbuch und Buchkult. Die Ästhetik des Ichs in Rilkes ‚Cornet'*. In: *Zeitschrift für deutsche Philologie* 107 (1988), S. 541–556

Wagner-Egelhaaf, Martina: *Mystik der Moderne. Die visionäre Ästhetik der deutschen Literatur im 20. Jahrhundert.* Stuttgart 1989

Walisch, Raoul: *„daß wir nicht sehr verläßlich zu Haus sind in der gedeuteten Welt". Untersuchung zur Thematik der gedeuteten Welt in Rilkes „Die Aufzeichnungen des Malte Laurids Brigge", „Duineser Elegien" und spätester Lyrik.* Würzburg 2012

Walther, Peter: *„Wie ein Fähnrich zum Feldwebel wird". Grenzen der Offenheit in Rilkes ‚Cornet'.* In: *Weimarer Beiträge* 37 (1991), S. 130–136

Waters, William: *Fragen nach Gott in den ‚Neuen Gedichten'.* In: *‚Gott' in der Dichtung Rainer Maria Rilkes.* Hg. von Norbert Fischer. Hamburg 2014, S. 201–222

Webb, Karl Eugene: *‚Das Buch der Bilder'. A Study of Rilke's Changing Attitudes and Artistry.* Pennsylvania 1969

Wilke, Tobias: *Überschriebene Präsenzen. Rilke vor/nach Cézanne.* In: *Lehrer ohne Lehre. Zur Rezeption Paul Cézannes in Künsten, Wissenschaften und Kultur (1906–2006).* Hg. von Torsten Hoffmann. Freiburg, Berlin und Wien 2008, S. 151–167

Ziolkowski, Theodore: *Die Welt im Gedicht. Rilkes Sonette an Orpheus II.4.* Würzburg 2010

Abbildungsverzeichnis

Rilke hat gelegentlich selbst fotografiert und manchmal Freunden Fotos geschickt – von seinem Wohnturm in Muzot, ganz selten auch von sich. 1918 um ein Foto gebeten, mit dem eine Lesung angekündigt werden sollte, schreibt Rilke dem Veranstalter von seiner „Unlust, mich in irgend einem Bilde vorzustellen"; seit 1901 habe er sich „keinem Photographen mehr überlassen" (Rilke 1977, Bd. 2, S. 92). In seinem 1925 verfassten Testament heißt es: „Von meinen Bildern halte ich kein anderes für wesentlich gültig, als die bei einzelnen Freunden, in Gefühl und Gedächtnis, noch bestehenden, vergänglichen." (Rilke 1990, S. 9)

3 Portrait des Bandautors | © Lauritz Grimberg

5 Tagcloud „Rainer Maria Rilke" erstellt mit Wordalizer

9 Verschenkter Besitz: Jens Peter Jacobsens *Gedichte* (1897) mit Rilkes Exlibris, 1900 an Paula Becker verschenkt
Paula-Modersohn-Becker-Stiftung, Bremen

10 Ein Haus für ein Jahr: Rilke in Westerwede (bei Worpswede), 1901
Rilke-Archiv, Gernsbach

11 Verehrter Künstler, schwieriger Freund: Rilke bei Auguste Rodin (und Rose Beuret) in Meudon bei Paris, 1905/06
Roger-Violett, Paris

12 Distanzierte Nähe: Das Ehepaar Rilke, um 1903
Rilke-Archiv, Gernsbach

13 Geliebte und Lebensfreundin: Lou Andreas-Salomé, 1897
Sammlung Ernst Pfeiffer, Göttingen

14 Besitzlos schauen: Paula Modersohn-Becker: Selbstbildnis am 6. Hochzeitstag, 1906
    https://commons.wikimedia.org/wiki/File:Paula_Moderson-Becker_-_Selbstbildnis_am_6_Hoch-
    zeitstag_-_1906.jpeg?uselang=de

19 René Maria Rilke, 1880
    Rilke-Archiv, Gernsbach

20 1896/97
    Rilke-Archiv, Gernsbach

21 In Worpswede, 1900
    Rilke-Archiv, Gernsbach

22 Mit Clara Rilke in Rom, 1903
    Rilke-Archiv, Gernsbach

23 In Friedelhausen, 1905
    Ingeborg Schnack (Hg.): Rilkes Leben und Werk im Bild. Wiesbaden 1956, Nr. 126

24 An seinem Schreibtisch in Paris, 1908
    Rilke-Archiv, Gernsbach

27 Nach der Einberufung in Wien, 1916
    Rilke-Archiv, Gernsbach

27 Passbild, 1918
    Rilke-Archiv, Gernsbach

28 In Muzot, um 1922
    Horst Nalewski (Hg.): Rilke. Leben, Werk und Zeit in Texten und Bildern. Frankfurt am Main
    und Leipzig 1992, S. 219

28 Am Greifensee, 1924
    Schweizerisches Literaturarchiv Bern

31 Rilkes Eltern, 1873
    Rilke-Archiv, Gernsbach

32 Rilke als Kadett in St. Pölten, 1888
    Rilke-Archiv, Gernsbach

34 Emil Orlik: Rilke, 1896
    Anita Bollag, North Caldwell, New Jersey

34 Lou Salomé mit Peitsche, Paul Rée und Friedrich Nietzsche, 1882
    https://commons.wikimedia.org/wiki/File:Nietzsche_paul-ree_lou-von-salome188.jpg

35 Rilke und Andreas-Salomé zu Gast bei dem russischen Autor Spiridon Droshin, 1900
    Sammlung Ernst Pfeiffer, Göttingen

35 Leonid Pasternak: Rilke, um 1900
    https://commons.wikimedia.org/wiki/File:Leonid_Pasternak_-_Portrait_drawing_of_Rainer_Maria_Rilke.jpg

37 Rilke und Clara Rilke-Westhoff, kurz nach der Hochzeit im Mai 1901
    https://commons.wikimedia.org/wiki/File:Rainer_Maria_Rilke_und_Clara_Rilke-Westhoff_1901.jpg

37 Das Ehepaar Rilke mit Tochter Ruth, 1902
    Rilke-Archiv, Gernsbach

37 Rilkes Augen, 1925 fotografiert von Henri Martinie
    Bieri, Susanne / Heuser, Mechthild (Hg.): Vom General zum Glamour Girl. Ein Portrait der Schweiz. Basel 2005, S. 123

38 Anfang von Rilkes *Buddenbrooks*-Rezension, Bremer Tageblatt vom 16. April 1902
    Staats- und Universitätsbibliothek Bremen

39 Das Ehepaar Rilke, Rilkes Mutter (schwarz gekleidet) und die Familie Westhoff bei ihrer einzigen Begegnung, Bremen 1901
    Rilke-Archiv, Gernsbach

40 Rilke und Rodin, 1905/06
    Roger-Violett, Paris

40 Rilkes Rodin-Buch, zuerst 1903
    Privatbesitz

41 Paul Cézanne: Selbstporträt, um 1875
    https://commons.wikimedia.org/wiki/File:Portrait_de_l%27artiste_au_fond_rose,_par_Paul_C%C3%A9zanne.jpg

42 Lou Albert-Lasard: Rilke, 1916
    Evelyn Grill-Storck / Deutsches Literaturarchiv Marbach

43 Zu Gast auf Schloss Friedelhausen in Hessen: Clara Rilke modelliert ihren Mann, 1905
    Rilke-Archiv, Gernsbach

43 Clara Rilke-Westhoff: Portraitbüste Rainer Maria Rilke, 1905
    Paula-Modersohn-Becker-Stiftung, Bremen

44 Marie von Thurn und Taxis
    Marie von Thurn und Taxis: Jugenderinnerungen. Wien 1936

44 Nanny Wunderly-Volkart
    Ingeborg Schnack (Hg.): Rilkes Leben und Werk im Bild. Wiesbaden 1956, Nr. 352

45 Marie von Thurn und Taxis: Rilke, 1910
    Marie von Thurn und Taxis: Jugenderinnerungen. Wien 1936

45 Das Schloss Duino an der Adria
    https://commons.wikimedia.org/wiki/File:Castello_di_Duino-DSCF1405.JPG

47 Rilke nach der Einberufung in Wien, 1916
    Rilke-Archiv, Gernsbach

48 Ankündigung einer Rilke-Lesung in Luzern, 1919 („der größte Lyriker der Gegenwart")
    Schweizerisches Literaturarchiv Bern

49 Rilke und Baladine Klossowska auf dem Balkon von Muzot, um 1923
    Schweizerisches Literaturarchiv Bern

49 Baladine Klossowska: Rilke, Paris 1925
    Abgedruckt in Rainer Maria Rilke: Vergers. Paris 1926

50 Der Wohnturm Muzot
    Schweizerisches Literaturarchiv Bern

52 Rilke, lachend (am 13.9.1926 mit Paul Valéry am Genfer See)
    Schweizerisches Literaturarchiv Bern

53 Kirche in Raron mit Rilkes Grab
    Foto: Gérard Salamin, Fondation Rilke, Sierre

53 Rilkes Grabstein an der Kirchenmauer von Raron
    Ingeborg Schnack (Hg.): Rilkes Leben und Werk im Bild. Wiesbaden 1956, Nr. 358

54 Rainer Maria Rilke – Wichtige Punkte. Eigene Darstellung

55 Auf dem Weg in die Moderne: Rilke 1902
    Rilke-Archiv, Gernsbach

59 Rilkes Skizze der Sinnesbereiche zum Aufsatz *Ur-Geräusch*, 1919
    Schweizerische Nationalbibliothek (NB), SLA-RMR-G_9, https://doi.org/10.7891/
    e-manuscripta-52353

60 Jakob von Uexküll, um 1903
    https://commons.wikimedia.org/wiki/File:Uex_photo_full.jpg

61 Alfred Schuler, 1902
    https://commons.wikimedia.org/wiki/File:AlfredSchuler1902.jpg

62 Auguste Rodin: Der Schreitende, Bronze, um 1900 (abgebildet in Rilkes Rodin-Buch)
    Musée Rodin, Paris

65 Otto Modersohn: Herbst im Moor, 1895
    https://commons.wikimedia.org/wiki/File:Otto_Modersohn_Herbst_im_Moor_1895.jpg?use-
    lang=de

66 Paula Modersohn-Becker: Rainer Maria Rilke, 1906
    https://commons.wikimedia.org/wiki/File:Paula_Modersohn-Becker_016.jpg

Abbildungsverzeichnis

67 Paul Cézanne: Montagne Sainte-Victoire, um 1904
https://commons.wikimedia.org/wiki/File:Montagne_Sainte-Victoire,_par_Paul_C%C3%A9zanne_110.jpg?uselang=de

70 Marianna Alcoforado
https://commons.wikimedia.org/wiki/File:S%C3%B3ror_Mariana_Alcoforado_-_Capa.png

73 Sigmund Freud, 1921
https://commons.wikimedia.org/wiki/File:Sigmund_Freud_LIFE.jpg

76 Rilkes russischer Reisealtar, später an Claire Goll verschenkt
Deutsches Literaturarchiv Marbach

83 Ein Lieblingsdichter Rilkes: Jens Peter Jacobsen, um 1879
https://commons.wikimedia.org/wiki/File:JP_Jacobsen.jpg

85 Clara Rilke-Westhoff: Portraitbüste Paula Modersohn-Becker, 1908
Privatbesitz

91 Rilkes kurzlebiges Zeitschriftenprojekt von 1896
https://commons.wikimedia.org/wiki/File:Titelseite_Wegwarten.jpg

92 Maurice Maeterlinck, um 1903
https://commons.wikimedia.org/wiki/File:Picture_of_Maurice_Maeterlinck.jpg

93 Die Ausdruckstänzerin Ruth St. Denis, um 1906
https://commons.wikimedia.org/wiki/File:Boughton_denise.jpg

96 Arnold Böcklin: Die Toteninsel, Dritte Version von 1883
https://commons.wikimedia.org/wiki/File:Arnold_B%C3%B6cklin_-_Die_Toteninsel_III_(Alte_Nationalgalerie,_Berlin).jpg

99 Erstauflage des *Cornets* in der Insel-Bücherei, 1912
https://de.wikipedia.org/wiki/Datei:Rilke1EA.jpg

103 Möbius' Erfolgsbuch von 1900, hier in der 9. Aufl. von 1908
https://commons.wikimedia.org/wiki/File:1900_(1908)_Moebius.jpg

104 Szenenbild aus der Verfilmung *Der Cornet*, Regie: Walter Reisch, D 1955.
https://filmreporter.de/kino/42476-Der-Cornet-Die-Weise-von-Liebe

106 Anhänger der Lebensreformbewegung, Berlin 1907
https://www.dw.com/de/bildergeschichten-auf-sandalen-durch-das-kaiserreich/a-16683027

108 Erstdruck des Aufsatzes *Über Kunst* in der Zeitschrift *Ver Sacrum*, 1898
Privatbesitz

109 Michelangelo, Kupferstich von Antonio Capellani, 1760
https://commons.wikimedia.org/wiki/File:Michelangelo-Buonarroti.jpg

113 Vom lieben Gott und Anderes. Berlin und Leipzig 1900
Privatbesitz

117 Postkarte aus Paris, 1905
   https://commons.wikimedia.org/wiki/File:Paris_Av_Grande-arm%C3%A9e_tramway_Francq_1905.jpg?uselang=de

121 Das Pariser Krankenhaus Hôtel Dieu um 1900
   https://www.pinterest.de/pin/81838918209706924/

123 Das Theater von Orange
   https://commons.wikimedia.org/wiki/File:Roman_Theatre_in_Orange_2008.jpg

127 Malte-Handschrift im Berner Taschenbuch (ursprünglicher Schluss, erste Niederschrift)
   Schweizerische Nationalbibliothek (NB), SLA-RMR-Ms_D_2, https://doi.org/10.7891/e-manuscripta-53722

132 Rilke: Das Buch der Bilder, Erstausgabe von 1902 mit Titelvignette von Heinrich Vogeler
   Privatbesitz

134 Fritz Overbeck: Mondaufgang (auch: Abend im Moor), 1896 (abgebildet in Rilkes Worpswede-Buch)
   https://commons.wikimedia.org/wiki/File:Abend_im_Moor.jpg

135 Paula Becker und Clara Westhoff in Worpswede, 1899
   Paula-Modersohn-Becker-Stiftung, Bremen

138 *Schluszstück* im Versalsatz der Erstausgabe, 1902
   Privatbesitz

141 Schreien als Zeitgeist: Edvard Munchs *Der Schrei*, 1893
   https://commons.wikimedia.org/wiki/File:Edvard-Munch-The-Scream.jpg

143 Rilkes erste Publikation im Insel Verlag, 1905
   Privatbesitz

144 Ikone aus Rilkes Besitz: Die Heilige Jutta mit ihrem Sohn Kirikos, dem Schutzengel sowie die heilige Sofia mit ihren Töchtern Glaube, Liebe, Hoffnung
   Rilke-Archiv, Gernsbach

146 Ikonostase im Moskauer Kreml
   https://commons.wikimedia.org/wiki/File:Iconostasis_in_Moscow.jpg

148 Kritischer Rilke-Leser: Bertolt Brecht, 1927
   bpk / Münchner Stadtmuseum, Sammlung Fotografie / Konrad Reßler

155 Jens Peter Jacobsen: Frau Marie Grubbe, 1893, erste Seite mit Rilkes Gedicht *An Peter Jens Jacobsen* (Rilke verschenkt sein Exemplar 1900 an Paula Becker)
   Paula-Modersohn-Becker-Stiftung, Bremen

157 George Grosz: „Armut ist ein grosser Glanz von innen" (Rilke), 1923
   Estate of George Grosz, Princeton, N.J./VG Bild-Kunst, Bonn 2020

157 Franz von Assisi (auf dem ältesten erhaltenen Bild von 1228, Kloster San Benedetto, Subiaco/Italien)
https://commons.wikimedia.org/wiki/File:Stfrancis.jpg

160 Tiermaler im Jardin des Plantes, Paris, 1902
https://commons.wikimedia.org/wiki/File:Animal_artists_at_the_Jardin_des_Plantes.jpg

161 Paul Cézanne: Stillleben mit Ingwertopf und Früchten, um 1895
https://commons.wikimedia.org/wiki/File:Paul_C%C3%A9zanne,_La_vase_paill%C3%A9,_c._1895.jpg

163 Charles Baudelaire: Les Fleures du Mal (Titelillustration von Carlos Schwabe, 1900)
https://commons.wikimedia.org/wiki/File:Fleurs-du-mal_titel.jpg

166 Edmund Husserl, 1900
https://commons.wikimedia.org/wiki/File:Edmund_Husserl_1900.jpg

167 Katsushika Hokusai: Der rote Fuji, um 1830
https://commons.wikimedia.org/wiki/File:Katsushika_Hokusai,_published_by_Nishimuraya_Yohachi_(Eijud%C5%8D)_-_Fine_Wind,_Clear_Weather_(Gaif%C5%AB_kaisei),_also_known_as_Red_Fuji,_from_the_series_Thirty-six_Views_o..._-_Google_Art_Project_-_Cropped.jpg

172 Torso von Belvedere, 1. Jh. v. Chr., Vatikanische Museen, Rom
https://commons.wikimedia.org/wiki/File:0_Torse_du_Belv%C3%A9d%C3%A8re_-_Museo_Pio_Clementino.JPG

175 Relief von Hermes, Eurydike und Orpheus, das Rilke in Neapel sieht
Privatbesitz

179 Ort des Anfangs: Schloss Duino, Lithografie um 1880
Archivio di Stato di Trieste

179 Ort des Abschlusses: Rilkes Wohnturm in Muzot, Foto um 1930
Foto: Charles Krebser, Médiathèque Martigny

181 Die *Erste Elegie* in Rilkes Abschrift
Archivio di Stato di Trieste

185 Pablo Picasso: La Famille de Saltimbanques, 1905
Succession Picasso/VG Bild-Kunst, Bonn 2020

196 Der Entstehungsort: Stehpult in Rilkes Arbeitszimmer in Muzot
Rilke Archiv, Gernsbach

198 Giovanni Battista Cima da Coneglianos: Orpheus, um 1500
Detlef von Hadeln: Venetianische Zeichnungen. Berlin 1925

200 Das Eingangsgedicht in Rilkes Handschrift
Rilke-Archiv, Gernsbach

203 Wera Ouckama Knoop, 1900–1919
Rilke-Archiv, Gernsbach

203 Die tanzende Wera Ouckama Knoop, um 1915
Rilke-Archiv, Gernsbach

215 Die ersten beiden Seiten aus Rilkes Adressbuch
Schweizerische Nationalbibliothek (NB), SLA-RMR-Ms_D_47/1-5, https://doi.org/10.7891/
e-manuscripta-53750 /

219 Franz Xaver Kappus, Radierung von Josef Fellner, um 1930
Österreichische Nationalbibliothek

219 Lady Gaga mit Rilke-Tattoo
https://www.tattooforaweek.com/blog/de/lady-gaga-tattoos-3/

223 Lou Andreas-Salomé, 1894
Lou Andreas-Salomé-Archiv, Göttingen

224 Brief Rilkes an Lou Andreas-Salomé vom 8.8.1903, Briefpapier mit Zeichnung von Heinrich Vogeler
Deutsches Literaturarchiv Marbach

227 Paul Cézanne, 1906
Torsten Hoffmann (Hg.): Lehrer ohne Lehre. Zur Rezeption Paul Cézannes in Künsten, Wissenschaften und Kultur. Freiburg/Berlin/Wien 2008, S. 36

230 Paul Cézanne: Madame Cézanne im roten Fauteuil, um 1877
https://commons.wikimedia.org/wiki/File:Madame_C%C3%A9zanne_dans_un_fauteuil_rouge,_par_Paul_C%C3%A9zanne.jpg?uselang=de

232 Marina Zwetajewa, um 1926
Horst Nalewski (Hg.): Rilke. Leben, Werk und Zeit in Texten und Bildern. Frankfurt am Main und Leipzig 1992, S. 237

235 Erster Brief Zwetajewas an Rilke vom 9.5.1926
Schweizerisches Rilke-Archiv Ms_A_364_1

240 Der russische Schriftsteller Boris Pasternak liest Rilkes *Neue Gedichte*, 1933
Staatliches Literaturmuseum der Russischen Föderation, Moskau

243 Rilke-Leser: Gottfried Benn
https://commons.wikimedia.org/wiki/File:Bundesarchiv_Bild_183-1984-1116-500,_Gottfried_Benn-Arzt_und_Schriftsteller.jpg

243 Rilke-Leser: Paul Celan
https://commons.wikimedia.org/wiki/File:Celan_passphoto_1938.jpg

245 Rilke-Leserin: Etty Hillesum
https://commons.wikimedia.org/wiki/File:Etty_Hillesum_1939.jpg

245 Spiegel-Cover vom 28.3.1956
    https://www.spiegel.de/spiegel/print/index-1956-13.html

247 Loriot: Flugessen, 1978
    Filmstill aus Loriot: Die vollständige Fernseh-Edition. 6 DVDs. Disc 4: Loriot V: Flugessen.
    Warner, 2007

249 Katalog zur Ausstellung in der Kunsthalle Bremen, 2003
    Wulf Herzogenrath/Andreas Kreul (Hg.): Rilke. Worpswede. Eine Ausstellung als Phantasie über
    ein Buch. Katalog zur Ausstellung in der Kunsthalle Bremen. Bremen 2003

250 Rilke für das 21. Jahrhundert? Helmut Krausser
    Hagen Schnauss / Piper Verlag

252 Oliver Kahn liest *Der Panther*, Fernseh-Doku 2006
    Filmstill aus Marin Martschewski: Oliver Kahn und die Dinge des Lebens. Great Movies, 2014

253 Filmplakat der deutschen Fassung, 1991
    Privatbesitz

254 Lindenberg als Panik-Panther, Cover von 1992
    Polydor (Universal Music)

254 Rilke-Sänger: AnnenMayKantereit, 2018
    Vertigo Berlin (Universal Music)

Trotz aller Bemühungen konnten nicht alle Rechteinhaber ermittelt werden. Wir bitten sie oder deren Rechtsnachfolger, sich über den Verlag mit dem Autor in Verbindung zu setzen, sodass berechtigte Ansprüche abgegolten werden können.

Register

Werkregister

A
Abend 137
Aber, ihr Freunde 78f.
Ach, in der Kindheit, Gott: wie warst du leicht 77
Ach wehe, meine Mutter reißt mich ein 32
Am Leben hin 21
An Hölderlin 182
Archaïscher Torso Apollos 74, 79, 171–174, 210, 231, 243
Auguste Rodin [Monografie] 22f., 40, 62–64
Aus dem Nachlaß des Grafen C.W. 27

B
Begegnung in der Kastanien-Allee 169
Blaue Hortensie 169
Brief an eine Schauspielerin 92f.
Briefe an einen jungen Dichter 13, 57–59, 70, 73, 177, 217–223
Briefe über Cézanne 41, 57f., 63, 66f., 162, 168, 218, 227–231

C
Christus-Visionen 20, 75, 107, 176

D
Das Buch der Bilder 22, 24, 66, 82, 109, 112, 131–142, 153, 159, 202
Das Jüngste Gericht 141f.
Das Lied der Witwe 140
Das Lied des Bettlers 140
Das Lied des Selbstmörders 140
Das Lied des Trinkers 140
Das Märchen von den Händen Gottes 111
Das Marien-Leben 25f., 46, 74, 177
Das Stunden-Buch 11, 14, 21–23, 35, 55, 68, 74, 77f., 83, 99, 110f., 121, 131, 134f., 137, 139, 142–159, 182, 191, 195, 197
Das tägliche Leben 22
Das Testament 12, 27, 56, 69, 72f.
Das Theater des Maeterlinck 95
Da war nicht Krieg gemeint 100
Der Apostel 111
Der Ball 163–165, 169
Der Berg 167
Der Bettler 158
Der Brief des jungen Arbeiters 28, 50, 74f., 179, 190
Der fremde Mann 110

Der Knabe 140
Der Neuen Gedichte anderer Teil siehe Neue Gedichte
Der Ölbaum-Garten 75, 176f.
Der Panther 11, 160, 170f., 239, 249–255
Der Reliquienschrein 171
Der Sänger singt vor einem Fürstenkind 142
Der Schauende 136f., 141f.
Der Schwan 166
Der Sohn 140
Der Weltuntergang 89
Der Wert des Monologes 92f.
Die Aufzeichnungen des Malte Laurids Brigge 10f., 16–18, 23f., 29, 41, 55, 58f., 64, 70f., 74, 77, 81–84, 86, 97, 109, 114–129, 145, 156, 158, 170, 187, 221, 226, 228, 245
Die Auslage des Fischhändlers 61, 166
Die Braut 140
Die Engel 135f.
Die Fensterrose 166
Die Gazelle 53
Die Geschwister 124
Die Hochzeitsmenuett 90
Die Letzten 22
Die Liebende 140
Die Näherin 102
Die Schleppe 19

295

Die Sonette an Orpheus 28, 50, 55, 61, 74, 79f., 86f., 144, 158, 179, 195–214, 241
  I.1 199–202
  I.3 79, 209–211
  I.5 198f., 212
  I.6 199
  I.9 86, 199
  I.11 213
  I.12 202
  I.13 87
  I.16 61
  I.18 202
  I.26 199
  II.1 204f.
  II.2 208
  II.10 202
  II.11 212
  II.12 212
  II.13 213
  II.19 202
  II.23 206–209
  II.28 202, 204
  II.29 203f.
Die Stimmen 141
Die Weise von Liebe und Tod des Cornets Christoph Rilke 21, 23–25, 35f., 55, 99–105, 244f.
Die weiße Fürstin 21, 94–97, 103
Die Zaren 112, 142
Dir zur Feier 21
Duineser Elegien 11, 15, 25, 28, 46, 49f., 55f., 61, 67, 72–74, 79, 86, 144, 152, 158f., 179–197, 234, 240, 248

Die erste Elegie 72, 120, 123, 181–183, 185–187, 189, 194
Die zweite Elegie 182, 185, 187
Die dritte Elegie 73f., 180, 185f.
Die vierte Elegie 72, 180, 183–185, 190
Die fünfte Elegie 67, 180, 183, 185
Die sechste Elegie 180, 185
Die siebente Elegie 129, 181, 186–193, 208
Die achte Elegie 180, 183f.
Die neunte Elegie 129, 180f., 186, 188–190, 192f., 208
Die zehnte Elegie 84, 158, 180f., 186, 193–195

E

Ein Charakter 108, 141
Ein Märchen vom Tod und eine fremde Nachschrift dazu 112
Ein Verein, aus einem dringenden Bedürfnis heraus 107
Eine Geschichte, dem Dunkel erzählt 107
Eine Heilige 92
Eingang 133–136, 202
Einsamkeit 253
Elegie an Marina Zwetajewa-Efron 233f.
Ende des Herbstes 139
Entwurf einer politischen Rede 47
Erlebnis 80

Es winkt zu Fühlung 18, 61, 191
Ewald Tragy 21

F

Florenzer Tagebuch 20, 34, 56, 147, 208
Früher Apollo 74, 166, 210
Fünf Gesänge 46f.
Für Euren Trauungs-Tag 19

G

Gedichte an die Nacht 46
Geschichten vom lieben Gott 21, 35, 99, 105–114
Glaubensbekenntnis 35, 75
Gong 173

H

Heiliger Frühling 102
Herbst 132, 139f., 153
Herbsttag 132, 139

I

Ich lebe mein Leben in wachsenden Ringen 150, 152
Im Frühfrost 20, 91

J

Jetzt und in der Stunde unseres Absterbens 33, 90f.

K

Kindheit 140
Komm du, du letzter, den ich anerkenne 52

L

Larenopfer 20, 33
Leben und Lieder 19, 33
Leichen-Wäsche 169
Les Fenêtres 30
Les Quatrains Valaisans 28f.

Les Roses 30, 53
Liebes-Lied 69
Lösch mir die Augen aus 68f., 154

M
Mädchenmelancholie 140
Maurice Maeterlinck 58, 93, 97
Mir zur Feier 21
Moderne Lyrik 20, 56, 64, 81, 163
Murillo 90f.

N
Neue Gedichte / Der Neuen Gedichte anderer Teil 9, 11, 24, 40, 55f., 59, 63f., 67, 69, 74, 77, 84–86, 109, 131, 137, 142, 150, 158–178, 191, 197, 210, 220, 229, 240, 249–255

O
Orpheus. Eurydike. Hermes 86, 175, 199

R
Rede über die Gegenliebe Gottes 71f.
Requiem für eine Freundin 14, 24, 70, 85, 157
Requiem für Wolf Graf von Kalkreuth 24, 229, 244
Rose, oh reiner Widerspruch 53, 244
Russische Kunst 145

S
Schlangen-Beschwörung 171
Schluszstück 82f., 138
Schwarze Katze 171
Sieben Gedichte 73, 241
Siehe, ich wußte, es sind 72
Spanische Trilogie 25
Spaziergang 173

T
Todes-Erfahrung 84f.
Traumgekrönt 20

U
Über Kunst 56, 107f., 114, 208f.
Ur-Geräusch 59f.

V
Vergers 28f.
Verkündigung 135
Vigilien 91
Vom lieben Gott und Anderes siehe *Geschichten vom lieben Gott*
Vom Werke Auguste Rodins [Vortrag] 23f., 40f., 62–64, 170, 228
Von den Mädchen 140
Von einem, der die Steine belauschte 108f.

W
Waisenkinder 90f.
Warum der liebe Gott will, dass es arme Leute gibt 110f.
Wendung 46, 137
Wie der Fingerhut dazu kam, der liebe Gott zu sein 109
Wie der Verrat nach Russland kam 106, 112

Worpswede 23, 38, 64–66, 134, 249

Z
Zwei Prager Geschichten 21, 33

Personenregister

A
Albert, Eugen 42
Albert-Lasard, Lou 26, 40, 42, 48, 52
Alcoforado, Marianna 70f., 125
Allen, Woody 240, 252
Anders, Günther 182
Andreas, Friedrich Carl 21, 34
Andreas-Salomé, Lou 13, 20–23, 26, 33–36, 49, 52, 57, 68f., 73, 114, 144, 154, 179, 210, 218f., 223–226, 233, 236f.
Angelus Silesius 149
Arendt, Hannah 176, 182, 239

B
Baudelaire, Charles 122, 163, 228
Becker, Jürgen 245
Becker, Paula *siehe* Modersohn-Becker, Paula
Benjamin, Walter 40
Benn, Gottfried 156, 166, 243f.
Bernard, Émile 229f.
Bernstein, F.W. 247
Betz, Maurice 29, 144
Beuret, Rose 11
Bey, Nimet Eloui 29
Beyer, Marcel 196, 241
Bingel, Horst 255
Böcklin, Arnold 96
Bodländer, Rudolf 220

Bono Vox 239
Brecht, Bertolt 148, 156, 242, 249
Brönner, Till 253

C
Cassirer, Eva 217
Celan, Paul 212f., 243–245
Cézanne, Paul 24, 41, 63, 66f., 92, 136, 161f., 168–171, 192, 218, 227–231
Char, René 240
Cima da Conegliano, Giovanni Battista 197f.
Clark, Anne 240
Clueso 239
Cotten, Ann 241, 247

D
David-Rhonfeld, Valerie von 19, 33
Dietl, Helmut 252
Döblin, Alfred 111
Domin, Hilde 244
Droshin, Spiridon 35
du Bos, Charles 51

E
Eisner, Kurt 47
El Greco 67
Eliot, T.S. 160

F
Faehndrich, Alice 23
Falb, Daniel 241
Falkner, Gerhard 248f.
Fellner, Josef 219
Fiedler, Conrad 230
Flaskamp, Christoph 143
Fleer, Angelica 239
Forrer, Anita 221

Franz von Assisi (Franziskus) 157f.
Freud, Sigmund 26, 36, 73, 225

G
Gauguin, Paul 106
George, Stefan 79, 169, 175, 216
Gide, André 51, 126
Goethe, Johann Wolfgang 72, 80, 205, 212, 249
Goetz, Rainald 242f.
Gogh, Vincent van 227
Goldberg, Whoopi 240
Goll, Claire 27, 76
Gosh, Amitav 240
Grosz, George 157
Grünbein, Durs 169, 242

H
Hagen, Nina 239
Hamann, Evelyn 246
Handke, Peter 168, 249
Hattingberg, Magda von 26, 42, 48, 52, 231
Hauptmann, Gerhart 90
Heidegger, Martin 166, 239
Hein, Alfred 100
Heine, Heinrich 135
Hellingrath, Norbert von 26
Hennebert, Marthe 25, 44
Herrndorf, Wolfgang 241
Hesse, Hermann 158, 239
Heym, Georg 141
Hillesum, Etty 245
Hoffman, Dustin 219
Hofmannsthal, Hugo von 13, 93f., 102, 132, 168, 175, 249

Hokusai, Katsushika 167, 169
Hölderlin, Friedrich 26, 60, 181f., 249
Hoppe, Felicitas 249
Hopper, Dennis 219
Hulewicz, Witold 116, 180, 192
Husserl, Edmund 166

I
Ibsen, Henrik 90, 115
Illies, Florian 242

J
Jacobsen, Jens Peter 9, 34, 83, 155, 218
Jandl, Ernst 246f.
Jean Paul 176
Joyce, James 168
Juncker, Axel 97, 99, 141
Juncker, Jean-Claude 239

K
Kafka, Franz 15, 218
Kahn, Oliver 252, 255
Kalkreuth, Wolf Graf von 24, 229, 244
Kappus, Franz Xaver 69f., 218–223
Kassner, Rudolf 41
Kermani, Navid 249
Kessler, Harry Graf 37, 230
Key, Ellen 23, 178
Kipling, Rudyard 106
Kippenberg, Anton 47, 49, 100
Kippenberg, Katharina 196
Klee, Paul 26
Kleist, Heinrich von 104f.

Klossowska, Baladine 27f., 48f., 197, 233
Knausgård, Karl Ove 61, 240, 249
Knoop, Wera Ouckama 203f.
Kohl, Helmut 239
Kokoschka, Oskar 67
König, Hertha 26f.
Krausser, Helmut 249–252
Kundera, Milan 240

L
Lady Gaga 219, 239
Lentz, Michael 217, 241
Lessing, Gotthold Ephraim 169
Liebermann, Max 29
Liebknecht, Karl 47
Liebknecht, Sophie 47
Lindenberg, Udo 239, 253–255
Loriot 246f.
Lukács, Georg 111

M
Mach, Ernst 165
Maeterlinck, Maurice 22, 34, 58, 89, 92–95, 97
Mallarmé, Stéphane 220
Mann, Thomas 37f.
Marshall, Penny 252
Martinie, Henri 37
Martschewski, Marin 252
Marx, Karl 157
May, Henning 254f.
Meier-Graefe, Julius 230
Meister Eckhart 78, 149
Merleau-Ponty, Maurice 166
Meyer, Conrad Ferdinand 161

Michelangelo 27, 109
Mitterer, Erika 28, 51f., 231f.
Möbius, Paul Julius 103, 222
Modersohn, Otto 36, 65
Modersohn-Becker, Paula 9, 14, 21, 23, 36, 66, 85, 135, 155, 157, 230
Modick, Klaus 242
Mörike, Eduard 161
Munch, Edvard 141
Musil, Robert 32, 168, 240f.
Mussolini, Benito 12, 47

N
Nádherný von Borutin, Sidonie 25
Niedecken, Wolfgang 239
Nietzsche, Friedrich 33f., 57, 111, 123, 147
Niro, Robert de 252

O
Oltersdorf, Jenny 25
Orlik, Emil 33f.
Overbeck, Fritz 134
Ovid 199

P
Pasternak, Boris 232, 240
Pasternak, Leonid 21, 34f.
Pauli, Gustav 38
Picasso, Pablo 26, 67, 185
Pound, Ezra 160
Proust, Marcel 168
Pynchon, Thomas 213, 240

R
Rambaud, Alfred 112
Rathenau, Walther 47
Rée, Paul 33f.

Reinhart, Werner 28, 50
Reisch, Walter 104
Reventlow, Franziska zu 107
Rilke, Christoph 101
Rilke, Jaroslav von 19, 32f., 101
Rilke, Josef 12, 19, 23, 31
Rilke, Otto 101
Rilke, Ruth 12, 22f., 37, 39
Rilke, Sophie (Phia) 12, 19, 22, 31–33, 39, 46, 52, 217
Rilke-Westhoff, Clara 12, 21–23, 25, 36f., 39, 42f., 52, 66, 85, 99, 103, 135, 157, 162, 217, 222, 227, 231f.
Rodin, Auguste 11, 22–24, 39–41, 62–64, 66f., 79, 92, 109, 135f., 160, 169f., 217, 227f., 249
Romanelli, Mimi 24
Rühmkorf, Peter 243

S

Sabatier, Paul 157
Sack, Oliver 253
Salinger, J.D. 240
Sander, Otto 253
Schneyder, Werner 247
Schönherz, Richard 239
Schostakowitsch, Dmitri 240
Schröder, Gerhard 239
Schuler, Alfred 26, 60f.
Schwabe, Carlos 163
Schwerin, Luise Gräfin von 23
Seel, Martin 239
Seiler, Lutz 219

Shakespeare, William 211
Sieber-Rilke, Christine 28
Simmel, Georg 21
Sloterdijk, Peter 173, 239
St. Denis, Ruth 93f.
Stampa, Gaspara 125
Steiner, Rudolf 92f.
Strauß, Botho 248
Studer, Claire *siehe* Goll, Claire

T

Thoma, Hans 135
Thurn und Taxis, Marie von 9, 15, 24f., 29, 44–46, 233
Toller, Ernst 27
Tolstoi, Lew 21, 34, 83
Tschechow, Anton 21
Twombly, Cy 240

U

Uetz, Christian 249
Uexküll, Jakob von 60
Ullmann, Viktor 244

V

Valéry, Paul 28–30, 51f.
Vogeler, Heinrich 20f., 36, 66, 132, 224, 242
Vollmoeller, Mathilde 230
Von der Mühll, Dory 27
Vonhoff, Else 93

W

Weidermann, Volker 242
Weininger, Otto 103, 222
Weininger, Richard 29
Westhoff, Clara *siehe* Rilke-Westhoff, Clara
Williams, Robin 253

Williams, William Carlos 160
Wittgenstein, Ludwig 26, 42
Worringer, Wilhelm 230
Wunderly-Volkart, Nanny 27–29, 44, 233

Z

Zweig, Stefan 74, 100, 143
Zwetajewa, Marina 29, 51, 218, 231–236

Sachregister

A
Angst 13, 16, 36, 50, 69, 82, 118, 120, 153, 155, 185, 220, 226f., 233
Antike 73, 78f., 86, 112, 123, 171–175, 184, 197–214
Apollo/Apollinisches 74, 79, 123, 172–175, 210
Armut 14f., 91, 110f., 145, 155–158
Axel Juncker Verlag 99, 132

B
Bäume 65, 102, 133f., 136, 142, 150, 158, 176f., 190, 199–202
Bildende Kunst 15, 40f., 62–68, 109, 132, 135f., 144–146, 160, 167–175, 197f., 211, 227–231, 249
Berlin 11, 20–27, 29, 33f., 36, 41, 89, 92, 106, 132, 219, 229, 249
Besitzlosigkeit 9–18, 70–72, 77, 110, 127, 157, 207, 214
Bremen 11, 21–25, 36–39, 89, 249

C
Christentum 12, 31–33, 52, 74–81, 91, 107, 110–112, 115, 122, 126–128, 141–159, 176–178

D
Dinge/Dinggedicht 9f., 40, 55, 63f., 106, 109, 117, 122, 150, 152, 161–174, 178, 189f., 192, 220, 226, 229, 255
Dionysos/Dionysisches 104, 123, 199
Duino 25f., 45f., 179

E
Einsamkeit 13, 45, 50, 69f., 75, 140, 146, 177, 220f., 223, 253
Erhabenheit 110, 122, 174
Engel 18, 56, 61, 74, 79, 86, 135, 144, 176f., 181–191, 193, 234, 241, 249
Epiphanien 64, 80, 168–174
Eurydike 86, 175, 199

F
Freundschaft 9, 11–13, 20, 25, 27, 31, 33, 36, 39–41, 44, 47, 51f., 60, 84f., 101f., 107, 132, 136, 196, 216, 223, 242, 244, 285

G
Gedeutete Welt 85, 120, 181, 183, 185
Geister & Gespenster 59, 85, 121, 123–125
Geschlechtervorstellungen 12f., 37, 40, 71, 91f., 102–105, 125f., 222, 242f.
Gott 16, 46, 56, 59, 64, 68, 71, 73–81, 86, 97, 105–113, 122, 126, 134f., 137, 139–156, 159, 168, 173, 176f., 181, 187, 197f., 204, 209–212, 221, 233, 242
Großstadt 16, 115–118, 155, 158, 219

H
Handwerk 40, 63, 143, 190, 192, 217
Heimat/Heimatlosigkeit 10–12, 34f., 114, 216
Herbst 35, 65, 139f., 142

I
Insel Verlag 24f., 27, 29, 36, 42, 99f., 143, 159, 217
Inspiration 15, 40, 63, 79, 195, 197f.
Islam 61, 75

J
Jesus Christus 33, 75f., 91, 107, 122, 145, 176–178
Jubel 128f., 179, 186, 193, 232, 234
Judentum 33, 111, 176, 244f.

K
Kindheit 73, 87, 90f., 104–113, 115, 120f., 124, 126–128, 140, 152f., 185
Kitsch 14, 100, 157, 184, 205
Kosmopolitismus 11f., 160, 240
Krankheit 19, 29, 31f., 36, 51f., 84, 95, 118, 121, 154, 224f., 236, 244, 252
Krieg 9, 26f., 36, 46f., 100–105, 244

L

Lachen 52, 82, 101, 138, 141
L'art pour l'art 17, 56, 204
Lebensreformbewegung 34, 106
Liebe 10, 12, 16, 19f., 26–28, 31, 33f., 36f. 44f., 48, 51, 55, 58, 67–75, 90, 94f., 104f., 125–128, 148f., 154, 158, 175, 185, 189, 211, 222f., 229, 231–237

M

Mäzenatentum 14, 42–44, 48, 50, 216
Metamorphose *siehe* Verwandlung
Monismus 80, 145f.
München 11, 15, 20, 24–27, 33f., 36, 47, 60, 215
Musik 60, 108, 199, 211, 214, 219, 239f., 250, 253–255
Muzot 28f., 49–51, 53, 179, 196, 216
Mystik 78, 80f., 95, 143, 145, 149, 168, 173, 239
Mythopoesie 80, 115, 128, 143, 198
Mythos 63, 71, 73, 78, 81, 86, 119, 125, 142, 145, 156, 158, 174f., 197–203, 212

N

Natur 65f., 134–140, 199, 201, 229
Naturalismus 14, 58, 89–92, 94
Neoromantik *siehe* Romantik

O

Offenes 15, 36, 52, 60f., 71, 74–81, 118, 126, 137, 139, 157, 171, 183f., 186–188, 191, 198, 201, 221
Orpheus 74, 80, 86, 175, 195–214

P

Pantheismus 80, 145
Paris 9–11, 16, 22–27, 29, 39–42, 44, 46, 49, 51, 55, 62, 66, 96, 114, 116–118, 121f., 128, 155, 160, 173, 219, 226f., 250
Pathos 13f., 46, 184
Phänomenologie 165f.
Poeta vates 15, 179–182, 195f.
Politik 12, 14, 17, 27, 43, 47, 56, 58, 156, 239, 242, 244, 248
Prag 10f., 15, 19–21, 23, 31–34, 38, 89, 91, 99, 176
Psychoanalyse 26, 36, 46, 73f., 225

R

Rilke-Verachtung 143, 148, 241–245
Romantik 65, 68, 105, 140, 159
Rosen 30, 36, 42, 53, 166, 244
Russland 10f., 21, 33–36, 38, 51, 75f., 78, 105f., 108, 112, 134, 142, 144–147, 153f., 232, 240, 249

S

Sachliches Sagen 41, 55, 63, 67, 162f., 174, 178, 229
Schweiz 11f., 27–30, 44, 48–53, 216, 248
Séancen *siehe* Geister & Gespenster
Sexualität 43, 73f., 91f., 101f., 104f., 111, 158, 185, 222, 234, 241f.
Skandinavien 11, 23, 34, 37, 42, 114, 117, 124, 218
Symbolismus 58, 64, 92–97, 115f., 156, 163, 252

T

Theater 14, 20–22, 33, 38, 84, 89–97, 123
Tiere 10f., 18, 44, 56, 60–62, 83, 101, 127, 150, 160, 165f., 171, 181, 183f., 189–191, 199, 206, 212, 231, 241, 243, 251
Tod 16f., 51–53, 58f., 61, 65, 67, 82–87, 90f., 94f., 100–106, 108, 120–124, 138, 145, 149, 152, 155f., 175, 184–186, 193–195, 199, 212f., 221, 225, 236
Transzendenz 55, 58, 67, 72, 74–81, 111, 139, 143, 152, 241

U

Übersetzungen 11, 15, 21, 25, 27f., 30, 46, 51, 71, 116, 126, 144, 180, 218, 240

V

Vergleiche 166–168, 231
Verwandlung 80, 105, 168, 174–178, 190–192, 199, 209, 212f., 229
Vorwand und Geständnis 64, 93, 163

W

Wahrnehmung/Wahrnehmungsorgane 15f., 18, 45f., 59–61, 66, 79f., 116–118, 124f., 133, 135–137, 150, 157, 161–168, 170f., 174f., 178, 183, 191, 199–202, 228–230, 255

Weltinnenraum 18, 61, 191
Wien 19, 21, 23f., 27, 31–33, 47, 165
Wissenschaft 17, 38, 56, 59f., 64, 161, 165, 230f.
Worpswede 10f., 20–23, 36–38, 53, 64–66, 109, 132, 134f., 230, 242, 249

Bisher erschienen

268 Seiten , 14,90 €
Paperback 17 x 17 cm
ISBN 978-3-8288-2924-4

240 Seiten, 14,90 €
Paperback 17 x 17 cm
ISBN 978-3-8288-2925-1

240 Seiten, 14,90 €
Paperback 17 x 17 cm
ISBN 978-3-8288-2969-5

192 Seiten, 14,90 €
Paperback 17 x 17 cm
ISBN 978-3-8288-2970-1

270 Seiten, 14,90 €
Paperback 17 x 17 cm
ISBN 978-3-8288-3118-6

224 Seiten, 14,90 €
Paperback 17 x 17 cm
ISBN 978-3-8288-3119-3

270 Seiten, 14,90 €
Paperback 17 x 17 cm
ISBN 978-3-8288-3291-6

224 Seiten, 14,90 €
Paperback 17 x 17 cm
ISBN 978-3-8288-3327-2

208 Seiten, 14,90 €
Paperback 17 x 17 cm
ISBN 978-3-8288-3486-6

Bisher erschienen/
erscheint demnächst

208 Seiten, 14,90 €
Paperback 17 x 17 cm
ISBN 978-3-8288-3531-3

216 Seiten, 14,90 €
Paperback 17 x 17 cm
ISBN 978-3-8288-3758-4

240 Seiten, 14,90 €
Paperback 17 x 17 cm
ISBN 978-3-8288-3908-3

252 Seiten, 14,90 €
Paperback 17 x 17 cm
ISBN 978-3-8288-4016-4

252 Seiten, 14,90 €
Paperback 17 x 17 cm
ISBN 978-3-8288-4208-3

216 Seiten, 14,90 €
Paperback 17 x 17 cm
ISBN 978-3-8288-4228-1

ca. 230 Seiten, 14,90 €
Paperback 17 x 17 cm
ISBN 978-3-8288-4448-3

306 Seiten, 14,90 €
Paperback 17 x 17 cm
ISBN 978-3-8288-4449-0

ca. 230 Seiten, 14,90 €
Paperback 17 x 17 cm
ISBN 978-3-8288-4467-4